하버드 졸업장보다
## 값진 나를 만드는
## 독서법

# 하버드 졸업장보다
# 값진 나를 만드는
# 독서법

| | |
|---|---|
| **1쇄 인쇄** | 2021년 10월 25일 |
| **발행** | 2021년 11월 02일 |

| | |
|---|---|
| **지은이** | 박순영 |
| **펴낸이** | 김순일 |
| **펴낸곳** | 미래문화사 |
| **신고번호** | 제2014-000151호 |
| **신고일자** | 1976년 10월 19일 |
| **주소** | 경기도 고양시 덕양구 고양대로 1916번길 50 스타캐슬 3동 302호 |
| **전화** | 02-715-4507 / 713-6647 |
| **팩스** | 02-713-4805 |
| **이메일** | mirae715@hanmail.net |
| **홈페이지** | www.miraepub.co.kr |
| **블로그** | blog.naver.com/miraepub |

ISBN 978-89-7299-532-6 (03320)

인 생 을 꽉 채 워 줄 독 서 습 관

# 하버드 졸업장보다 ────
# 값진 나를 만드는
# 독서법

박순영 지음

미래문화사
MIRAE

# 목차

· 세 번째 독서법 ·

# 독서 훈련과 독서 커리큘럼

# 껍질 깨기

여러분은 왜 책을 읽으려 하나요?
독서에 어떤 기대를 품고 있나요?

지식을 얻기 위해, 마음의 치유를 위해, 꿈꾸고 있는 삶을 위해, 또 어쩌면 마음에 드는 누군가와 대화하기 위해서일 수도 있습니다.

이런 바람은 결국 '독서가 내 삶을 더 나은 방향으로 변화시킬 수 있지 않을까?' 하는 기대로 모입니다.

우리는 어째서 변화를 꿈꾸고 있는 것일까요? 지금 현실에 만족할 수 없기 때문입니다. 만약 어제와 같은 오늘, 오늘과 같은 내일을 바라고 있다면, 그래서 이대로 멈춰 있길 바란다면 우리는 더는 책을 읽지 않을지도 모릅니다. 하지만 우리는 오늘보다 나은 내일을 갈망하고 그러기 위해 노력합니다. 우리를 에워싼 현실은 우리가 품고 있는 기대에 비해 압도적으로 강력하니다. 어렸을 적부터 지금까지 우리는 자신의 꿈들을 숱하게 배신하며 살아왔습니다. 그리고 또다시 이렇게 변화를 열망한 채 꿈을 놓아주지 못하고 있습니다.

단단한 현실에 대응하는 방법은 두 가지가 있습니다. 하나는 절망과 좌절에 빠져 체념하는 것, 다른 하나는 자신의 비전과 가능성을 긍정하는 것. 여러분은 이미 하나를 고르셨네요.

독서에 관해 말하려는 이 책을 펼쳤다는 것 자체가, 독서를 변화의 계기로 삼겠다는 의지를 함축하고 있습니다. 절망과 좌절 상태에서는 어떤 변화도 꿈꿀 수 없습니다. 작은 틈새라도 보일 때 우리는 비로소 변화를 갈망합니다. 여러분은 꿈쩍도 안 할 것처럼 보이는 자신의 현실에서 그 틈새를 발견한 것입니다. 이 틈새를 쪼아 단단한 껍질에 금을 내고, 그 균열로 비집고 들어가 마침내 깨뜨리고 말리라!

누구나 독서를 '좋은 것'이라고 말합니다. 하지만 이 진부하고 흔해 빠진 말이 지닌 진정한 의미를 아는 경우는 드뭅니다. 그리고 독서의 가치는 독서 모임이라는 보다 효과적인 독후 활동을 통해 증폭될 수 있습니다. 독서 모임에 참여하는 경우에는 두 가지가 있습니다.

❶ '독서를 해야 한다.'는 자기 다짐을 위해 참여하는 경우입니다. 자기 자신이 도무지 책을 읽지 않는다는 것을 수없이 경험하고는 독서 모임이라는 강제성을 부여하는 것입니다. 이 경우의 독서는 '독서 모임을 위한 독서'가 됩니다. ❷ 더 좋은 독서를

위해서, 자기의 것 이상의 다양한 생각과 의견을 들어 보고 싶어서 참여하는 경우입니다. 이 경우는 '독서를 위한 독서 모임'이 됩니다.

'독서 모임을 위한 독서'는 단기적으로 독서 습관을 만드는 효과가 있습니다. 그러나 기간이 길어질수록 독서를 숙제처럼 여기게 됩니다. 책상 위에 놓여 있거나 책장에 꽂혀 있는 책을 볼 때마다 아직 읽지 않은 그것 때문에 가슴 한켠이 무거워집니다. 부담감은 회피로 이어지고 대체로 독서를 포기하게 됩니다.

'독서를 위한 독서 모임'은 자신의 독서 경험을 최대한 확대하려는 노력을 전제로 합니다. 모임에 참여하면 내가 빠뜨린 부분, 미처 생각해 보지 못한 부분이 자연스럽게 채워집니다. 한 권을 읽더라도 혼자 읽는 독서와 함께 읽는 독서는 그 함량에 분명한 차이가 있습니다. 독서 모임은 한 권에 대한 독서 경험을 최대로 증폭시키기 위한 좋은 방법입니다.

우리의 마음과 정신을 살찌운다는 점에서 책은 종종 음식에 비유됩니다. 하지만 책 자체는 완성된 요리가 아니라 날것 그대로의 식자재에 가깝습니다. 그래서 독서에는 이 날것의 책을 조리하는 과정이 선행되어야 합니다. 식자재를 고르는 방법부터, 다듬는 방법, 도구의 사용법, 조리법, 음미하는 법 등을 두루 알아야 자신의 몸에 좋은 음식을 제대로 맛볼 수 있습니다.

이 책은 하버드 졸업장보다 값진 나를 만드는 독서법 3가지를 담고 있습니다. 첫째는 책을 분류하고 고르고 혼자 맛보는 법을, 둘째는 다른 사람과 함께 풍족하게 즐기는 법을, 셋째는 본격적인 독서 활동을 위한 훈련법과 이 훈련법에 따른 도서 목록을 각각 설명하고 있습니다.

현실이라는 단단한 껍질을 깨부수는 강력한 펀치 한 방을 만들기 위해, 우리는 지금 독서의 부뚜막으로 들어가고 있습니다.

# 거짓말

독서는 마치 자기 발전과 인격 수양의 상징처럼 여겨집니다. 어쩌면 이런 사회적 인식 때문에 책을 읽으려 하는 것일지도 모릅니다. 결론부터 말하자면, 무작정 독서가 좋다는 주장은 거짓입니다.

모든 음식이 몸에 좋은 것은 아니며, 모든 생각이 사회를 이롭게 하는 것이 아니듯, 모든 독서가 인생에 도움이 되는 것은 아닙니다. 우리 주위를 둘러보아도, 이렇다 할 책 한 권 읽지 않았지만 훌륭한 인격을 갖춘 사람도 많습니다. 독서는 분명 인격 완성의 필수 조건이 아닙니다.

또, 우리 사회에서 막대한 부를 이룬 사람들, 사회적으로 성공한 사람들 중에 독서광은 드뭅니다. 노골적으로 말하자면 우리 시대에 독서하는 습관은 오히려 성공의 걸림돌처럼 보이기도 합니다. 시집을 읽을 시간에 언어 영역 문제를 푸는 것이 입시 성적을 향상하는데 이롭고, 인문 도서를 읽을 시간에 토익 공부를 해야 하는 것이 우리의 현실입니다. 독서는 세속에서 말하는 성공의 필수 조건이 아닙니다.

결국 독서는 성공이나 부, 인격의 완성, 시험 성적 향상을 절대 보장해 주지 않으며 방해할 수도 있습니다. 책을 1천 권, 2천 권 읽었다며 성공을 말하는 사람들의 성공은, 사실 우리가 그들에게 부여한 성공입니다. 그들은 엄청난 독서량을 자인했으며, '독서로 만들어 낸 성공담'을 주제로 책이나 강연을 연출했고, 우리와 다르게 '신성한' 독서를 수천 권 이뤄 낸 그들을 '성공한 사람'이라고 손뼉 쳐 준 것입니다. 2천 권이나 읽은 그들에 대한 선망 어린 찬사는 1권도 제대로 읽지 않은 우리 자신에 대한 책망이기도 합니다.

이러한 일련의 메커니즘 안에서 '독서는 좋은 것'이라는 전제를 의심조차 하지 않습니다. 자칭 독서의 마스터들, 독서에 대한 책을 출간한 작가들도 다르지 않습니다. '독서는 좋은 것이다'에 대한 면밀한 검토 없이 독서에 대해 무엇인가를 말하는 것은 − 정말로 마스터라면 − 직무 유기입니다.

독서는 경제적 풍요와 사회적 성공을 안겨 주는데 최적화된 행위는 아닙니다. 경우에 따라서는 안정된 직장을 그만두도록 부채질할 수도 있으며, 심지어는 명백한 손해가 예상되는 행동을 기꺼이 하도록 만들 수 있습니다. 그렇다면 우리가 독서를 통해 얻을 수 있는 것은 무엇일까요?

## 독서의 비밀

　우리는 제한된 시간과 장소 안에서 살아갑니다. 돈도 물질도 풍족하지 않습니다. 독서는 이러한 제한된 환경 안에서 적은 금액과 시간으로 다른 생각을 접하게 해 주고 우리에게 새로운 '경험'을 부여한다는 것에 의미가 있다는 사람도 있습니다. 하지만 이는 하나 마나 한 소리입니다. 왜냐하면 영화나 드라마에서도 똑같은 것을 얻을 수 있기 때문입니다. 오히려 영화에서 더 쉽게 감동하고 드라마에서 더 다양한 현실을 간접 경험할 수 있습니다.

　독서만의 것, 영화나 드라마가 아니고 독서에서만 경험할 수 있는 것은 무엇일까요? 음악은 소리로, 그림과 사진은 이미지로, 영화와 드라마는 영상으로, 책은 문자로 각기 다른 '매개체'를 활용합니다. 그림, 사진, 영화, 드라마 등에는 '보다'라는 단어를 붙이지만 군이 문자에만은 '읽다'라는 동사를 사용합니다. '책', '문자', '읽다' 이 세 가지에 독서만의 비밀이 숨어 있습니다.

　현대 사회에서는 활자 매체인 책보다 영상 매체인 영화나 드라마의 영향력이 압도적으로 큽니다. 기술의 발전에 비례하여 영상 매체도 날로 발전하고 있습니다. 영상은 인류 역사에서 다른 매체에 비해 '최신의 것'이라는 인상을 줍니다. 영상은 사진 낱장의 연속이며 사진은 그림의 파생이라는 점에서 영상은 분명 그림을 직접적인 조상으로 삼고 있습니다. 군이 따지자면 문자야말로 600만 년에 이르는 인류 역사에서 볼 때 불과 5천 3백 년 전에 만들어진 최첨단 매체일 것입니다.

만물의 영장인 인간과 일반 동물 사이의 중요한 분기점 중 하나는 '읽기'였습니다. '읽다'라는 행위가 발명되기 전에 최초로 문자를 만든 우리의 선조는, 도대체 어떤 것에서 인간이 '읽을 수 있다'는 가능성을 발견한 것일까요?

문자와 읽기라는 아이디어는 인간의 삶을 획기적으로 변화시켰습니다. 인간은 누구나 죽을 수밖에 없지만 문자로 자신의 목소리를 남길 수 있었고, 살아 있는 사람들은 문자를 읽음으로써 언제든 죽은 자의 목소리를 들을 수 있게 되었습니다. 같은 영장류인 침팬지나 원숭이가 도구를 활용하는 것까지는 인간과 같지만 그들은 죽은 자의 목소리를 전달할 능력까지는 갖추지 못했습니다.

읽기가 지닌 더욱 중요한 비밀은 우리의 뇌에 있습니다. 우리의 뇌는 읽기에 최적화된 기관이 아닙니다. 5천 3백 년이라는 세월은 어떤 특징적인 생물학적 진화를 이뤄 낼 만한 충분한 시간이 아닙니다. 우리의 뇌는 선조들이 최초로 읽기를 시작했을 때의 뇌와 비교해도 큰 차이가 없습니다. 다시 말해 현대인의 뇌는 선조들의 뇌에서 '읽기'에 더 알맞도록 진화한 것이 아닙니다. 우리의 뇌는 여전히 읽기에 특화되어 있지 않습니다.

그렇다면 우리는 어떻게 읽게 된 것이며 또 읽고 있는 것일까요? 인간의 뇌는 가소성, 즉 변화할 수 있는 가능성이 뛰어납니다. 가소성은 어떤 외부 작용으로 인해 변화가 일어난 뒤 이 외부 작용이 사라져도 이전으로 되돌아가지 않는 속성을 의미합니다. 예를 들어, 당겼다가 놓으면 되돌아가는 스프링 혹은 고무줄이나 뜨거운 물을 부으면 다시 퍼지는 형상기억합금의 복원력과 반대 개념입니다. 따라서 인간의 뇌는 비록 읽기에 최적화된 것은 아닐지라도 '읽을 수 있는 가능성'만큼은 충만한 상태입니다. 5천 3백 년 동안 진화한 것이 있다면 그것은 인간의 뇌가 아니라 인간의 문자입니다. 우리 뇌가 선조들의 것에서 진화하지 못했지만 우리가 그들보다 더 많이 더 쉽게 읽을 수 있는 까닭은 문자 체계가 읽기에 효율적으로 발전했기 때문입니다.

문자는 더 쉽게, 더 효율적으로 다듬어져서 현재에 이른 것이며 앞으로도 더욱 진화할 것입니다. 세계적으로 인정받는 우리의 한글도 이두와 향찰을 지나 훈민정음을 거쳐 오늘날의 한글로 발달한 것입니다. 한글을 실생활에서 충분히 활용하는 데까지 걸리는 시간은 길어야 1∼2년 정도이며 현존하는 다른 언어들도 익히는 데 3년을 크게 벗어나지는 않습니다.

인류 전체로 볼 때 인간의 뇌는 진화하지 못했지만, 인간 한 명을 떼어 놓고 볼 때 '읽기'를 배우는 순간 뇌는 기어이 변화를 경험합니다. 어린아이가 어른에 비해 쉽게 언어를 습득하는 이유는 뇌의 가소성이 더 뛰어나기 때문입니다.

인간의 뇌를 측면으로 돌린 뒤 그 단면을 보면 네 영역으로 구분할 수 있습니다. 단어를 말할 때는 1사분면, 들을 때는 2사분면, 읽을 때는 3사분면, 조합할 때는 4사분면이 각각 활성화됩니다. 문맹자의 뇌와 비교해 보면, 글을 읽을 수 있는 사람의 뇌는 문자를 다룰 때 다양한 영역들이 동시에 활동하면서 뇌의 부분과 부분을 이어 주는 부분이 점차 두꺼워집니다. 문자를 읽는 것 자체만으로 이렇게 뇌가 변화합니다. 어린아이가 읽는 법을 배우는 순간 태어날 때 갖고 있던 뇌의 구조와 영역이 변화하기 시작합니다. 아이에게 문자 읽는 법을 가르치는 것은 아이의 뇌를 변화시키는 것과 같습니다.

읽기는 우리의 뇌를 이전보다 더 많이 기억할 수 있게 하였고 더 영리하게 만들었습니다. 읽기는 문명을 탄생시킨 결정적인 능력이었으며 이런 까닭에 점차 문해력이 중요해지기 시작했습니다. 독서는 축적된 지식을 습득할 수 있다는 실용성 외에 인간의 읽기 능력 자체를 심화시킵니다. 독서는 뇌를 지속해서 개발시켜 우리를 더 지능적이며 인지적인 존재로 나아가도록 끊임없이 자극합니다.

우리는 책을 읽을 때 받는 자극이 동시다발적이며 새롭고 조화롭다고 느낄 때 그것을 '좋은 독서'라고 생각합니다. 어떤 상태에서 책을 읽느냐, 어떻게 읽느냐, 어떻게 받아들이느냐에 따라 분해의 가짓수와 자극의 성노가 달라집니다. 이것이 같은 책을 읽더라도 읽는 상황과 시기가 다르면 색다른 느낌을 주는 이유이며, 같은 책을 동시에 여러 사람이 읽어도 사람마다 이해하는 정도와 방식이 상이한 까닭입니다.

## 읽기의 마법

영어를 무작정 듣는 것만으로 쉽게 익힐 수 있다는 공부법이 대중에게 호응을 받았던 시기가 있습니다. 하지만 시각을 배제한 채 청각에만 노출하여 언어를 습득할 수 있다는 주장에 대한 제 판단은 회의적입니다. 어린아이가 언어를 배우는 과정을 보면, 어린아이는 그저 듣는 것으로 언어를 배우는 것이 아니라 엄마의 음성과 함께 엄마의 몸짓, 표정, 상황을 동시에 수용하여 그 음성의 의미를 파악합니다. '아즈', '아즈'를 수십 번 스피커로만 들을 때와 엄마가 토끼 인형을 들고 '아즈'라고 말할 때 둘 중 어느 경우에 '아즈'가 토끼임을 쉽게 배울 수 있을까요?

부모는 어린아이에게 소리와 이미지를 연결해서 알려 준 뒤에 문자를 가르칩니다. 먼저 소리와 이미지가 한 덩어리가 되고, 문자를 배우면 문자가 소리+이미지 덩어리에 연결됩니다. '듣다+보다'에 '읽다'가 결합되면서 우리는 비로소 문자를 배우게 되는 것입니다.

그림이나 음악은 자연을 모방하는 성격이 강하지만, (상형문자를 제외하면) 문자는 자연과 이질적입니다. 나무 그림을 보고 나무를 떠올리는 것과 '나무'라는 문자에서 나무를 떠올리는 것을 비교해 보면, '나무'라는 단어는 나무 자체와 특별한 연관성이 없습니다. 한국인이 그린 나무와 영어권 사람이 그린 나무는 비슷하게 생겨서 국적이 달라도 알아볼 수 있습니다. 하지만 '나무'는 한국인만이, 'tree'는 영어권 사람만이 의미를 파악할 수 있습니다. 언어는 나라마다 임의적으로 만든 것입니다. 언어를 옮겨 놓은 문자도 그 지역 인간들에 의해 임의적으로 만들어진 것입니다.

　문자는 다양하게 조합되며 조합된 문자 덩어리에는 특정한 의미가 부여됩니다. 우리는 이 문자 조합을 읽고 그것의 의미를 파악합니다. 문장은 단어들의 조합이고, 책은 문장들의 조합입니다. 《심청전》을 읽었다고 가정해 봅시다. 책을 읽으면, 이 책 안에 담긴 수많은 의미(심청이, 심 봉사, 인당수, 용왕, 안타까움, 기쁨, 효녀는 무엇인가, 상상되는 색깔과 얼굴 등등)가 읽는 도중에 수십 가지로 잘게 분할되고 분해됩니다. 이것들은 뇌의 부분 부분으로 전달되고 자극을 줍니다.

　읽기의 마법적 효과는 말하는 능력과 쓰는 능력을 강화한다는 점입니다. 읽는 것은 문자를 매개로 하고, 문자는 음운과 형태소로 쪼개집니다. '국자'가 'ㄱ+ㅜ+ㄱ+ㅈ+ㅏ'로 나뉘는 것이죠. 여기부터가 문법의 영역입니다. 읽기는 문법을 통해 말하기와 쓰는 능력을 키워 줍니다. 읽는 것은 문자를 분해하고 문법을 깨우치게 하며, 이것은 새로운 말을 창조할 수 있는 가능성을 부여합니다.

　'읽기'가 누군가 적어 놓은 문자를 수용하는 것이라면 '말하기'와 '쓰기'는 '읽기'에 본인의 창조가 더해지는 것입니다. 우리는 일상생활에서 아무 어려움 없이 새로운 말을 하며 살아 갑니다. 생각해 보세요. 우리는 외워 두었던 말을 내뱉는 것이 아니라 매일 새로운 문장을 창조해 가며 이야기합니다. 단 한 번도 배운 적 없는 문장을 말할 수 있습니다.

# 어떤 독서

독서는 그 자체가 중요한 것이 아니라 '어떤 독서'를 하느냐가 중요합니다. 굳이 많은 책을 읽으려 할 필요는 없습니다. 최고의 독서란 독서 효과의 최대치에 이르는 독서입니다. 읽기 행위로 인한 뇌 자극의 영역을 최대한으로 늘리는 것입니다. 1천 권, 2천 권, 그 이상의 많은 책을 한 번 읽는 것보다 차라리 책 한 권을 여러 번 읽는 것이 효과적일 수 있습니다. 읽을 때마다 새로운 의미가 발생하고 기존의 의미가 달라지며 풍부한 자극을 주기 때문입니다.

사람이 살면서 진정한 친구 세 명을 사귀면 성공한 인생이라는 말이 있듯이 책도 마찬가지입니다. 인생의 책을 만난 사람은 단 몇 권의 책에서 수많은 것을 얻을 수 있습니다. 공자가《주역》을 탐독하다가 세 번 다시 엮었다는 '위편삼절'이라는 고사가 유명하죠. 어떤 사람은 니체라는 철학자의 책이 인생의 책이며, 독실한 신앙인에게는 종교 경전이 그럴 것입니다.

좋은 독서의 메커니즘 정리하면, ❶ 책의 내용을 최대한 잘게 쪼갠 뒤 ❷ 뇌의 다양한 영역들로 전달하고 ❸ 이것을 의미의 형태로 자극하여 흡수하는 것입니다.

책의 내용을 잘 흡수할 수 있도록 잘게 분해하는 것과 그것을 제대로 흡수하는 것이 중요합니다. 마치 이온 음료가 전해질과

수분을 우리 몸에 더 효과적으로 보충해 주는 것처럼 말입니다. 이렇게 책을 분해하여 흡수하는 독서를 '독서의 이온화', '이온화된 독서'라고 말합니다.

좋은 독서의 당면 과제는 결국 자극의 풍부함을 얻는 것입니다. 자극의 풍부함에서 우리는 많은 의미를 발견하고 깨달으며 무엇보다도 재미를 느낄 수 있습니다. 소설의 경우를 생각해 봅시다. 소설은 기본적으로 '허구'라는 전제에서 출발합니다. 실제로 일어난 일이 아닙니다. 하지만 우리는 소설에서 현실보다 더 큰 재미와 이해를 얻게 됩니다. 이것이 간접 경험과 허구가 주는 효과입니다. 허구로 서술된 것이 실제 있는 대상보다 우리의 뇌를 강력하게 자극합니다. '백문이 불여일견'이라는 말은 '백 번 듣는 것(간접 경험)보다 한 번 보는 것(직접 경험)이 낫다.'는 의미입니다. 하지만 '문'(간접 경험)을 어떻게 하느냐에 따라서 '백견'(직접 경험)보다 나을 수도 있습니다.

독서는 지금 내 옆에 없는 사람과 마주하는 것입니다. 2천 5백 년 전 공자는 《논어》를 남겼고 우리는 그것을 읽고 있습니다. 사람들 대부분은 자신이 공자보다 《논어》를 더 잘 이해할 수 있다고 생각하지 못합니다. 흔히 '고전'이라고 말하는 책을 대할 때 우리는 스스로에게 한계선을 그어 버립니다. 죽은 자의 가르침을 제대로 이해하려고 노력하지만 그것에 100% 도달하기는 어려운 일이라고 생각합니다. 이것은 '고전'에게도, 죽은 자에게도, 우리에게도 안타까운 일입니다.

죽은 자는 그 옛날 멈춰진 사람이며, 우리는 2천 5백년이라는 시간의 공백을 건너 살아 있는 사람들입니다. 책은 그 책을 쓴 사람보다 불멸하며, 어쩌면 지금 그 책을 읽고 있는 사람보다도 불멸할 가능성이 높습니다. 책은 작가 이상의 존재입니다. 그래서 책을 쓴 사람이 그 책이 지닌 의미를 제대로 파악하지 못하는 경우도 있습니다.

살아 있는 자들은 책을 읽어 가면서 죽은 자가 미처 말하지 못한, 아니 그도 알지 못했던 의미를 계속 발견해 냅니다. 읽는 자가 죽은 자보다 우위에 서 있을 때 좋은 독서가 탄생합니다(독자〉작가). 특히 고전이 그러합니다. 고전을 '오래된 책'으로 가둬 놓지 말아야 합니다. 이 책 역시 지금 우리가 읽고 있는 현재의 책이라는 점을 잊어서는 안 됩니다.

## 이온화

가수 중에는 고음을 아름답게 잘 내는 이도 있고 음색이 독보적인 사람도 있습니다. 이들은 자신만의 무기를 지닌 셈입니다. 그들이 '좋은 가수'로 인정받고 있다면 이런 능력들이 우리를 더 많이, 다양하게, 동시적으로, 조화롭게 자극하기 때문입니다. '좋은 작가' 역시 테크니션입니다. 이들은 문자 서술을 통해 독자를 다양하게 자극할 수 있는 기술을 활용하고 있습니다.

좋은 독자 역시 정교한 기술자입니다. 문자로 나열된 책을 읽으며 속성을 분해하여 수많은 의미를 발견하고 그것을 뇌로 흡수할 수 있는 상태로 만듭니다. 좋은 독자의 기술은 '독서의 이온화'입니다. 자신이 받아들일 수 있는 요소를 늘려 나가는 것이 곧 독서 역량이지요. 이온화된 독서의 첫 번째 요소는 이러한 유연함입니다.

우리는 자신만의 상식, 가치관, 범주를 갖고 살아갑니다. 이온화된 독서는 책의 내용을 분해하는 것도 중요하지만 그것들을 통해 자극을 받을 수 있는 유연한 상태가 전제되어야 합니다. 자신의 상식, 가치관, 범주의 규칙을 파괴하는 책을 읽을 때, 누군가는 그 자극을 도저히 받아들일 수 없으나 다른 누군가는 그 자극에서 의미를 수용합니다. 부조리한 경험 속으로 자신을 내던지도록 하는 책과 이 자극을 받아들일 수 있는 유연한 태도와 상상력에서 좋은 독서가 탄생합니다.

종교적 '기적', SF 소설의 '외계인', 공포 영화의 '유령', '마법', '좀비', '염력' 등 우리가 이런 것에서 재미를 느끼는 이유는 무엇일까요? 그 서술이 우리의 상식과 불일치하고 있다는 매력 때문이며, 이는 인간이 '상상력'을 지녔기 때문입니다. 이온화된 독서는 상상력을 요구합니다. 이온화된 독서의 두 번째 요소는 상상력입니다.

인간은 동물에 비해 시각이 뛰어나지도, 후각이 예민하지도 못합니다. 불가사의한 육감을 지닌 몇몇 동물은 지진이나 화산 폭발 같은 자연 재앙이 일어날 것을 미리 알아차리기도 합니다. 이들은 다른 동족들에게 소리나 몸짓으로 위험을 알립니다. 인간은 동물에 비해 현저히 떨어지는 오감과 육감을 지녔지만 다른 동물에게는 없는, 자연을 모방하고 그것을 그림이나 문자로 전달하는 능력을 갖고 있습니다. 또한 그림과 문자를 보고 이해하는 능력도 갖추고 있습니다. 인간은 실제 호랑이가 아닌 그려진 호랑이를 보고도 호랑이를 떠올립니다. 실제가 아닌 것이 분명한 공포 영화를 보면서 공포심을 느낍니다. 앞서 언급했듯 인간의 뇌가 가소성과 유연성을 가졌기 때문입니다.

만약 가소성과 유연성을 포기한다면, 그래서 자신이 현재 갖고 있는 상식, 가치관 등의 범주 규칙을 고수하며 다른 것을 받아들일 수 없는 지경에 이른다면, 그것은 스스로 인간 고유의 능력을 퇴화시킨 것과 같습니다. 이런 사람의 뇌는 가소성을 잃은 딱딱한 돌과 같습니다. 돌처럼 굳은 뇌는 이온화된 독서가 불가능합니다. 책을 수천 권 읽을지라도 절대로 좋은 독서를 할 수 없습니다.

독서 모임에 참여하는 것은 자기 자신을 이온화된 독서 환경 속으로 밀어 넣는 것과 같습니다. 독서 모임은 자극의 향연입니다. 내가 미처 발견하지 못한 의미를 누군가가 말해 주고, 같은 부분을 보았음에도 나와 다른 시각을 풍부하게 느낄 수 있습니다. 유연성과 자극의 다양성, 의미의 확장과 파생, 이것으로써 이온화된 독서는 정점에 다다릅니다. 여러분의 뇌는 구석구석 자극받게 되며 도파민이 분비됩니다. 좌뇌와 우뇌를 연결하는 시냅스는 점점 두꺼워지고 전전두엽의 공간은 확장됩니다.

나의 뇌가 변화하면 내가 바뀝니다. 여기까지가 독서가 주는 직접적 변화입니다. 바뀐 '나'가 내 삶을 바꾸어 나가는 것은 독서가 직접 해 주는 것이 아니라 나의 의지가 할 일입니다. 독서만으로는 삶이 절대 바뀌지 않습니다. 그러나 독서만으로 '나'는 바뀔 수 있습니다.

# 독서의 기술 개요

❶ 책을 고르는 방법에 관하여

자신의 목적과 수준에 맞는 책을 고르는 방법을 소개합니다. 구매해야 하는 책과 빌려 볼 책에 대해서도 이야기합니다.

❷ 책을 읽는 법에 관하여

모든 책에 맞는 단 한 가지의 독서 방법은 없습니다. 책의 유형별로 참고할 만한 독서법에 대해서 설명합니다.

❸ 독서 모임의 준비 과정에 관하여

독서 모임의 목적과 유형, 찾는 방법, 만드는 방법에 대해 소개합니다.

❹ 독서 모임의 진행 과정에 관하여

실제로 독서 모임에 참여하거나 만들었을 때 겪게 될 문제와 해결 방법에 관해 알아봅니다.

❺ 독서 모임의 정리 과정에 관하여

시중에는 다양한 독서 모임 관련 책이 있지만 대부분이 독서 모임의 후기와 정리 과정을 간과하고 있습니다. 사실 이 정리 과정이 독서 모임의 핵심입니다.

❻ 발언 방법에 관하여

독서 모임의 형태별로 어떤 발언이 유용하고 어떤 것이 필요한지에 관해 이야기합니다. 나와 생각이 다른 사람과 소통할 때 불필요한 오해와 감정 소모가 일어날 수 있습니다.

❼ 풍족한 독서 모임 만들기에 관하여

독서 모임에 보다 활기를 불어 넣고 확장할 수 있는 몇 가지 시도할 만한 것에 관해 이야기합니다.

❽ 독서 훈련 방법에 관하여

읽기 위해 준비가 필요한 책이 있습니다. 생소한 영역의 책이나 사전 지식이 필요한 책, 누구나 다 추천하지만 막상 읽기 어려운 고전 도서가 그렇습니다. 이런 책을 읽기 위한 훈련 방법을 소개합니다.

❾ 독서 커리큘럼에 관하여

역사, 지리, 사회·문화, 법과 정치, 경제, 철학, 과학, 수학, 문학 등 총 9개의 영역으로 구분하여 각 영역별로 추천 도서를 소개합니다. 독서 모임에 바로 적용 가능한 책도 있고 혼자 읽기를 위한 책도 있습니다.

Memo

첫 번째 독서법

## 책과 함께
## 숨쉬는 방법

# 책의 분류

(토익 문제집, 회화 책, 퍼즐 풀이 등을 제외하고) 책은 크게 문학과 비문학으로 나눌 수 있습니다. 문학은 갈래에 따라 시, 소설, 에세이, 희곡 등으로 나눌 수 있고 비문학은 문학이 아닌 모두를 포함합니다(확실한 구분법은 없습니다). 비문학은 다시 내용에 따라 인문학, 사회 과학, 자연 과학 등으로 구분되고, 내용의 심화 정도에 따라 ❶ **일반서**, ❷ **입문서**, ❸ **전문서**, ❹ **연구서**로 구분할 수 있습니다.

❶ 일반서는 시중에서 흔히 볼 수 있는 책으로 '교양서'라고 말하기도 합니다. 특정 주제에 관해 가볍게 소개하는 정도가 대부분입니다. 간혹 지엽적인 부분을 세밀하게 다루되 연구서보다 쉬운 문체로 설명하는 책도 이에 속합니다.

❷ 입문서는 교양서보다 심화된 책으로 말 그대로 독자를 그

주제로 '입문'하게 하는 책입니다. 일반서를 읽은 뒤 책에 관해 '잘 몰랐었는데 이런 것이었구나!' 정도를 느낀다면 입문서는 '이 주제에 관해 더 공부해 보고 싶다.'라는 의지를 부여하게 합니다. 보통 일반서와 입문서를 하나로 묶어 '교양 일반서'라고 부르기도 합니다.

❸ 전문서는 일종의 교과서입니다. 대학 전공 교재가 이에 속합니다. 학문의 명칭 자체를 책 제목으로 하는 경우가 많습니다. 전문 학술 용어가 대거 등장하지만 이에 관한 설명도 함께 서술하고 있습니다. 사전 지식이 없더라도 공부하듯 차분히 읽으면 완독할 수 있습니다.

❹ 연구서는 논문집 형태가 많습니다. 사전 지식이 없는 독자가 접근하기에는 다소 어렵습니다. 제목과 표지가 그다지 끌리지 않는 경우도 많습니다. 친절한 설명보다는 독자가 이미 어느 정도 알고 있다는 전제 하에 이론을 전개합니다. 아무 준비 없이 연구서를 읽기 시작하면 독서에 흥미를 잃을 수도 있습니다. 내용의 밀도가 높고 지식의 질이나 사유의 정도가 깊은 편입니다. 각종 기관의 권장 도서나 추천 도서 목록에 다수 포함되어 있습니다.

| 구분 | | 필요한 배경지식 | 특징 |
|---|---|---|---|
| 비<br>문<br>학 | 일반서 | 낮음~입문 이상 | 책마다 내용 밀도의 편차가 큼.<br>입문서보다 지엽적인 부분을 깊이 설명함.<br>연구서보다 독자의 눈높이에 맞추려 노력함<br>(독자 지향적). |
| | 입문서 | 낮음 | 처음 접하는 사람도 읽을 수 있도록 쉽고 간결하게 쓰여짐. 일반서에 비해 독자들을 그 분야로 끌어들이려는 목적을 드러냄. |
| | 전문서 | 입문 이상 | 지식의 양이 많고 자료가 가장 풍부함(포괄적).<br>비교적 두껍고 판형이 큼. |
| | 연구서 | 높음 | 독자가 사전 지식을 갖추고 있다고 전제함. 독자가 쉽게 읽도록 쓰기보다는 명징하게 쓰려고 노력함(학문 지향적). |

# 책을 고르는 10가지 방법

## 서문과 목차는 반드시 읽어 보세요

책을 고르는 대표적인 방법 중 하나가 서문과 목차 읽기입니다.

❶ 서문에는 글쓴이가 어떤 주제 의식을 지녔는지, 어떤 방향으로 책을 읽어 나가야 하는지에 관한 대략적인 설명이 들어 있습니다. 간혹 책을 쓰는 데 도움을 준 누구누구에게 감사하다, 출판사 대표님 감사하다 이런 내용을 잔뜩 쓴 서문도 있는데 '출판사 대표가 자기 칭찬을 좋아하는가 보다' 하며 이 부분은 넘기세요. 독자에게 도움은커녕 피해를 주는 서문입니다. 만약 서문이 이런 식으로만 대충 쓰여 있다면 그 책은 과감히 읽지 마세요.

서문은 저자가 쓰거나, 번역자가 쓰거나, 제3의 전문가가 쓰는데 보통은 저자가 쓴 글입니다. 하지만 책 내용에 관한 소개보다는 제3의 전문가가 쓴 해제에 가까운 분석 글이 서문으로 오는 경우도 있습니다. 본문이 너무 어려울 때 출판사가 의도적으로 앞에 배치하는 것입니다. 다만 본문에 대한 선입견이 생길 수도 있고 해제의 분석 틀이 오히려 독서에 방해가 될 수도 있습니다. 이런 서문은 본문을 다 읽은 뒤에 읽는 편이 나을 수도 있습니다.

❷ 목차는 책의 설계도이며 전체적인 구성을 한눈에 볼 수 있도록 짜여 있습니다. 서문이 등산로의 입구라면 목차는 등산로의 지도입니다. 제목에서 기대했던 내용이나 서문에서 말한 내용과 다르게 목차가 구성되어 있을 경우 여러분의 목적에 맞지 않는 책일 수도 있습니다.

## 문학 책을 고를 때 따져야 하는 것들

### 1. 문체

문학은 비문학에 비해 언어를 다루는 데 민감한 편입니다. 문학에서 문체라는 것은, 문장을 꾸리는 방식과 단어의 선택, 문장을 엮는 스타일, 스토리를 풀어내는 특징 등을 두루 포함하는, 영화에서의 '연출'과 같은 개념입니다. 그래서 문체는 작품의 완성도에 큰 영향을 줍니다. 작가는 작품에 담기는 단어 하나하나에 신경을 씁니다. 우리가 별 생각 없이 지나치는 단어에 대해서도, 가령 '일어서다'와 '일어나다'와 같은 단어를 고를 때도 무던히 고민하고 또 고민합니다. 비슷한 의미일지라도 그것이 자아내는 어감이 다르기 때문입니다.

그래서 문학 작품을 고를 때 문체가 중요합니다. 같은 내용과 주제 의식을 지닌 작품이라도 문체에 따라 독자가 받아들이는 의미가 달라집니다. 황순원의 〈소나기〉는 그 문체여서 〈소나기〉일 수 있으며 니체의 작품은 특유의 말투가 작품에 색깔을 입힙니다. 자주 듣던 목소리를 들으면 곧바로 누가 말하는지 알 수 있습니다. 마찬가지로 좋아하는 작가는 문장만 읽어도 누구인지 알아낼 수 있습니다. 《노르웨이의 숲》을 쓴 무라카미 하루키는 《직업으로서의 소설가》라는 책에서 자기만의 문체를 만들기 위해 영어로 글을 쓴 뒤 모국어로 번역을 했다고 말합니다.

문체의 독자성이 작가의 스타일입니다. 거기에서 독자는 작품의 분위기와 서술의 호흡을 느낄 수 있습니다. 좋아하는 작가가 있다면 그 사람의 스타일을 좋아하는 것입니다. 스타일이 없거나 문체가 저열하다면 굳이 읽을 필요가 없습니다. 상투적이고 조악한 단어들을 늘어놓고 있다면 과감히 읽지 않는 것이 지갑 사정과 정신 건강에 이롭습니다.

세상에 읽을 책은 많습니다. 좋은 책은 언젠가 입소문을 탄다는 믿음은 우리의 소박한 정의관입니다. 훌륭한 책이지만 그 책이 존재하는지조차 모르는 경우가 많습니다. 유명하지만 문체가 조악한 책을 읽기보다는 보물찾기하듯 서점이나 도서관 서가를 뒤지는 편이 낫습니다.

## 2. 번역

외국 문학의 경우 번역의 문제가 더해집니다. 좋은 외국 문학 중에는 저자가 사망한지 오래되어 저작권이 자유롭기 때문에 여러 출판사에서 동시에 출간한 경우가 많습니다. 이때는 반드시 여러 출판사에서 출판된 판본들을 펴 놓고 비교해야 합니다. 이 비교 작업을 하기에는 도서관보다 대형 서점이 편리합니다. 누군가 빌려 가서 없을 염려도 없고 찾기 편하게 모아져 있기 때문입니다.

번역은 크게 ❶ 직역에 가까운 번역과 ❷ 윤색 과정을 거친 의역이 있습니다. 직역은 원문을 최대한 해치지 않으면서 번역한 것이고 의역은 우리가 쉽게 읽을 수 있도록 번역자가 우리말의 색을 가미한 것입니다. 작품의 본래 분위기를 느끼려면 원칙적으로 직역을 고르되 껄끄러운 문장은 독자 스스로 의역해 가며 읽는 것이 좋습니다. 하지만 원문을 읽으며 번역을 비교할 수 있고 사전 지식을 어느 정도 가진 사람만이 가능한 일입니다. 여의치 않다면 가독성이 좋게 윤색되고 의역된 판본을 읽는 것밖에 선택의 여지가 없습니다.

예를 들어, 프란츠 카프카의 단편 소설 〈시골 의사〉에는 '로자'라는 하녀가 등장합니다. 의사인 주인공은 갑작스럽게 왕진을 가야 하는 상황이 벌어져 위험에 빠진 로자를 구하지 못합니다. 왕진을 가니 한 아이가 침대에 누워 있고 이 아이의 옆구리에는 손바닥만 한 상처가 있습니다. 국내 판본에는 이 상처를

'붉은 빛깔'이나 '여러 가지 농담의 장밋빛'으로 묘사하고 있습니다. 그러나 독일어 원본에는 간단히 '로자'라고 표현되어 있습니다.

독일어 '로자'는 영어의 '로즈', 즉 장미입니다. 주인공이 구하지 못했던 하녀 '로자'와 아이 옆구리에 난 상처 '로자'는 자연스럽게 은유와 상징으로 이어집니다. 의역된 번역(붉은 빛깔, 장밋빛)만을 읽은 독자가 하녀와 상처를 연결지어 의미를 찾아내긴 어렵습니다. 어떤 번역이냐에 따라 독자가 얻게 되는 의미와 자극은 확연히 달라집니다.

번역본 가운데는 중역본이 생각보다 많습니다. 원작의 언어가 영어, 독일어, 프랑스어, 일본어, 중국어일 경우에는 보통 원작을 직접 번역을 하는데, 노르웨이어나 이탈리아어 같은 경우는 이것의 영어판을 출처로 하여 중역하곤 합니다. 중역은 원작을 바로 한국어로 번역한 것에 비해 의미나 느낌이 많이 달라질 수 있습니다.

어떤 출판사의 번역이 특별히 좋다고 확언할 수는 없습니다. 세계 문학을 꾸준히 출간하는 국내 출판사는 대략 5군데 정도가 있습니다. 작품마다 번역자가 다르기 때문에 한 작품의 번역이 좋다고 다른 작품의 번역이 좋으리라는 보장이 없습니다. 실제로 작품마다 천차만별입니다. 일관된 디자인으로 만들어진 책들을 꽂아 책장을 예쁘게 꾸미려는 목적이 아니라면 한 출판사에서 나온 세계 문학 전집을 통째로 구매하는 것은 지양해야 합니다. 작품별로 비교한 뒤 구매하는 편이 현명합니다.

눈에 익은 번역가가 있다면 독서를 꾸준히 한 사람입니다. 번역가들은 보통 특정 언어의 문학을 전문적으로 번역합니다. 프랑스 문학, 러시아 문학, 독일 문학 이런 식으로 말입니다. 혹은 한 작가의 책 시리즈를 통째로 번역하기도 합니다. 어떤 책의 번역이 마음에 들었다면 그 번역가를 잘 기억해 두세요. 출판사보다 번역가를 믿는 편이 좋은 번역본을 고를 확률이 더 높습니다.


## 베스트셀러와 미디어에 노출된 도서는 의심해 볼 것

몇 해 전, 한 언론사에서 '출판 사재기'를 폭로한 적이 있습니다. 출판 영역도 하나의 상품 시장이라서 자본의 영향을 크게 받습니다. 베스트셀러 순위에 오르면 미디어의 주목을 받고 대중의 관심을 끌게 됩니다. 베스트셀러 순위를 조작하면 사람들의 구매가 급증하여 투자 금액 이상의 이윤을 낼 수 있기 때문에 출판 사재기가 일어납니다.

꼭 사재기가 아니더라도, 최근에는 미디어 노출 없이 베스트셀러가 되는 사례가 드뭅니다. 하루에도 수십, 수백 종의 책이 출간됩니다. 이 중에서 언론사 지면을 통해 소개되는 책은 손에 꼽힙니다. 이 중에 과연 자본의 힘없이 순전히 작품 자체의 힘만으로 미디어에 자신을 소개할 수 있는 책이 얼마나 될까요?

대형 서점 사이트에 들어가면 상단 구석에 광고 메뉴가 있습니다. 이것을 클릭하면 광고 단가표 파일을 다운받을 수 있습니다. 이 파일을 열어 보면 사이트 화면, 모바일 애플리케이션 화면의 구석구석이 대부분 광고의 영역이라는 것을 알 수 있습니다. 사이트에서 추천 도서라고 딱지가 붙은 책들 상당수는 순수한 추천 도서가 아니라 광고비를 지불한 가짜 추천 도서입니다.

"이 책이 베스트셀러다."라고 말할 때, 이것이 우리에게 의미하는 객관적인 사실은 단 하나, '지금 많이 팔리는 책이다.' 정도입니다. 많이 팔리는 현상 자체가 유행을 타는 것이기도 합니다. 비트코인이 이슈가 되었을 때 관련 책들이 갑자기 쏟아져 나오고, 오바마가 대통령이 되었을 때 오바마의 이름을 넣은 책들이, 스티브 잡스가 타계했을 때 그를 다룬 책들이 마구 출간되었습니다. 마치 기다렸다는 듯이 말이죠. 이런 책 대부분은 유행을 틈타 출판사에서 기획하여 양산된 책들입니다. 읽어 보면 특별한 내용도 없고 엇비슷하며 심지어 오타도 수두룩합니다. 여백이 많고 관련성이 떨어지는 쓸데없는 사진이 지면을 채우고 있으며 책 구색을 맞추려 억지로 지면을 늘린 흔적이 보입니다. 굳이 읽지 않아도 됩니다.

## 편집이 느슨한 책(이유 없이 글자 수가 적은 책)은 읽더라도 구입은 글쎄……

그림책이거나 사진을 위주로 한 책, 중간중간 호흡이 들어간 수필 종류가 아니라면, 특별한 이유가 없는데도 여백이 넓은 책은 몇 가지 혐의를 벗어나기 어렵습니다. 앞서 이야기했듯 그럴싸한 책의 형태를 갖추려고 페이지를 억지로 늘린 경우가 있습니다. 주제를 다루기에 저자의 역량이 부족하거나 유행을 틈타 빨리 출간하려는 의도로 제작된 책입니다.

흔히 볼 수 있는 판형(신국판)의 일반서를 기준으로, 한 페이지에 20~25행이 있으며 한 행에 띄어쓰기를 포함하여 30글자 정도 있으면 글자 수가 적당한 책입니다. 여백이 이유 없이 넓거나 제목과 본문 사이에 너무 많은 간격이 벌어져 있는 페이지 구성, 눈에 띌 만큼 글자가 크거나 글자 간격이 넓은 문단 구성, 이렇게 편집이 느슨한 책은 의심해 보아야 합니다.

일반서 중에 이런 책이 많습니다. 저자의 역량이 확보된 입문서, 전문서, 연구서는 내용의 함량도 충실하며 편집도 대체로 촘촘한 편입니다.

## 인터넷만 뒤져도 쉽게 찾을 수 있는 정보를 나열한 책, 패스!

인터넷이 없던 시절에는 이런 책도 유용했지만 손바닥만 한 작은 컴퓨터를 들고 다니는 요즘에는 어울리지 않는 책입니다. 단순 정보가 필요하다면 그냥 포털 사이트에서 검색하세요.

## 수준과 목적에 맞는 책 고르기

알록달록한 표지, 세련된 디자인, 끌리는 제목은 일반서의 특징입니다. 어떤 주제이든 처음에는 일반서로 시작하는 것이 일반적입니다(그중에서도 그 주제의 역사를 다룬 책부터 시작하는 편이 좋습니다). 읽기도 편하고 내용도 어렵지 않습니다. 처음 시작할 때 읽을 일반서는 두세 권 정도면 충분합니다. 여기에 더 많은 시간과 비용을 투자하지 마세요.

일반서의 내용들이 겹치기 때문에 두세 권으로 충분하다는 의미가 아닙니다. 일반서의 역할은 그 주제에 관한 맛보기입니다. 맛보는 경험을 한 다음에는 계속 거기에 머무르지 말고 보다 본격적인 독서를 해야 할 필요가 있습니다. 전문서, 연구서로 독서를 확장할 때 체감할 만한 진전이 일어납니다. 연구서까지 읽은 다음에 다시 (조금 어려운) 일반서를 읽어도 무방합니다.

일반서 다음은 입문서입니다. 입문서는 읽기 편한 책부터 다소 버거운 책까지 함량 수준이 다양합니다. 입문서는 대체로 해당 주제에 대한 다양한 내용(인물, 사상, 사건)을 축약하여 소개합니다. 입문서의 특징은 확장 독서의 도서 목록을 제공한다는 점입니다. 한 챕터의 마지막 페이지에 '더 읽을 책들'을 나열합니다. 친절한 입문서는 너 읽을 만한 책들이 우리나라에서 어떤 제목으로 출판되었으며 어떤 출판사에서 몇 년도에 나왔는지까지 알려 줍니다. 입문서는 독자가 그 주제에 발을 들이도록 유혹합니다. 입문서를 읽었다면 입문의 문턱에서 주저하지 말고 한 발 깊숙이 넣어 보세요.

입문서 다음은 전문서입니다. 일반서 다음에 입문서를 거치지 않고 곧장 전문서를 읽는 것도 괜찮습니다. 좋은 일반서는 입문서의 역할까지 해 주니까요. 전문서를 읽는다는 것은 그 주제에 이미 입문했다는 것을 의미합니다.

가령, 심리학에 관한 가벼운 일반서를 읽고 나서 관심이 생겼다면 대학 전공 교재를 읽는 것입니다. 대학 전공 교재는 활자도 작고 내용도 방대하지만 설명이 자세하며 그림과 도판이 많고 최신 이론을 설명합니다. 공부하듯이 읽어야 하는 책이지만 대학생처럼 학점이나 시험의 부담이 있는 것은 아닙니다. 시험과 학점이 목적이 아닌 전문서 읽기는 독서 그 자체의 순수한 재미를 느끼게끔 해 줍니다. 독서 시간이 일반서보다 훨씬 길어집니다(7~8배). 전공서를 천천히 읽어 독파하면 비로소 그 주제에 대한 맥락과 얼개가 머릿속에 그려집니다. 전문서 공부는 수준 높은 연구서를 읽기 위한 폭넓은 준비 과정입니다. 연구서를 높은 벽으로 비유하면, 전문서는 그 벽을 뛰어넘기 위해 준비된 넓은 도움닫기 공간입니다.

전문서를 완독했다면 이제 연구서입니다. 연구서는 기본적으로 난해한 편이지만 그렇다고 해서 일반인이 도저히 읽기 어려운 정도는 아닙니다. 서점에 유통되고 있다는 것은 대중이 읽을 만한 책이라는 의미니까요. 아예 일반인이 읽지 못할 책은 서점에 유통되지도 않습니다. 순수한 논문 그 자체는 주로 학술지에 실립니다. 논문이 시중에 출판될 때는 일반인이 읽을 수 있도록 수정하는 작업을 거칩니다. 대학의 추천 도서, 고전 중에는 연구서가 상당수 포함되어 있습니다. 일반서, 입문서, 전문서를 읽었다면 연구서를 읽어 낼 만한 기본기는 갖춘 셈이니 도전해 보세요.

처음부터 너무 어려운 책을 읽는다면 독서 의욕을 상실할 것이며, 너무 술술 읽히는 책만 고른다면 발전할 수 없습니다. 단계별로 책을 읽어 나가세요. 다음 수준의 책을 읽을 때는 어느 정도 어려움이 있겠지만 그 정도는 각오해야 합니다. 고통 없는 발전은 없으니까요.

## 사야 할 책과 기준

기억해 두어야 할 내용이 많은 책, 중요한 도표와 그림이 있는 책, 정리할 것이 많은 책, 두고두고 읽을 것 같은 느낌이 드는 책, 꼭 지금이 아니더라도 언젠가는 읽어야 만할 책은 '사야 할 책'입니다. 특히 그 주제에 관심이 있다면 전문서는 사서 보는 편이 좋습니다. 이 책은 해당 주제에 관한 여러분의 바이블이 될 것입니다.

일반서를 몇 권 읽은 상태라면, 말랑말랑한 내용으로 채워진 일반서나 일부 교양서는 굳이 구매하지 않아도 됩니다. 연구서 종류는 한 번 읽는 것만으로 이해하기가 어렵습니다. 구매해서 여러 번 읽으며 곱씹어 봐야 하지요. 다만 연구서는 상대적으로 가격이 높은 편입니다.

무엇이 되었건 구매를 결정할 때 따져 보아야 할 것은 당연히 가격입니다. 책을 고를 때도 마찬가지입니다. 책의 가격을 언급하는 것이 불경스러운 일이라도 되는 것일까요? 책에 대해서는 가격 이야기를 언급하는 경우를 거의 보지 못했습니다.

평소에 책을 자주 구매하는 분들이라면 나름의 기준이 있을 것입니다. 자신의 취향이나 기호에 따라 그 주제의 책은 조금 더 비싸더라도 구매할 수도 있고요. 지금 이야기할 기준은 순전히 제 개인적인 견해입니다. 만약 별도의 가격 기준이 있지 않다면, 가장 흔한 판형의 일반서(신국판)는 페이지당 최대 50원부터 따져 보세요. 200페이지라면 1만 원 안쪽, 400페이지라면 2만 원 안쪽이면 적정하다고 보면 됩니다.

유통과 홍보비를 제외하고 도서 가격을 결정짓는 주요 요소는 크게 세 가지로 나뉩니다. ❶ 원고료, ❷ 페이지 수, ❸ 부수입니다. 원고료는 유명한 작가일수록 높습니다. 페이지는 많을수록 가격이 올라갑니다. 부수 역시 많을수록 제작비가 높아지지만 권당 단가는 급격히 낮아집니다. 즉, 한꺼번에 많은 양을 출판할 때 한 권당 제작비는 극적으로 떨어집니다.

본문이 컬러인 경우는 컬러 비용을 감안해야 합니다. 특히 컬러 사진이 포함된 책이라면 기준을 상향할 필요가 있습니다. 인쇄 필름이 늘어나고 종이 자체가 비싸지기 때문입니다. 컬러 사진이 본문에 들어갈 때 별도의 페이지에 사진을 모아 편집하는 경우도 있습니다(이 경우는 제작비가 크게 오르지 않습니다). (저작권이 살아 있는) 번역서의 경우에도 가격 기준을 상향해야 합니다. 출판사에서 원본 판권료를 지불하고 번역 원고료도 지불해야 하기 때문입니다.

연구서는 대중적으로 잘 팔리는 책이 아닙니다. 책 읽는 사람 자체가 줄고 있으며 그나마 읽는 사람 대부분이 일반서 읽기에만 머물러 있습니다. 출판사들은 아무리 공들여 잘 만든 연구서라 할지라도 시장에서 인정받아 많이 팔릴 수 있겠다는 기대를 하지 않습니다. 그런 까닭에 적은 부수를 출판하는 것이고 그 적은 부수에서 최소한의 수익이라도 확보하려고 권당 단가를 높이는 것이지요.

또, (잘 만들어진) 연구서는 기본적으로 전국 도서관에 들어갈 확률이 높습니다. 출판사 입장에서는 많은 부수가 팔리는 것은 아니지만 고정적인 구매처를 확보한 셈입니다. 따라서 가격을 높게 책정할수록 손익을 맞추기에 편합니다. 이런 이유로 책값이 비교적 높게 책정되고 책을 구매하는 적은 수의 일반 독자는 비싼 책값을 지불해야 합니다. 출판사가 연구서를 출간하면서 일반 대중에게도 충분히 잘 팔 수 있다는 자신감을 가질 수 있을 때 비로소 가격이 낮아질 것입니다.

읽어 볼 만한 혹은 읽어야 할 책은 많습니다. 모두 구매하는 것은 현실적으로 불가능하며 효율직이지도 않습니다. 도서관을 적극적으로 활용하세요. 우리 주변에는 생각보다 많은 도서관이 있습니다. 도서관 대부분에서는 매달 희망 구매 도서를 신청받습니다. 대형 도서관은 읽고 싶은 책을 알아서 구비해 놓는 경우가 많고 우리 가까이에 있는 작은 도서관은 보통 2만 원 안쪽의 단행본 위주로 구비해 줍니다.

## 저자가 여러 명인 책을 고를 때 주의할 점

저자 여러 명이 참여한 책(공저)도 많습니다. 주제를 다각도로, 또 심층적으로 바라볼 수 있다는 장점이 있습니다. 하지만 명확한 단점도 존재합니다.

저자마다 맡은 부분이 나뉘어 있는데 저자의 개성에 따라 부분마다 성격이 상이하다는 점입니다. 즉, 전체적인 일관성이 떨어집니다. 《서울, 젠트리피케이션을 말하다》(성공회대 동아시아연구소)라는 책이 있습니다. 서울 내 젠트리피케이션이 일어나는 마을이나 상권을 나누어 각각 다른 저자가 분석한 내용을 엮은 책입니다. 이 책은 많은 장점이 있지만 몇 가지 단점이 보입니다.

어떤 장은 르포 형식으로, 어떤 장은 논문 형식으로 다르게 쓰여 있으며 시점과 태도의 차이도 보입니다. 기준점이 달라 마을들을 한 기준으로 비교하기에 어려움이 있습니다. 특히 이 책은 '젠트리피케이션'이 핵심 용어인데 이 용어에 대한 정의도 작가마다 조금씩 어긋나 있습니다.

이런 단점을 방지하려면 기획하는 주체나 편집 주체에서 중심을 잡고 교통정리를 잘해야 합니다. 여러 명이 글을 썼음에도 잘 엮은 책이 있습니다. 따라서 공동으로 저술한 책을 고를 때는 목차를 보다 신중하게 들여다보고 각 챕터별 구성을 비교해 보세요.


## 잡지를 고르는 방법

잡지는 명칭에 '잡(雜)' 자가 들어가서인지 잡스러운 책, 혹은 책이 아닌 '무엇'으로 폄하되는 경향이 있는 듯합니다. 하지만 실제로 잡지를 읽다 보면 단행본보다 훌륭한 점이 많습니다.

잡지는 크게 세 가지로 구분할 수 있습니다. 헤어숍에 가면 볼 수 있는 남성지, 여성지, 패션지 등을 포함한 ❶ 대중 잡지, 주제나 취미별로 특화된 내용을 다룬 ❷ 전문 잡지, 보다 소수의 사람을 대상으로 하는 ❸ 특수 잡지가 있습니다.

대중 잡지는 광고 지면이 많은 편이며 광고 수익 덕분에 종이의 질에 비해 가격이 상대적으로 저렴합니다. 부록이나 상품을 끼워 주는 경우도 더러 있습니다. 신변잡기적인 글들이 포함되어 있고 가독성이 좋고 가벼운 마음으로 읽기에 적합합니다. 읽는 지면보다 보는 지면이 더 많은 대중 잡지도 있습니다(읽는 책이 아니라 보는 책입니다). 정기 구독을 할 필요성이 낮습니다.

만약 어느 한 주제에 전문가가 되고자 한다면 그 주제를 다룬 잡지를 2년 이상 구독하는 방법을 추천합니다. 이 목적에 알맞은 잡지가 전문 잡지입니다. 경제주간지, 사사주간지 등이 흔히 볼 수 있는 전문 잡지이며 이 잡지들은 대중 잡지의 특징도 함께 갖추고 있습니다. 월간지, 격월간지, 계간지 형태로 출간되는 전문 잡지는 보다 심층적으로 주제를 파고듭니다.

같은 주제 안에서도 여러 잡지가 있습니다. 잡지를 구독하기로 마음먹었다면 도서관에 가서 그 주제에 맞는 잡지를 각각 3개월 치씩 나열해 놓고 비교해 보세요. 주제가 동일해도 잡지마다 구독 타깃이 다르며 논조나 특징, 구독자가 갖추어야 할 배경지식에 차이가 있습니다.

과학 잡지를 예로 들어 보겠습니다. ❶〈과학동아〉는 1986년에 출간된 잡지이며 순수하게 한국의 과학 지성만으로 펴낸 대중 과학 잡지입니다. 내용을 쉽게 서술하였고 우리 실생활과 비교적 밀접한 주제를 다루며 국내 과학 전시회 쿠폰이나 아이템도 제공합니다. 이 잡지의 타깃은 초등학생에서 중학생 정도로 과학 상식을 어느 정도 갖춘 사람에게는 큰 자극이 되지 못합니다.

❷〈뉴턴〉은〈과학동아〉보다 1년 먼저 창간된 국내에서 가장 오래된 과학 잡지입니다. 일본의 뉴턴프레스가 원본입니다. 이 잡지는 책등이 있는 제본이 아니라 양옆으로 활짝 펼쳐지는 형태로 제작되며 그래픽 사진에 큰 비중을 두고 있다는 점이 특징입니다. 사진과 도판을 보는 것만으로도 과학적 상상력을 자극합

니다. 그림이 중심이 되다 보니 텍스트가 친절하지 못하고 조금 어려운 편입니다. 과학 중에서 천문학이나 천체물리학에 집중한 느낌이 있습니다.

❸ 〈내셔널 지오그래픽〉은 자연 과학적 대상을 두루 포함한 잡지입니다. 어떤 과학 상식을 설명하기보다는 마치 다큐멘터리를 잡지로 옮긴 것처럼 내러티브에 의한 전달에 주력합니다. 역사, 지리, 생태, 문명, 환경 등을 다루며 과학 영역을 벗어난 국제 이슈도 함께 다룹니다. 1888년에 창간된 잡지로 역사가 매우 깊습니다.

❹ 〈스켑틱〉은 가장 역사가 짧은 잡지로 문화인류학, 진화심리학 등 신진 학문의 주류가 필진으로 참여하고 있습니다. 종교에 대해 상당히 비판적인 과학주의를 표방합니다. 필진에는 《사람들은 왜 이상한 것을 믿는가》의 마이클 셔머, 《만들어진 신》의 리처드 도킨스 등이 있습니다. 국내판은 바다출판사에서 출간되고 있습니다.

전문 잡지가 다루는 주제는 다양합니다. 거의 한 주제마다 잡지가 있다고 보아도 무방할 정도입니다. 잡지를 구독하기로 했다면 각 잡지의 특징을 파악한 뒤 자신의 목적과 수준에 맞는 잡지를 선택해 보세요.

특수 잡지는 전문 지식이 없으면 접근이 어려운 경우가 많지만 아예 시도조차 못할 이유는 없습니다. 논문이 엮인 학술지나 전문직 종사자의 학보 형태의 잡지가 대표적인 특수 잡지입니다. 우리가 읽어 볼 만한 특수 잡지는 학술지입니다. 입문서와 전문서를 읽었다면 특수 잡지에 도전할 기본 자격은 갖추었다고 볼 수 있습니다.

특수 잡지는 작은 서점에서는 찾기 어려우며, 대형 서점이나 출판사에 직접 연락하여 구독하는 방법으로 구할 수 있습니다. 대중성을 크게 고려하지 않은 특수 잡지는 내용이 어려운 것은 둘째 치고 인쇄 부수가 비교적 적기 때문에 가격이 생각보다 비쌀 수 있습니다.

잡지는 시의성을 확보하고 있다는 장점이 있습니다. 이 측면에서 잡지는 단행본이 결코 할 수 없는 역할을 합니다. 한 번 출간되면 내용을 수정하기 어려운 단행본과 달리 매 호마다 시대 상황과 이슈에 적극적으로 대응하는 글을 실을 수 있습니다. 또, 학계나 업계의 최첨단 이론과 뉴스를 그 어떤 출판 매체보다 빠르고 심층적으로 다룹니다. 시의성은 전문 잡지가 가장 탁월합니다. 대중 잡지는 신변잡기적인 소재를 다루는 편이라 깊이가 얕고 특수 잡지는 배경지식과 경험 등 진입 장벽이 높은 편이며 시의성보다는 근본적인 탐구를 하는 경향이 있습니다.

## 출판사를 알아 두세요!

출판사들은 각기 특화된 영역이 있습니다. 출판사가 주력으로 하는 영역의 책은 그만큼 좋은 책일 가능성이 높습니다. 특정 분야에서 오랫동안 책을 출간해 온 출판사에는 그 분야에 특화된 경영 방침이나 노하우가 축적되어 있습니다. 무엇보다도 그 출판사의 편집자는 그 분야의 전문가입니다. 편집자는 텍스트를 깊게 읽는 최초의 독자이면서 마지막까지 텍스트에 관여하는 최후의 작가입니다. 편집자는 책을 편집하면서 그 분야를 작가 이상으로 공부를 합니다. 내용을 알아야 작가에게 수정이나 보완을 요구할 수 있고 편집에 힘이 실리기 때문입니다. 출판사들의 특징을 차분히 살펴보는 일도 꽤 재미있습니다. 출판사가 보유하고 있는 (베스트셀러가 아닌) 스테디셀러 목록만 살펴보아도 그 출판사가 어느 영역에 비교우위가 있는지를 판단하는 데 큰 도움이 됩니다.

## 책을 고르는 10가지 방법

1. 서문과 목차를 확인할 것

2. 문학책은 문체와 번역을 살펴볼 것

3. 베스트셀러와 미디어 도서는 의심해 볼 것

4. 편집이 느슨한 책은 거를 것

5. 인터넷을 옮겨 놓은 듯한 책은 패스

6. 수준과 목적에 맞는 책을 고를 것

7. 사야 할 책의 기준을 정할 것

8. 공동 저자의 책을 고를 때는 목차의 통일성을 볼 것

9. 잡지를 고를 때는 같은 영역 잡지를 비교해 볼 것

10. 출판사의 전문 영역을 알아 둘 것

# 책을 읽는 10가지 방법

## '매일 한 권 읽기'는 좋은 독서법이 아니다

당나라 시인 두보는 '남아수독오거서(男兒須讀五車書: 남아는 모름지기 다섯 수레만큼 책을 읽어야 한다.)'라는 말을 남겼습니다. '1년 365일 매일 1권 읽기', '책을 1천 권 읽으면 삶이 달라진다.', 여러분은 이런 말을 들어 봤을 것입니다. 예나 지금이나 책의 권수에 집착하는 경향이 있습니다.

책을 읽는 방법은 여러 가지가 있는데, '많이 읽어라.'는 조언은 공통적입니다. 다독에는 두 가지 방법이 있습니다. 첫째는 읽을 때마다 새로운 책으로 바꿔 읽는 것이고, 둘째는 같은 책을 여러 번 반복해 읽는 것입니다. 여러분은 어느 것이 더 효과적이라고 생각하나요?

1천 권 이상 읽는 것을 좋은 독서법으로 소개하는 사람이 종종 있습니다. 저 역시 읽은 책을 세어 보지는 않았지만 족히 1천 권은 넘으며 소장하고 있는 책 역시 1천 권이 넘습니다. 그러나 책을 1천 권, 2천 권 읽으라는 가르침을 주었던 책은 단언컨대, 단 한 권도 없습니다.

책을 '매일 1권씩 읽는다.'는 의미는 무엇일까요? ❶ 하루 만에 읽을 수 있는 책만 골라 읽었다. ❷ 다시 읽지 않았다. ❸ 정리하지 않았다. ❹ 읽는 행위 자체에만 집중했다(책을 '읽어 버리는' 것에만 집중했다). ❺ 읽은 책의 양을 (SNS나 자기 저술로) 과시했다.

이 다섯 가지에 좋은 독서법이 모두 숨어 있습니다. 반대로만 하면 됩니다.


앞에서 우리는 책을 분류해 보았습니다. 일반서, 입문서, 전문서, 연구서 이렇게 네 가지 종류의 책이 있습니다. 일반서를 100권 읽은 것과 일반서 5권, 입문서 1권, 전문서 1권, 연구서 3권 총 10권 읽은 것 중에 어느 독서가 더 효과가 클까요? 일반서만 읽는 것은 근육 운동을 한다면서 5Kg짜리 덤벨을 100일 동안 열심히 들어 올린 것과 같습니다. 근육을 키우려면 단계별로 중량을 늘려 나가야 합니다. 물론 5Kg에서 10Kg으로 바꿀 때 고통을 느낄 것입니다. 하지만 통증 없이 얻을 수 있는 근육은 없습니다. 쉬운 책은 매일 읽을 수 있고 짧은 시간에 완독할 수 있으며 하루에 10권이라도 읽을 수 있습니다. 하지만 매일 1400페이지짜리 《서양 철학사》(버트런드 러셀)를 완독할 수 있을까요? 칸트의 《순수이성비판》을 하루 만에 읽을 수 있을까요? 《논어》

나 《맹자》는 어떨까요? 이런 책을 하루에 한 권 읽는다는 것은 불가능합니다. 책을 많이 읽는 것은 좋습니다. 그러나 많은 책을 읽어야 하는 것은 아닙니다. 읽은 책의 권수에 목표를 두지 마세요. 문제는 양이 아니라 질이며, '많이 읽느냐'가 아니라 '어떻게 읽느냐'입니다. 질 높은 독서에도 돌이킬 수 없는 부작용이 있습니다. 연구서까지 몇 권 읽어 내는 수준이 된다면, 일반서 중에 함량이 낮아 도저히 참고 읽기 힘든 책이 얼마나 많은지 알아 버리고 만다는 것입니다.

## 그 책부터 읽자

도서관에 들러서 책을 빌렸나요? 아니면 서점에서 읽을 책을 구입했나요? 그러면 그 책부터 곧바로 읽으세요. 여러분 인생에서 그 책을 읽을 최적의 시간이 바로 이 순간입니다. 어떤 주제에 흥미가 생겼을 때, 이 책 안에 어떤 내용이 있을까 궁금한 그때가 독서의 동기 부여가 충만한 상태입니다.

지금 읽고 있는 책을 다 읽고 읽어야지, 주말에 읽어야지, 시간 날 때 읽어야지 하면서 서가에 꽂아 놓는다면 최고의 순간이 지나가 버립니다. 여러분의 흥미는 시간에 비례하여 줄어들 것이고 그 책은 숙제처럼 여러분을 괴롭힐 것입니다. 시간이 없다면 최소한 몇 챕터라도 읽으세요. 이런 이유로, 책은 충동구매를 자제해야 합니다.

## 맨 앞 장에 질문을 적자

책장을 처음 펼친 날(읽기 시작한 날)을 책의 맨 앞장에 기록해 두세요. 그리고 이 책을 왜 읽으려 하는지, 이 책에서 기대하는 바를 적어 둡니다. 그것이 책에서 찾고자 하는 여러분의 질문입니다.

율곡 이이가 지은 《성학집요》를 예로 들어 볼까요. 이 책은 어린 임금(선조)에게 바친 학자의 글로서, 왕으로서 학문을 대하는 방법과 학문이 국가 운영의 기본이 되어야 한다는 율곡의 주장을 담고 있습니다. 이 책을 읽기 전에 기대하는 바, '만약 율곡이 살아 있다면 현재 우리나라 사회 문제와 교육 정책에 관해 어떤 조언을 할 것인가?'를 질문하는 것입니다.

책의 주제는 저자가 정하는 것이지만 독서의 주제는 독자가 정하는 것입니다. 책에서 저자가 첫 마디도 꺼내기 전에 독자가 먼저 앞질러 질문하는 셈입니다. 이 질문으로 인해 저자의 말을 따라가는 독서가 아니라 '독자가 주도하는 독서'가 됩니다.

죽은 자의 말은 살아 있는 사람의 귀에 생명력을 부여하고, 죽은 자의 글은 살아 있는 사람의 눈에 영원성을 부여합니다. 책은 늘 현재의 눈으로, 현재의 사람이 읽어야만 살아 움직입니다. 책의 마지막 페이지를 덮기 전까지 이 질문에 대한 답을 끊임없이 염두에 두어야 합니다. 이 질문 하나가 있음으로써 독자와 책, 독자와 저자가 연결되는 것입니다.

## 책의 주인이 되자

곱게 읽은 뒤 헌책방에 팔 생각이 아니라면 책에 독서의 흔적을 거침없이 남겨 주세요. 밑줄을 긋고 메모하고 표와 그림도 직접 추가해 보세요. 만약 이렇게 할 만한 부분이 그다지 없을 것 같다면 그 책을 구매하는 것을 다시 생각해 보세요. 빌려 보거나 훑어보는 것만으로도 충분한 책입니다.

책은 사용할수록 마모되는 소모품이 아니라 재물이 끊임없이 나오는 화수분과 같습니다. 구매한 상태 그대로 두는 것은 그만큼의 시간을 낭비하는 것입니다. 오늘 읽은 부분이 내일은 다른 의미로 다가올 수 있습니다. 오늘의 내 생각을 적어 두면 이것이 책의 일부가 됩니다. 오늘의 나는 또 다른 저자가 되어 책에 생각을 채웁니다. 내일의 나는, 저자와 오늘의 내가 쓴 책을 읽을 수 있습니다.

말끔한 모습으로 책장에 꽂힌 책처럼 심란하게 만드는 것은 없습니다. 책에 뭐든 쓰세요. 내지에 커피 몇 방울을 흘려도 좋습니다. 가방에서 꺼내다가 표지 끝이 찢겼다면 좋은 징조입니다. 물론 일부러 찢을 필요까지는 없습니다.

## 독서할 때의 준비물

독서할 때는 세 가지 준비물이 필요합니다. ❶ 형광펜 ❷ 삼색펜(샤프를 포함한)과 지우개 ❸ 포스트잇입니다.

중요한 문구나 단어에는 밑줄을 긋거나 형광펜으로 칠합니다. 저는 밑줄보다는 형광펜을 사용합니다. 밑줄을 그으면 밑줄의 색깔 때문에 글자에 두어야 할 시선이 밑줄로 분산됩니다. 형광펜은 글자 자체를 덮어 칠하기 때문에 이럴 염려가 없습니다.

시중에서 판매하는 형광펜은 여러 가지 종류가 있습니다. 색깔이 너무 연하면 금방 엷어지고 농도가 진하면 뒷장까지 배어들거나 잘 마르지 않습니다. 고체 형광펜은 다른 페이지에 묻어나고 뭉치는 경우가 많습니다.

많은 형광펜을 사용해 보았는데 가격이 비싸다고 좋은 형광펜은 아니었습니다. 형광펜은 의외로 금방 소모됩니다. 독서량이 많을 때는 일주일에 1~2개를 쓰기도 합니다. 용량이 많고 가격도 적당하며 오래 쓸 수 있는 제품은 페버파스텔의 '텍스트라이너48'입니다. 넓은 면보다는 중간 넓이로 각도를 조정해 사용하면 효과적으로 쓸 수 있습니다.

삼색펜은 도형을 그리거나 글을 쓸 때 사용합니다. 빨강, 파랑, 검정의 용도는 여러분 스타일에 맞게 구분하여 활용하세요. 글을 요약하거나 내 생각을 기록할 때는 샤프를 이용하여 잘못 적었을 경우 지우개로 지울 수 있도록 합니다.

포스트잇은 플래그 포스트잇(표시하기 위한)과 노트용 포스트잇으로 분류되며 플래그 포스트잇은 종이 제품과 필름 제품 두 가지가 있습니다. 필름 제품은 장과 장의 구분이나 주석이 시작하는 부분과 같이 한 번 표시하면 수정하지 않을 페이지에 사용하면 좋습니다. 종이 제품은 그 외 표시할 페이지마다 붙입니다. 페이지의 세로 부분(책의 옆 부분)에는 전체 흐름의 주요 참조 점 위주로 사용하고 가로 부분(책의 윗부분)에는 특정 주제에 관한 참조 점 위주로 사용하는 것이 효율적입니다. 참조할 소주제가 여러 가지라면 색깔을 나누어서 표시하면 됩니다.

노트용 포스트잇은 내용을 정리하거나 긴 글을 쓸 때 사용하는데 책의 여백을 활용할 수 있다면 책에 직접 쓰는 것이 좋습니다. 포스트잇은 구겨지거나 낱장으로 떨어지는 경우가 많기 때문에 따로 챙기기에 번거로울 수 있습니다. 저는 책을 읽기 시작할 때 책의 맨 앞 속표지에 포스트잇을 필요한 만큼 미리 떼어서 붙여 놓습니다. 다 읽은 뒤에는 남은 것을 다음 책에 옮기면 됩니다.


## 한 권을 세 번 읽기


책은 최소 세 번은 읽어야 비로소 의미 있는 독서를 한 셈입니다. 만약 세 번 읽을 가치가 없다면 굳이 구매하여 읽을 책이 아닙니다. 세 번을 읽는 이유는 인지와 이해의 효과를 높이기 위해서입니다. 일독은 이독을 위한 준비 과정이고, 이독은 삼독을 위한 준비 과정이며, 삼독이 독서의 맺음입니다.

## 첫 번째 읽기: 훑기

일독은 읽기라기보다는 '보기'(훑어보기)에 가깝습니다. 이 단계에서는 서문과 목차를 정독합니다. 전체적인 주제 의식과 책의 구성을 살펴봅니다. 저자가 어떤 의도로 책을 썼으며 어떤 설계도를 갖고 있는지를 파악하는 것입니다.

그 다음 본문으로 들어가 소제목 위주로 넘겨 가면서 봅니다. 그림과 도표는 눈에 익혀 둡니다. 어느 부분을 집중적으로 읽어야 할지, 어느 부분이 난해한 부분인지 독서의 여정을 미리 탐색해 보는 것입니다. 주석 부분은 미리 포스트잇으로 표시해 둡니다. 이 과정이 있느냐 여부에 따라 이독(정독)의 난이도가 달라집니다.

## 두 번째 읽기: 정독

본격적으로 '읽는' 단계입니다. 책을 훑어보다가 마음에 드는 구절이 있으면 그곳을 중심으로 읽은 뒤 다시 쭉쭉 넘어가는 식의 독서법을 주장하는 사람이 있습니다. 그 이유란 것이 책을 읽으면서 스트레스를 받아 아에 독서를 포기할 수도 있기 때문이라고 합니다. 차라리 스트레스를 받으세요.

독서는 고도의 집중력을 요구하는 행위입니다. 앞의 내용을 최대한 기억하며 읽어 나가야 하며 저자의 말을 이해하려 노력하되 휘둘려서는 안 됩니다. 아무 노력도 하지 않으면 어떤 것도 읽을 수 없다는 이야기를 여기에서 더 언급할 필요는 없을 듯합니다.

방금 이야기한 독서법은 일종의 발췌독인데, 만약 빌려 온 책을 반납할 시간이 가까워서 읽는 경우에는 이런 발췌독을 할 수밖에 없습니다. 또, 보고서와 같은 글을 쓸 때 필요한 자료를 찾는 경우라면 발췌독이 효과적입니다. 백과사전식 책이라면 정독이 아니라 발췌독을 하는 것이 현명합니다. 하지만 이런 특별한 경우를 제외하고는 정독이 효과적인 독서법입니다. 책장을 주르륵 넘기면서 눈이 가는 곳을 읽을 책이라면 서점에서 보고 끝내세요. 굳이 구매하여 집에 데려올 필요가 없습니다. 이렇게 읽고 책장에 넣어 둔 책은 한 입만 베어 먹고 냉장고 속에 처박아 둔 음식과 같습니다.

'단장취의(斷章取義)'라는 말이 있습니다. 누군가의 책이나 말에서 필요한 말만 쏙 골라서 자기 식대로 해석하는 것입니다. 전체 맥락을 이해한 뒤 저자의 주장을 비판하는 것은 좋습니다. 하지만 맥락을 무시하고 자신이 저자의 주장과 대비되는지 호응하는지조차도 모르는 책 읽기는 위험합니다. 사람은 누구나 자신만의 시각이 있어 책의 한 토막만 읽고 넘기는 것은 저자의 본의를 해치고 오해할 위험이 있습니다. 저자가 연구하고 공부하여 체계를 세운 뒤 집필한 책을, 구성과 맥락을 모두 무시한 채 읽는 것은 좋은 독서 방법이 아닙니다. 책은 내용도 중요하지만 어떤 흐름과 설계를 가졌는지도 중요하니까요.

단장취의가 독서 행위에 나타나는 경우에는 크게 두 가지가 있습니다. 첫 번째는 한 권의 책 안에서 일어나는 경우, 두 번째는 한 저자의 저작들 안에서 일어나는 경우입니다. 책 안에서 자기에게 유리한 부분만 골라서 강조하는 것은 첫 번째 경우입니다. 두 번째 경우는 조금 더 설명이 필요합니다.

애덤 스미스가 《국부론》이라는 책에서 언급한 '보이지 않는 손'이라는 개념이 있습니다. 이 책은 사람들이 '자비심이 아닌 자기의 이익을 추구'하고 '인도주의가 아닌 자기애를 바탕'에 두고 경제적 활동을 하면 시장이 자연스럽게 최적의 효율성을 이룰 것이라 말하고 있습니다. 마치 개울에 돌이 떨어져 흙탕물이 되었을 때 깨끗한 물로 되돌리는 방법은 인위적인 조치를 취하는 것이 아니라 그대로 두어 물의 자정 작용을 믿고 기다리라는 것과 같습니다. 인위적 조치는 단기적인 효과가 있을지라도 또 다른 부작용을 만들어 낼 수 있으니까요. 그렇다면 시장에서 그대로 두어야 할 것은 무엇일까요? 시장에서 자정 작용을 일으키는 것은 사람들이 각자 자기의 이익을 추구하려는 마음과 자기애입니다.

이후 학자들은 '보이지 않는 손'을 사람들의 이기심을 그대로 두고 정부의 규제나 간섭을 최소화하는 자유주의 시장 질서의 근거로 삼았습니다. '보이지 않는 손'은 이렇게 이기심을 긍정하는 것을 넘어 오히려 권장하는 것으로 읽힐 가능성이 높습니다. 후배 학자들은 '이기심'이라는 단어가 거슬렸는지 '합리성'이라는 단어로 바꾸어 놓았습니다. 인간의 합리성은 곧 이기심이며, 효율적이라는 말은 '나에게' 효율적(나에게 이득)이라는 의미가 뇌었습니다. 애덤 스미스의 사상을 단장취의하면 이렇게 되는 것입니다.

1776년에 출간된《국부론》은, 사실 이로부터 17년 전인 1759년에 애덤 스미스가 집필한 또 다른 저작《도덕감정론》의 제4부 '경제학'을 본격적으로 확장한 책입니다. 따라서《국부론》은《도덕감정론》의 연장선에 놓여 있는 책이며《도덕감정론》을 함께 읽어야 할 필요성이 있습니다. 하지만《도덕감정론》은 이기심을 조장하기는커녕 정반대로 이기주의를 비판하고 타인에 대한 공감의 필요성을 역설하는 책입니다. 이기심을 권장하는《국부론》이 공감을 주장하는《도덕감정론》의 일부라는 것이 모순되지 않나요? 둘 중 하나는 잘못 이해한 셈입니다.

《국부론》에서 가장 핵심이 되는 내용은 '분업'입니다. 가장 많이 인용되고 있는 '보이지 않는 손'은 실상 단 한 번밖에 나오지 않습니다.《국부론》에서 분업을 설명하는 부분은 전체 업무에서 각자가 모두 자기가 맡은 업무를 충실하게 하면 전체가 원활하게 돌아간다는 내용을 담고 있습니다. 공자의 '정명 사상'이나 플라톤의 '영혼삼분설'과 비슷한 점이 있죠. 따라서《국부론》은 사회의 이기적인 톱니바퀴들이 맞물려 전체적으로 잘 작동되는 것을 설명하는 책이지 이기적인 톱니바퀴끼리 이익 다툼을 벌이라는 책이 아닙니다.《국부론》이 정말 말하고 싶은 자본주의의 시장은 'win-win 매커니즘'입니다. 하지만 '보이지 않는 손'만 떼어 내어 단장취의하게 되면 자본주의 시장은 'zero-sum 매커니즘'이 되어 버리고 맙니다. 이렇듯 하나의 문장은 다른 문장과의 관계에서, 또 한 권의 책은 다른 책과의 관계에서 의미를 찾아보아야 합니다. 즉, 맥락을 무시하면 단장취의가 될 가능성이 있습니다.

　정독 단계는 미리 준비해 놓은 형광펜, 삼색펜, 포스트잇을 적극적으로 활용하는 시기입니다. 정독의 목적은 삼독(정리)을 하기 위함이며 정독은 정리의 준비입니다. 문단이나 챕터를 한두 줄 분량이라도 요약하거나 주요 문장을 형광펜으로 색을 입힙니다. 요약할 때는 책의 문장이나 어투를 그대로 베끼지 말고 최대한 자기식의 언어로 바꾸어 기록합니다. 마치 이 부분을 다른 사람에게 설명한다고 상상하면서 말이죠. 질문이나 반론, 혹은 다른 영역에 적용할 만한 내용이 떠오른다면 샤프로 적어 둡니다. 핵심 개념들 사이에 관계가 있다면 그림이나 도표를 그려두세요. 틀려도 좋습니다. 뭐든 생각나는 대로, 어설퍼도 본인의 생각을 요약하여 쓰고 또 그려 봅시다.

　독서의 흐름을 방해하는 주석은 건너뜁니다. 잘 이해가 되지 않는 부분이 있다면 망설이지 말고 표시하고 넘어가세요. 또, 앞에 나왔던 개념이 잘 기억나지 않을 때도 이 개념이 계속 되풀이되는 것이 아니라면 굳이 앞으로 돌아가서 다시 찾지 말고 독서를 계속 진행하는 것이 좋습니다. '이해'는 삼독에 맡기고 정독 단계에는 '읽기'에 집중해야 합니다.

## 세 번째 읽기: 정리

독서의 최전선이며 최후 방어선입니다. 이 단계에서도 이해하지 못한 부분은 '미제 사건'처럼 우리의 숙제가 되고 말 것입니다.

정독 단계를 얼마나 충실히 했느냐에 따라 정리가 쉬워집니다. 이 단계에서는 앞에서 건너뛰었던 주석을 함께 읽습니다. 주석은 위치에 따라 각주와 미주로 나뉩니다. 각주는 페이지 하단에 위치하고 미주는 챕터의 맨 뒤나 책의 맨 뒤편에 뭉쳐 있습니다. 내용에 따라 나눠 보면, ❶ 내용의 보완(개념의 설명, 맥락 설명)과 ❷ 단순 출처 소개 두 가지입니다. 단순 출처 소개는 저자가 한 주장의 근거나 인용한 텍스트의 제목을 알려 주는 것입니다.

내용 보완은 꼼꼼하게 읽어 볼 필요가 있습니다. 미주는 책 뒤편에 있기 때문에 독자들을 꽤 성가시게 합니다. 번역서의 경우에는 본래 저자의 주석에 번역가의 주석이 더해집니다. 어떤 번역서의 경우에는 한 페이지에 본문보다 각주가 더 긴 경우도 있습니다. 주석이 많다는 것은 그만큼 서술이 축약되어 있거나 번역가가 독자를 위해 최대한 친절하게 서술을 더했다는 것을 의미합니다. 따라서 주석 안에 내용 이해의 열쇠가 숨어 있는 경우가 많습니다.

정리 단계의 독서는 주석이 추가되었음에도 정독보다 읽는 속도가 빠릅니다. 앞에 읽었던 내용을 기억한 채로 뒷부분으로 넘어가기 때문에 전체 맥락을 훨씬 잘 이해할 수 있습니다. 정독할 때 적어 둔 메모나 그림, 도표를 점검합니다. 이 단계는 단지 다시 읽는 것이 아니라 노트나 컴퓨터에 정리하는 과정입니다. 책을 콤팩트하게 내 언어로 만드는 것입니다. '아, 이게 이런 뜻이었어?'라며 무릎을 치고 있다면 삼독을 제대로 하고 있는 것입니다!

독서 노트를 정리할 때는 정해진 틀을 이용할 수도 있습니다. 책 전체 내용을 요약한 뒤 저자의 주장과 근거를 정리하고 맨 뒤에 밑줄 그은 부분을 적어 두는 틀도 있고, 목차별로 주장과 근거를 정리하는 틀도 있습니다. 노트를 사용한다면 자유롭게 그림을 그리거나 도표를 그려 보세요. 컴퓨터라면 참고 사이트의 링크를 걸어 두는 것도 좋습니다. 하지만 어떤 틀을 꼭 고집할 필요는 없습니다. 책마다 여러분이 정리하고 싶은 방법으로 그때그때 작업하면 됩니다. 주의할 점은 아름답고 멋들어져 보이는 명문장의 모음집처럼 활용해서는 안 된다는 것입니다. 저자의 것이 아닌 여러분의 문장으로 내뱉는 것이 중요합니다.

이렇게 정리한 것을 인쇄하거나 폴더에 정리해 둡니다. 인쇄했다면 병원에서 환자의 차트를 보관해 두듯 구분하여 주제별로 모아 둡니다. 자료들은 다른 책을 읽을 때 활용할 수 있으며 다른 책을 읽으면서 이 자료를 보완해 나갈 수 있습니다. 만약 도서관에서 빌린 책이라서 반납 기한 때문에 정리 작업을 할 시간이 없다면, 책을 반납할 때 도서관 복사기에서 목차만 복사해 둡니다. 그런 뒤 자리에 앉아 목차의 제목 옆에 체크해 놓은 부분을 메모합니다.

아무것도 모를 때 질문이 생기기도 하시만, 사실 아는 만큼 질문이 생깁니다. 여러분이 품은 질문은 누가 다른 책에서 알려 줄 수도 있지만 어느 누구도 속 시원하게 대답해 주지 못하는, 여러분만의 인생 질문이 될 수도 있습니다. 이 질문이 여러분만의 독자적인 탐구 영역입니다.

정리를 다 했는데도 이해하지 못한 부분이 있을 것입니다. 저도 그렇습니다. 저는 책을 많이 읽었고 그중에는 연구서나 고전도 포함되어 있습니다. 그러나 감히 이 책들을 다 이해했노라 말하지는 못합니다. 숙제가 잔뜩 생겼어도 좌절하지 마세요. 오래 묵은 숙제일수록 해결되었을 때 더 큰 성취감을 주니까요. 제 경험상, 모든 독서는 숙제를 남깁니다. 무엇인가에 대한 이해는 질문을 동반합니다. 우리의 질문은 대답보다 위대할 것입니다.

## 파생되는 독서

'꼬리에 꼬리를 무는 독서법'은 아마 여러분도 들어 보았을 것입니다. 읽은 책에서 소개하는 다른 책이나 인용한 책을 이어서 읽는 방법입니다. 파생되는 독서의 양상은 크게 세 가지입니다.

첫째, 지금 독서의 연장으로서 내용의 확장으로 파생되는 독서(파생의 방향은 시간적으로 이후일 수도 있고 이전일 수도 있습니다. 가령, 조선 역사에 관한 책을 읽은 뒤 조선 후기 당쟁사에 대한 책으로 넘어가는 경우, 또 반대로 조선 건국 이전으로 거슬러 올라가는 경우).

둘째, 지금 독서의 흐름과 직접 연결되지는 않지만 인용된 부분을 읽고 흥미가 생겨서 파생되는 독서(가령, 조선 역사에 관한 책을 읽은 뒤 '사극'이라는 드라마 형태의 책으로 넘어가는 경우).

셋째, 지금 읽은 책의 주제 의식과 상반되는 주장이나 내용을 담은 책으로 파생되는 독서(가령,《문명의 충돌》(새뮤얼 헌팅턴)을 읽은 뒤《문명의 대화》(세예드 모함마드 하타미)로 넘어가는 경우).

이들 각각을 **❶ 확장 독서, ❷ 전환 독서, ❸ 반론 독서**로 구분할 수 있습니다.

❶ 확장 독서는 하나의 주제를 더욱 세밀하게 공부할 수 있습니다. 앞서 읽은 책이 다음 읽을 책의 배경 지식으로 활용됩니다. 주제에 관한 보다 깊은 생각과 시각을 다듬기에 적합합니다.

❷ 전환 독서는 뜻밖의 주제에 관심이 생기는 계기로 작동합니다. 생각해 보지 못한 새로운 주제를 공부할 수 있는 좋은 기회가 됩니다. 운명의 책은 이렇게 우연히 다가오는 것일지도 모릅니다.

❸ 반론 독서는 가장 재미있는 파생 녹서법입니다. 우리는 책을 읽을 때 자연스럽게 저자의 말에 우호적인 태도를 갖게 됩니다. 내가 이만큼 시간을 할애하고 읽느라 노력했으니 이 독서를 매몰 비용으로 여기기 싫어서 저자의 말을 되도록 신뢰하려는 마음을 갖기 때문입니다. 일반서의 저자들은 결론 내리기를 좋아

하고 독자적인 주장을 하며 특정 사안에 대한 성급한 일반화와 비약을 하기도 합니다. 독자가 이런 것을 스스로 판별하여 자기 반론을 메모하면 좋겠지만 이것이 어렵다면 아예 반대되는 책을 읽어 보는 것도 좋습니다. 반론 독서는 상반된 양쪽의 주장과 근거를 모두 읽어 볼 수 있다는 점에서 균형 있는 시각을 갖추는 데 도움을 줍니다. 또, 어느 것이 더 합당한지를 따져 보아야 하는데, 이런 고민 속에서 자신만의 독자적인 시각이 만들어집니다.

파생되는 독서를 할 때 주의할 점은 한꺼번에 많은 책을 사지 않아야 한다는 것입니다. 되도록 한 권을 다 읽은 뒤 다른 책을 구입하는 것이 현명합니다. 구매의 기쁨을 부디 분산시켜 주세요.


## 배반할 타이밍을 노리는 독서

작가는 보통 그 주제에 관하여 독자보다 더 많이 공부했고 연구했다고 여겨집니다. 여러분이 전문서와 연구서를 읽은 뒤 자신만의 관점을 만들었다면 작가를 마냥 나보다 뛰어난 사람으로 보지는 않을 것입니다. 작가는 (특히 일반서 작가들은) 독자적인 주장을 하기 위해, 자신의 말을 하고 싶어서 책을 냅니다. 여기에는 일정한 오류와 편협함이 담겨 있습니다. 이 책 역시 마찬가지입니다. 그래서 "책 한 권 읽고 그 주제에 관해 말하는 것처럼 위험한 일은 없다."라고 말하는 것입니다.

작가 중에는 자신의 말에 어떤 오류가 있는지 알고 있음에도 끝까지 밀고 나가는 경우도 있습니다. 이런 태도가 나쁜 것은 아닙니다. 그는 한 가지 생각을 그대로 보여 줌으로써 인간의 다양성에 공간을 넓혀 주고 우리에게 새로운 시각을 선사합니다. 다만, 독자들이 그의 말을 어떻게 다루느냐가 중요한 것이지요.

이런 작가의 책을 읽는 방법에는 두 가지가 있습니다. 하나는 작가의 의도에 순종하여 읽는 방법입니다. 독자와 작가 사이에 주제에 관한 정보 비대칭이 현격한 경우, 또 작가가 유명한 사람일수록, 작가에게 권위가 있을수록 이런 경향이 강해집니다. 작가의 말에 '그렇구나', 끄덕끄덕 하며 지식을 얻는 것에 만족합니다. 이런 책 읽기는 그 주제의 입문자에게 어울립니다. 또 자연스럽고 당연하며 책을 읽기가 쉬운 편입니다.

다른 하나는 독자가 작가와 그의 책을 동시에 독자의 심판대 위에 올리는 것입니다. 작가의 말과 생각에 거스르는 독서를 하는 것입니다. 작가의 말을 의심하고 또 검증합니다. 이런 책 읽기는 기본적으로 전문서와 연구서를 읽을 때 가능하며, 사전 독서 경험이 확보되어 있다 하더라도 많은 연습과 훈련이 필요합니다.

궁극적으로는 두 번째 독서 방법을 지향해야 합니다. 의심하고 또 의심하세요. 좋은 독자는 좋은 작가를 언제든 배반할 준비를 해야 합니다.

## 문학을 읽는 방법

"그냥 재미있게 읽으세요. 여러분이 느끼는 것, 여러분 만의 감상이 그 자체로 훌륭한 것입니다. 사람마다 받아들이는 것이 다르니까요." 따위의 하나 마나인 말은 여러분이 기대하는 문학 읽는 방법이 아닐 것입니다. 저에게는 문학을 읽는 몇 가지 틀이 있습니다. 틀은 하나의 관점입니다. 사진 한 장을 볼 때, 어느 부분에 초점을 맞추느냐에 따라 감상의 내용이 달라집니다. 마치 영화에서 한 인물에 초점을 맞추면서 다른 부분은 뿌옇게 블러 처리를 하는 것처럼 말이죠.

이런 관점을 사용하는 이유는, 문학을 다각도로 바라보기 위함입니다. 문학은 시대를 반영합니다. 또한 그 시대의 산물인 작가가 창조한 것이지요. 작품은 인간의 감정과 생각, 선택, 갈등, 욕망 등을 표현하며 어떤 선택과 가능성에 대해 말합니다. 우리는 작품을 다각도로 예민하게 읽어 냄으로써 중요한 의미와 깨달음을 얻을 수 있습니다. 단순 재미보다는 의미의 발견을 통한 재미를 위해서 우리는 관점을 활용해야 합니다.

지금 소개하는 틀로 문학을 읽되 여러 가지를 섞어서 활용해도 되고 자신만의 틀을 만들어도 됩니다. 상황에 따라 더 적합한 틀이 있을 수 있습니다. 한 가지 틀에만 얽매여서 다른 중요한 의미를 지나치면 안 됩니다. 되도록 다양한 틀을 충분히 사용하세요.

## 첫 번째: 심리의 틀

모든 문학에는 '인간성'을 지닌 존재가 등장합니다. 작가와 독자는 어쩔 수 없는 인간이기에 인간의 관점에서 생각할 수밖에 없습니다. 등장인물이 동물, 신, 외계인, 심지어 굴러다니는 돌멩이라 하더라도 작품 속에 등장하는 그것들은 사람처럼 말을 하고 생각을 하고 감정을 갖고 있습니다. 이들이 하는 말, 생각, 감정은 모두 인간의 것과 닮아 있습니다. 작가가 기상천외한 상상력을 발휘하여 그들의 겉모습이 아무리 사람이 아닌 형태를 취했다 하더라도 이들의 감정은 우리가 가진 감정의 영역을 벗어날 수 없습니다. 심리의 틀은 이 점에 착안하여 등장인물의 심리 분석을 통해 작품을 감상하는 방법입니다.

등장인물의 심리를 분석한다는 의미는 단순히 그들의 '성격이 어떠하다'가 아니라 그들의 정신세계를 들여다보는 것을 뜻합니다. 등장인물을 '심리적 존재'로 전제합니다. 주인공은 어떤 욕망을 갖고 있으며, 그 욕망을 위해 어떤 행동을 하고 있는지, 이와 같은 행동 때문에 어떤 사건이 벌어지며, 이 사건으로 인해 어떤 인물에게 어떤 영향을 주며, 그 영향을 받은 인물이 지닌 욕망은 어떻게 평가되고, 다시 주인공의 욕망은 어떻게 왜곡되는지를 순차적으로 또는 역순으로 따져 보는 방식입니다.

욕망의 작용은 인간을 행동하게 하며, 행동의 결과로 인해 최초의 욕망이 변화합니다. 성격은 이 과정에서 입체성을 보입니다. 입체적인 성격을 지닌 등장인물들의 욕망이 엉키고 부딪히는 모습, 등장인물의 관계도 중요하게 봐야 합니다. 인물들이 사건을 맞닥뜨리면서 빚어내는 양상에 대해 인물들이 어떤 대응을 하는지도 심리의 틀에서 분석해야 합니다.

심리의 틀은 광범위하게 사용할 수 있습니다. 소설에서는 늘 문제가 되는 사건이 발생하는데 이 사건의 강력한 동력은 인간의 욕망입니다. 이 욕망은 대체로 억압되어 있습니다. 그 억압의 원인은 자기 신념일 수도 있고 사회적인 구속, 혹은 역사적 외압일 수도 있습니다. 억압된 욕망을 지닌 등장인물은 어쩐지 우리와 비슷한 처지입니다. 내가 욕망하고 있지만 감히 용기 낼 수 없는 것에 대하여 등장인물이 자신을 과감히 내던지고 고통스러운 파국에 직면한다거나 혹은 우여곡절 끝에 성공으로 나아갔을 때 대리 만족과 감동을 느끼게 됩니다. 문학은 부득불 인간의 욕망을 소재로 합니다. 이런 이유로 등장인물의 욕망을 분석해 내는 것은 작품을 이해하는 데 효과적입니다.

심리의 틀은 평소 많은 사람을 접했거나 사회 경험이 많은 독자가 활용하기에 유리합니다. 이들은 인생을 살면서 '돈키호테'도 만났고 '조르바'도 만났으며 '아Q'도 보았고 어쩌면 '뫼르소'도 만났을 것입니다. 혹은 그 자신이 그런 인물일 수도 있고요. 이 독자는 작품 속 인물의 행태를, 놀랍게도 그 인물을 창작한 작가보다도 더 잘 이해할 수 있습니다.

또, 심리의 틀은 작품 안에 꿈 내용이 자주 등장하거나 욕망 자체가 부각되어 있는 경우에 더욱 효과적입니다. 하지만 모든 작품을 다 심리의 틀로만 보면 많은 것을 놓칠 수도 있습니다.

심리의 틀은 등장인물뿐만 아니라 작가 자체도 평가할 수 있습니다. 어떤 욕망이 작가가 이 소설을 쓰도록 했을까, 그에게 억압으로 작동한 실제 사건은 무엇일까, 그는 이 소설을 쓸 때 어떤 심리 상태였을까, 이런 질문이 가능합니다.

## 두 번째: 사회의 틀

인간은 태어나자마자 본인의 의사와 선택에 상관없이 특정 환경 속에 내던져집니다. 부모를 고른 것도, 국가나 사회를 고른 것도 아닙니다. 자기도 모르게 태어나 자랐으며 자아를 자각했을 무렵에는 본인 역시 사회의 일부가 되어 버립니다. 어디까지가 순전하게 나 자신이고 어디까지가 사회로부터 영향을 받은 것인지 분리할 수 없습니다. 내 순전한 본연의 심성이 있을 수 있을까요? 내 생각과 신념은 부모, 어떤 인물의 인격에서 영향을 받았을 수도, 사회적 교육이나 문화에 의해 형성되었을 수도 있습니다.

이 틀은 인간이 사회로부터 끊임없이 영향받는 존재라는 것을 전제합니다. 이 틀로 본다면 심리의 틀에서 말하는 개인의 심리 역시 사회적 영향입니다. 심리의 틀에서는 등장인물을 중심으로 작품을 읽었다면 사회의 틀에서는 배경을 중심으로 작품을 이해해야만 합니다.

조선 시대가 배경이냐, 대한민국이 배경이냐에 따라 등장인물이 지닌 상식과 행동 패턴이 다를 것입니다. 사회의 틀은 국가적 배경, 계급 사회와 같은 사회적 도구, 자본주의와 같은 경제 체제, 독재 같은 정치적 이데올로기, 중세 서구 사회에 있었던 종교적 억압 같은 것에 주목합니다. 거역하기 힘든 외부 영향이 굳건한 작품 속 배경을 상위에 두고, 이 영향에 말없이 순응하거나 몸부림치는 등장인물을 바라봅니다.

이런 상황에서 인간이 무엇을 해야 하는지, 무엇을 할 수 있는지, 만약 그것이 부당한 권력에 의한 억압이라면 이런 외부 영향이 한 인간을 어떻게 파멸시키는지, 나쁜 사회가 인간을 얼마나 타락하게 하는지를 따져 봅니다.

사회의 틀 중에서 특별히 '가부장적' 사회 배경만을 따로 떼어 '페미니즘의 틀'로 부를 수도 있습니다. 많은 전래 동화에서 보이는 '멋지고 용감한 왕자의 구원함과 예쁘고 연약한 공주의 구원받음'의 패턴을 이 틀로 재미있게 읽어 낼 수 있습니다. 한편, 남성 역시 가부장의 피해자로 볼 수 있습니다. 강제된 남성성이 한 아이의 성격을 파멸시키는 패턴도 종종 볼 수 있으니까요.

사회의 틀 역시 작품뿐만 아니라 작가 자체를 심사대에 올리곤 합니다. 남성과 여성에 관한 일방적이고 편파적인 묘사들, 대화의 양상, 주동적인 인물과 수동적인 인물 등을 살펴봄으로써 작가가 사회적 배경을 그대로 수용하는지 아니면 파괴하려 하는지를 파악할 수 있습니다.

## 세 번째: 내부의 틀

내부의 틀에서는 작가를 철저하게 배제합니다. 자식이 비록 엄마의 배에서 태어났지만 자식은 엄마의 일부가 아니라 또 다른 하나의 존재로 살아갑니다. 이처럼 작품은 작가를 떠나 그 자체로 온전한 존재입니다. 작가는 그저 한 작품을 세상에 내놓은 사람에 불과합니다. '톨스토이의 작품《전쟁과 평화》'로 부르는 것이 아니라 '《전쟁과 평화》의 작가 톨스토이'로 주객이 전도됩니다. 작품의 마지막 페이지에 마침표를 찍는 순간, 작가의 역할은 끝납니다. 작품은 더는 작가의 구구절절한 해석이나 첨언을 필요로 하지 않습니다. 비록 엄마 배 속에서 나왔어도 엄마는 자식에게 타인일 수밖에 없듯, 작가도 작품의 타인일 뿐입니다. 내부의 틀은 이것을 전제합니다.

독자가 작가에게 얽매이지 않기 때문에 오로지 작품 자체에서 의미를 찾아낼 수 있습니다. 작가는 더는 작품에 대한 정답을 말할 수 있는 위치가 아닙니다. 작품 안에는 여러 가지 상징과 은유가 들어 있습니다. 독자는 저마다 상징의 의미를 찾아내는 기쁨을 얻을 수 있습니다.

> "저는 '촛대'를 검의 상징으로 보았습니다. 엔젤로가 촛대를 은연중에 마리나의 초상화에 갖다 대는 장면이 나오잖아요. 이것은 엔젤로가 아직 검사로서의 꿈을 버리지 못했으며 그 꿈을 가로막은 그녀에 대한 적개심을 표현한 것이라고 생각합니다."

누군가 이렇게 작품을 이해했다고 가정합니다. 이때 작가가 나타나,

"웃기는 소리! 그것은 그런 의미가 아닙니다. 촛대가 검의 상

징이라니요. 저는 그런 의도로 쓴 것이 아닙니다."

라고 말해도 소용이 없습니다. 작가의 의도는 상관이 없습니다. 범죄를 저질러 재판장에 서게 된 아이의 부모가 "저는 우리 아이를 그런 의도로 낳지 않았습니다."라고 말하는 것과 같습니다. 평가는 그 아이를 지켜본 친구, 선생님, 검사가 하는 것입니다. 이 틀에서 오직 중요한 것은 작가의 의도가 아니라, 독자의 해석에 논리적인 타당성이 있느냐 하는 것입니다.

내부의 틀이 재미있는 것은, 단지 텍스트만을 보는 것이 아니라 책의 하드웨어까지 함께 읽을 수 있다는 점입니다. 책의 표지, 판형, 종이의 재질, 활자 모양, 문장 부호 등도 작품의 일부로 봅니다. "이 작품이 재생 용지를 사용한 것도 작품의 주제 의식과 연관이 있다고 생각합니다."라는 감상이 가능합니다. 작가가 별다른 뜻 없이 그 종이를 골랐다고 할지라도 말입니다.

작품의 구성이나 형식도 중요하게 바라봅니다. 〈운수 좋은 날〉(현진건)을, "제목과 내용을 대조함으로써 더욱 비극적인 효과를 내고 있습니다."라고 감상하는 것도 이런 틀에서 바라보는 것입니다.

《등대로》(버지니아 울프)라는 작품은 총 3부로 구성되어 있습니다. 1부와 3부는 각각 단 며칠의 기간을 길게 서술하고 있고 2부는 1부와 3부 사이의 10년을 축약하여 서술한 작품입니다. 굵고 짧은 처음과 끝이 있고 중간에 가늘고 긴 중간이 있는 셈이죠. 《등대로》는 H자 소설입니다. 이런 구성을 통해서 10년이라는 세월이 지난 뒤 등장인물들이 어떤 변화를 보이는지를 극적으로 표현하고 있어요."라는 감상이 가능합니다.

'액자 소설'이라는 구성도 있습니다. 작품 안에 또 하나의 작품이 들어 있는 경우를 말합니다. '피카레스크'라는 구성은, 동일한 배경 속에 여러 등장인물을 서술하는데, 등장인물들을 각각의 단편 소설 주인공으로 설정한 것입니다. '옴니버스'는 주제 의식이 동일한 여러 단편을 모아 놓은 구성입니다. 이런 구성은 독특한 효과를 보입니다. 내부의 틀은 작품 내부의 다양한 구성과 장치를 중심으로 읽어 가는 방식입니다.

다른 작품과의 연관성을 따지기도 합니다. 비슷한 부류의 작품을 찾아 연결시켜 해석합니다. 작품들 사이에 근원적인 연계성이 있음을 전제하고 있습니다. 비슷한 주제 의식이나 비슷한 형태로 지어진 작품이 이전에 있을 수 있습니다.

**실존주의 문학**

《인간 조건》(앙드레 말로) – 《존재와 무》(장 폴 샤르트르) – 《이방인》(알베르 카뮈)

**한국 신소설**

《혈의 누》(이인직) – 《금수회의록》(안국선) – 《무정》(이광수)

어떤 기준으로 작품을 분류하고, 분류된 작품을 서로 비교하면서 어떤 의미를 더 찾아낼 수 있습니다. 내부의 틀에서는 영향을 준 작품과 영향을 받은 작품을 굵은 선으로 이어 줍니다. 작가가 생물학적 부모라면 앞선 영향을 준 작품은 정신적 부모인 셈입니다. 아울러 형제 작품들도 찾아낼 수 있습니다.

## 네 번째: 독자의 틀

독자의 틀은 작품이 이를 읽은 독자에게 어떤 효과를 주는지, 독자가 어떤 영향을 받는지를 고려하는 방식입니다. 작품을 심리의 틀로 읽든 사회의 틀로 읽든 그 무슨 틀로 읽든지 그것은 결국 독자에게 '의미'로 다가옵니다. 작품은 어떤 식으로든 독자에게 영향을 끼치기 위해 존재하며, 우리는 이 영향을 받기 위해 독서를 합니다. 인간은 자신이 경험한 것에서 영향을 받고, 끊임없이 경험을 통해 삶을 일궈 나가는 '경험하는 존재'입니다. 이런 면에서 독자의 틀은 가장 직접적인 감상법입니다.

이 독서법은 작가가 작품을 통해 말하고자 하는 '의도'보다는, 작품으로 읽음으로써 독자에게서 발현할 '효과'를 따집니다. 독자에게 (특정 이데올로기적 관점에서) 나쁜 영향을 준다고 여겨 만든 '금서 목록'이 존재한다는 것은 이런 면을 있음을 단적으로 암시합니다. 유명한 '베르테르 효과'는《젊은 베르테르의 슬픔》(괴테)을 읽은 독자에게 발현되었던 것입니다.

작품은 우리에게 간접 경험을 허용하면서 동시에 어떤 이미지를 만들어 줍니다. 미디어의 '선전'과 같은 역할을 합니다. 작가가 등장인물을 묘사하는 방식이 특정 이미지를 심어 준다는 것을 부정하기 어렵습니다. 이런 묘사는 등장인물이 대표하는 사회적 계층이나 직업군을 전형화합니다. 특정 계층을 부정적으로 그린 작품을 우리는 쉽게 찾아볼 수 있습니다.《베니스의 상인》은 악덕 고리대금업자 샤일록을 통해 유럽인에게 유대인의 이미지를 부정적으로 만드는 데 일조했습니다. 설사 독자가 '이것은 소설일 뿐 정말 그렇지는 않아.'라고 이성적으로 생각할지라도 이미지의 속삭임은 쉽게 사라지지 않습니다.

독자의 틀에는 다른 틀이 갖지 못하는 긍정적인 효과가 존재합니다. 독자는 자신의 독서 경험을 통해 텍스트를 직접 창조합니다. 작품을 통해 영향을 받기만 하는 것이 아니라 이미 자신이 갖고 있는 경험과 생각을 활용해 텍스트의 이해를 새롭게 할 수 있습니다. 이 세상에서 오직 자신만이 읽을 수 있는 독서를 허용하는 것입니다. 심리적 틀이나 사회적 틀로는 설명할 수 없는 생생한 독서의 효능감을 선사합니다. 해석의 다양성이 많은 작품일수록 효능감이 높아집니다.

독자의 틀에서 책은 독자 자신의 처지에 맞게 읽어집니다. 꿈을 꿔야 할 상황인지, 꿈에서 깨야 할 상황인지에 따라 책이 다르게 읽힙니다. 중년 여성의 독서와 미혼 청년의 독서는 확연히 다른 해석을 도출합니다. 같은 책을 읽어도 자기 식대로 읽습니다. 작품의 의도에 따라 읽는 것이 아니라 독자가 자신의 답을 책에서 주관적으로 읽어 내는 것입니다.

## 다섯 번째: 역사의 틀

역사의 틀은 사회의 틀의 일부로 볼 수도 있습니다. 하지만 작품 중에는 역사적 사실을 소재로 다룬 것이 적지 않기 때문에 역사의 틀을 따로 분리하였습니다.

역사의 틀은 두 가지 방법으로 활용할 수 있습니다. 하나는 역사적 사건을 객관적인 인과 구조로 파악하는 방법입니다. 가령 《칼의 노래》(김훈)를 읽으며, '임진왜란은 왜 일어났는가', '이순신은 왜 죽어야만 했는가', '임진왜란이라는 역사적 사건이 우리에게 어떤 가르침을 주는가'라는 질문을 떠올리며 읽는 것입니다. 역사를 소재로 한 문학은 우리에게 역사적 흐름을 알려 줍니다. 사실의 나열에 가까운 역사책보다 적극적으로 '내러티브'를 이용하여 역사를 더 쉽게 이해하도록 돕습니다. 다만, 많은 역사 소설이 '역사 왜곡' 혐의에서 자유롭지 못하듯, 잘 만들어진 이야기가 갖는 '사실 같은 착각'은 주의해야 합니다.

다른 하나는 보다 자유롭고 주관적으로 해석하는 방법입니다. 앞의 것이 '역사적 사실'에 주목한다면, 이것은 '역사의 해석'에 주목합니다. '임진왜란은 이 작품에서 어떻게 해석되고 있는가', '도대체 작가는 왜 이순신의 죽음을 이렇게 서술하고 있는가', '임진왜란에 대한 이런 해석은 작가의 어떤 생각을 알려 주는가'라는 질문을 합니다. 서술의 이면에 숨겨진 의도와 작가의 내면까지 파고드는 독서법입니다.

## 다섯 가지 틀을 정리하며: 눈 뜨고 코끼리 만지기

〈세기경용조품〉이라는 불교 문헌에는 '장님 코끼리 만지기' 설화가 기록되어 전해집니다. 장님들이 코끼리의 각각 다른 부분만을 만지고서 각자 코끼리의 모습을 묘사하고 있는 내용입니다. 이 설화는 '전체는 모르는데 일부만 알고서 그것을 전체라고 우기는 사람'에 대한 비판으로 해석되곤 합니다(물론 이 해석이 꼭 옳다고 말할 수는 없습니다).

한 가지 틀로만 작품을 본다면 우리는 코끼리를 만지는 장님과 다르지 않습니다. 장님들이 서로의 의견을 종합한다면 전체적인 코끼리의 모습을 상상할 수 있을 것입니다. 우리도 위에서 말한 여러 가지 틀을 종합하여 작품을 읽을 수 있다면 다채롭게 문학을 읽어 낼 수 있습니다.

위에 말한 각각의 틀이 두부모 자르듯 영역이 그어진 것은 아닙니다. 심리의 틀은 사회의 틀과 일부 겹쳐 있고, 내부의 틀도 다른 틀과 겹쳐 있습니다. 딱 한 가지 틀로 볼 수도 없고 보아서도 안 되는 이유입니다.


페미니즘 소설의 대명사가 된 《82년생 김지영》(조남주)을 예로 들어보겠습니다.

이 소설을 ❶ 페미니즘의 틀로 읽는 것은 자연스러운 일입니다. 가부장적 사회의 틀에서 주인공이 어떤 처지에서 살아가고 이것이 그녀를 어떻게 파탄에 이르게끔 하는지 책을 통해 읽어 낼 수 있습니다. 이렇게 읽는 것은 저자의 의도대로, 순응하며 읽기에 해당합니다.

❷ 독자의 틀로 읽으면 어떤 질문이 나올까요? 이 작품이 독자에게 어떤 영향을 미칠 것인지를 고려하겠지요. 누군가는 소설 속 주인공에 공감하며 자신의 경험과 주변 여성들의 아픔을 떠

올릴 수 있습니다. 이 소설로 인해 가부장적 사회의 종식을 더욱 요구할 수도 있습니다. 또 누군가는 이 소설이 갈수록 증폭되고 있는 성별 갈등을 더욱 부추길 것이라고 여길 수도 있겠네요.

❸ 역사의 틀로 보면, 작가가 왜 현대 한국 사회를 이렇게 해석하고 있는지를 물을 것입니다. 여러 가지 근거를 찾아볼 수 있습니다. 또, 작가의 해석이 타당한지에 대해 되물을 수도 있습니다.

❹ 심리적 틀로 보면 주인공이 어떤 억압을 지속적으로 받았으며, 욕망은 어떤 식으로 발현되었고, 결국 그 모든 것이 주인공에게 어떤 상황으로 표출되었는지를 따져 볼 수 있습니다. 주변 남성들의 심리 상태도 함께 볼 수 있습니다. 그들은 왜 말 한 마디 한 마디를 그렇게밖에 표현할 수 없었을까요?

❺ 내부의 틀로 보면, 이 작품 안에 수시로 등장하거나 반복되는 단어나 소재를 찾아 상징을 끌어낼 수 있습니다. '김지영'이라는 한 등장인물에게 여러 가지 사건이 집중되는 것도 하나의 상징으로 볼 수 있습니다. 또, 이 소설을 페미니즘 소설로 분류할 때, 이 소설은 어떤 소설에서 영향을 받았는지, 이 소설 이후에 어떤 소설이 나타났는지 계보와 연결을 만들 수도 있습니다.

이렇듯 우리는 하나의 작품을 다양한 틀로 읽으며 많은 질문과 의미를 찾아낼 수 있습니다. 적어도 '좋다', '재미있다', '슬프다', '나쁘다' 이런 단어 하나로 작품 감상을 표현하며, 마치 어린이집에서 유아들이 한국어 떼듯이 감상을 내뱉는 참사는 없길 바랍니다. 여러분 자신만의 독자적인 틀을 개발하는 것도 좋습니다. 만약 그것을 개발했다면 저에게도 꼭 알려 주세요.

## 시를 읽는 방법

> 시를 짓던 대학 선배가 있습니다. 어느 날 이 선배가 자신은
> 더는 시를 짓지 않겠다고 말합니다. 이런 말을 덧붙이면서요.
> "요즘에는 시를 읽는 사람보다 시를 짓는 사람이 더 많은 것
> 같아."

문학의 영향력이 컸던 당시 시의 위상은 오늘날과는 많이 달랐습니다. 많은 사람이 시를 읽었고, 시는 사람들을 일깨웠으며 사회를 들끓게 하였습니다. 시는 점차 침체되기 시작했고 요즘은 선배의 말처럼 시 읽는 사람이 드문 듯 보입니다. 여러분 중에서 시를 즐겨 감상하는 분이 얼마나 있는지 모르겠네요. 시 감상에는 어떤 흐름이 있어서, 꾸준히 읽어야 감을 잃지 않습니다.

시집 중에는 도무지 무슨 말을 하고 있는지 모르겠다는 시집도 있습니다. 시는 (특히 현대시는) 대체로 불친절합니다. 언어 자체도 축약되어 있고 설명도 해 주지 않습니다. 많은 힌트를 드러내면 재미가 없고, 힌트가 없으면 막막합니다. 아는 만큼, 고민한 만큼 읽히는 문학 장르가 시이지요. 시에는 철학적 감수성이 담겨 있습니다. 철학을 공부한 사람 중에는 시를 즐겨 읽는 독자가 많습니다. 이런 분들은 어떤 시를 하이데거라는 철학자의 문학 이론으로 해석하기도 하고 들뢰즈라는 철학자를 끌어들이기도 합니다. 많은 근현대 철학자들이 문학 이론을 탐구했듯, 시인들도 철학을 공부하는 듯합니다. 시와 철학은 다르면서도 닮았습

니다.

시는 최대한 선의를 갖고 감상하는 것이 중요합니다. 내가 알아듣지 못한다고 해서 시인이 아무 말이나 늘어놓은 것이 아닙니다. 또, 내가 철학이나 사상을 빌어 시를 멋지게 해석하면서 시인도 이것은 몰랐을 거야, 라는 태도를 갖는 것은 옳지 않습니다. 사실 시 역시 시인의 의도는 중요하지 않습니다. 오롯이 독자의 감상이 중요한 것이지요. 다만 그 감상과 해석이 합당하느냐의 여부는 따져야 합니다.

시를 읽을 때는 우선 시에서 ❶ 표현하고 있는 대상부터 찾아보세요. 이 대상은 어떤 사람일수도 있고(인물을 추억하거나 찬양하는 시), 사건(서사시), 자연이나 감정(서정시), 가치나 세계(이념시, 저항시)일 수도 있습니다. 이 대상은 독자가 알고 있는 그 대상이 맞지만, 시인 특유의 감각으로 굴절되어 있습니다. 시에도 결론은 있는데, 이는 그 대상에 대한 ❷ 시인의 태도를 말합니다. 시인의 태도는 대체로 대상을 긍정하거나 부정합니다. 특히 그 대상이 세계일 경우, 그 세계에 저항하거나 회피하려는 태도가 주를 이룹니다.

시에서 빼놓을 수 없는 것이 '감정'입니다. 시는 시인의 감성으로, 그의 세계관으로 쓰이기 때문에 대체로 이질적이며 시의 언어는 독자에게 낯설게 느껴집니다. 시는 설명하지 않습니다. 지도를 보는데 범례 따위는 없는 셈입니다. 설명 없이 시작하고 설명 없이 끝이 납니다. 하지만 시는 시인의 마음속에 있는 그 자체를 그대로 꺼내 놓는 것이 아닙니다. 그 감정을 시인의 감각으로 쪼개고 다듬은 뒤 시어들을 조합하고 재구성하는 것이지요. 시는 감정 언어의 조합물이기도 합니다. 여기서 눈여겨볼 것은 시는 구성된다는 점입니다. 시는 결코 그것이 쓰인 형식과 무관할 수 없습니다. 그래서 시를 읽을 때는 ❸ 전체적인 구성을 함께 보아야 합니다. 감정의 표현과 전달을 극대화하기 위해 시인은 행을 나누고 연을 나누며 운율을 넣고 내용을 전도시킵니다. 시인은 어감과 단어의 길이, 형태소의 사용과 비율까지도 세심하게 고려합니다. 이런 이유로 시인은 건축가에 비유되기도 합니다.

시를 읽을 때 주의해야 할 것 중 하나가 ❹ 배경지식입니다. 만약 여러분이 역사적 사건을 다룬 그리스 서사시를 읽는다면 배경지식이 반드시 필요합니다. 하지만 인간의 감정을 말하는 시를 읽을 때는 배경지식이 자칫 독이 될 수도 있습니다. 그 방향대로 시를 읽게 되어 여러분이 새롭게 해석할 수 있는 가능성이 묻혀 버릴 수도 있으니까요.

마지막으로 시를 읽는 독자는 ❺ 배우가 되어야 합니다. 시의 상황에서 시인(정확하게는 화자)이 느꼈을 감정을 알기 위해서는 그 상황에서 화자에 맞게 연기를 하듯이 읽는 것이 필요합니다. 일제 강점기 조선인 청년의 입장에서, 사랑하는 연인이 떠난 여인의 입장에서, 추운 겨울 산속에서 아픈 아이를 위해 약을 구해 오는 부모의 입장에서, 메소드 연기를 하는 배우처럼 시를 읽어 보세요. 화자가 노란색 안경을 쓰고 있다면 독자도 노란색 렌즈로 시를 보아야 합니다. 이렇게 노력해야 시가 읽힙니다. 그래서 시를 제대로 감상하려면 충분한 경험이 있거나 충분한 상상력(감정 이입)이 필요합니다.

자신의 경험과 생각을 바탕으로 시를 해석해 보세요. 해석의 방향은 정말로 무궁합니다. 내가 잘못 해석한 것이 아닐까, 이런 걱정은 무의미합니다. 시는 내가 어떤 사전 지식을 얼마나 갖고 있느냐, 어떤 경험을 했느냐, 어떤 처지에 있느냐에 따라 느낌이 많이 달라집니다. 시는 소설과 달리 단어와 단어, 행과 행 사이에 여백이 훨씬 많습니다. 독자가 감상할 때 할 일은 중간 여백을 채우며 훌쩍 비약하는 것입니다. 시의 해석, 그 여백은 독자의 체험과 생각입니다. 시작점과 끝은 정해져 있지만 그 사이의 여백은 시인이 독자에게 준 초대장과 같습니다. 이 여백을 채우며 시는 완성됩니다. 독자도 시인이 됩니다.

있는 그대로 너무나 쉽게 읽히는 시, 100명이 다 동일한 내용으로 감상할 수 있는 시는, 어쩌면 시의 매력을 잃은 '시 아닌' 시일지도 모르겠습니다.

시를 처음 읽을 때는 너무 많은 해석의 자유에 방황하곤 합니다. 하지만 이런 폭넓은 자유 덕분에 읽을 때마다 달라지는 의미를 가장 잘 느낄 수 있는 장르가 시입니다. 그래서 시를 읽은 뒤에는 함께 읽은 사람들과 감상하며 의미를 공유하는 것이 중요합니다.

고등학교 때 프로스트의 〈가지 않은 길〉이라는 시를 읽고 친구와 감상을 나누었던 적이 있습니다. 저는 이 시를 읽으며 화자가 본인이 가지 않은 길에 대해 안타까워하며 후회하고 있다고 느꼈습니다. 친구는 저와 반대로 많은 사람이 선택했던 그 길을 가지 않고 사람이 적게 다닌 길을 선택한 본인의 길을 긍정하고 있다고 말했습니다. 그의 말을 들어 보니 또 그렇게도 읽히더라고요. 이 글은 저에게 상반된 의미를 주는 시입니다. 정답은 없습니다. 시인이 이 시에 대해 풀이해 놓은 것이 있다면 그것이 정답일까요? 드문 경우지만 혹여 시인이 직접 시에 관해 설명을 해 준다 하더라도 그것만이 진실일리는 없습니다.

음식을 하나 먹는데 바삭함과 부드러움을 동시에 맛보는, 상반된 미각을 동시에 느낀 적이 있나요? 그 맛을 어떻게 표현했나요? 〈요리왕 비룡〉처럼 하늘을 날아다닐 재주라도 있으면 그렇게 표현할 텐데 말이죠. 맛을 언어로 표현하기 난처하듯, 시도 내가 가진 어떤 언어로 감상해야 할지 난감합니다. 이것이 시의 매력입니다. 시는 어려운 것이 맞습니다. 우리는 시를 감상하고 그 감상을 표현하기 위해 자기 언어를 찾아내려 노력해야 합니다.

이렇게 독자도 시인이 됩니다. 이제야 선배가 했던 말의 의미를 알 것 같습니다. 시를 읽다 보면 시인이 되어 버리고야 말기 때문에 읽는 사람보다 시를 짓는 사람이 더 많아졌다는 것을요.

# 비문학을 읽는 방법

## 어려운 책

소설이 허구를 바탕으로 진실을 파고든다면, 비문학은 사실을 바탕으로 진실(혹은 진리)을 추적해 들어갑니다. 비문학은 대체로 여백의 틈을 보이지 않습니다. 촘촘하게 엮어진 논리로 우리를 설득하지요. 소설에서는 인물들의 욕망 관계가 중요하고, 비문학에서는 논리의 인과관계가 중요합니다. 우리와 닮은 등장인물이 대화를 하고 행동을 하는 소설이 우리의 삶을 더 잘 반영하고 있다고 여길 수도 있지만, 실상 우리 삶에 적극적인 태도를 갖고 관여하는 것은 비문학입니다. 문학은 현실을 초월한 예술의 영역이며, 비문학은 삶에 침잠한 주장과 설명의 영역입니다. 굳이 따지자면, 우리의 현실적 삶은 문학보다는 비문학에 가깝습니다.

비문학, 특히 일부 입문서나 고전으로 분류되는 많은 연구서가 우리에게 좌절감을 안기기도 합니다. 이 책이 무슨 말을 하고 있는지 하나도 이해할 수 없는 책이 있습니다. 유명한 책이고 사람들이 많이 읽었다는 고전은, 나름 책깨나 읽었다는 사람에게 더 큰 충격을 주기도 합니다.

저는 고등학생 때 윤리 선생님의 추천으로 《역사란 무엇인가》(E. H. 카)라는 책을 읽었던 적이 있습니다. 도무지 내용 자체가 이해가 안 되더라고요. 좌절이나 절망감보다는 분노가 치밀었습니다. 화가 나서 침대 벽면으로 이 책을 세 번이나 집어던진 기억이 납니다. 읽다 말다를 반복하다가 마지막 페이지를 덮을 때까지 무려 세 달이 걸렸습니다. 하지만 얻은 것은 그저 어떻게든 끝까지 읽었다는 소박한 성취감뿐이었지 결코 내용을 이해한 것은 아니었습니다. 이 허탈함을 감춰 두기엔 성취감이 너무나 얇고 빈약했습니다.

사람마다 차이가 있겠지만, '어려운 책'은 너무나 많습니다. 책을 읽다가 조금이라도 이해가 되는 대목이 나오면 반가운 마음이 듭니다. 이와 동시에 이해되는 부분이 금방 끝나지 않을까 하는 불안감을 느끼지요. 아니나 다를까, 한두 단락이 지나면 다시 눈앞이 캄캄해집니다. 왜 이런 일이 생기는 것일까요? 작가와 독자가 지닌 지식, 생각, 경험의 상이함 때문입니다. 작가가 겪었던 경험과 생각에서 탄생한 책을 독자가 읽는데, 이 둘 사이의 공통된 생각과 경험이 없다면 책을 읽기 어려운 것이 당연합니다.

청소년 독서를 지도할 때 부모님에게 꼭 하는 이야기는, 아이가 물질성을 충분히 경험하도록 해야 한다는 것입니다. 여기서 말하는 물질성이란 화폐를 말하는 것이 아니라 '물체 주머니'를 뜻합니다. 말 그대로 다양한 물질을 접하는 것입니다. 눈으로 보고, 만지고, 냄새를 맡는 등 자신의 오감을 통해 물질들을 경험하라는 것이죠.

시골에 할머니가 계셔서 방학 때마다 시골 생활을 했던 아이는 그렇지 못한 아이보다 책을 쉽게 이해할 영역이 넓어집니다.

단 한 번이라도 벼가 자라는 논을 보고 퇴비가 뿌려진 밭을 지나며 냄새를 맡아 본 경험, 눈이 동그란 송아지와 어미 소를 가까이에서 본 경험, 강아지풀을 실에 묶어 개구리 낚시를 한 경험, 가재와 도롱뇽 알을 건드려 본 경험, 이런 것들이 모두 독서 경험에 활용됩니다. 결국 이 말은 '경험이 중요하다'는 상식에 대한 부연 설명에 지나지 않습니다. 특정 경험이 있으면 독서를 할 때 이해가 빨라지며, 이 독서 체험은 다시 독자에게 하나의 간접 경험으로서 쌓이게 됩니다. 많이 가진 자가 더 많이 가질 수 있게 됩니다.

## 보조 독서 1: 강연

책이 이해되지 않는다고 해서 그 책을 포기할 이유는 없습니다. 오히려 이해되지 않는 책에서 더 많은 의미를 발견할 수 있습니다. 그 책은 독자가 생각하지도 못한 다양한 주장과 의미가 잔뜩 들어차 있는 덩어리입니다. 다행히 우리에게는 어려운 책을 읽는 데 도움을 주는 두 가지 도구가 있습니다. 첫 번째는 강연이고, 두 번째는 해설서입니다. 고전으로 분류되는 대부분의 책에 대한 해설 강연은 오프라인이 아니더라도 온라인에서 쉽게 찾을 수 있습니다. 포털에서 검색하거나 유튜브를 뒤져 보면 무료 콘텐츠도 많습니다. 다면 주의해야 할 점이 있습니다.

모든 강연은 강연자가 음식을 한 번 씹어서 청자의 입에 넣어 주는 것과 같습니다. 이것을 듣고 나서 마치 책을 읽은 것으로 생각해서는 안 됩니다. 비록 청자들이 그 강연에 크게 만족했다 하더라도 청자를 이렇게 만들었다면 그 강연은 절반쯤 실패한 것입니다. 강연자의 덕목은 기본적으로 청자를 그 주제로 입문하게 하는 것입니다. 청자 입장에서도 남이 입으로 씹었다가 뱉은 지식에 길들여지면 절대로 스스로 지식을 씹을 수 없게 됩니다.

횟수가 제한된 대부분의 강연은 책의 내용을 편집하고 요약합니다. 강연자가 취사선택하는 것이지요. 책에도 요약본이 있습니다. 번역서를 보면 '완역'이라고 표기한 책이 있습니다. 이 책은 원본을 모두 번역한 것입니다. '엮음'과 '편집'이라는 표기가 있는 책은 축약한 책입니다. 하지만 '번역'으로만 표기된 책이 있습니다. 이 책은 완역일 수도 축약일 수도 있습니다. 문제는 축약을 해놓고 이것에 대한 사실을 분명하게 밝히지 않은 책도 더러 있다는 것입니다.

수많은 축약본 중 '어린이용 축약본'에는 분명한 장점이 있지만 치명적인 단점이 존재합니다. 장점은 어린이의 눈높이에 맞게 고전을 맛볼 수 있다는 것입니다.《걸리버 여행기》(조나단 스위프트)나《15소년 표류기》(쥘 베른)는 책이 두꺼운 편이라 시중에 출시된 어린이책 대부분이 축약본입니다. 하지만《노인과 바다》(어니스트 헤밍웨이)와 같은 책은 굳이 두껍지도 않은데 축약을 합니다. 초등학교 고학년 정도 되면 읽는 데 큰 무리가 없음에도 말입니다. 사실 이것은 사회의 욕심, 어른의 욕심 때문에 만들어지는 것입니다. 어른들은 논술 문제로 만들어지기 쉬운 부분만 골라서, 자신의 판단으로 아이들에게 알려 주고 싶은 것

만을 골라서 편집합니다. 좋은 책이라니까, 논술에 나온다니까,
아이들에게 읽히려고 내용을 축약하는 것입니다. 입시 환경은
학부모를 자극하고, 출판사는 학부모의 욕망을 이용하는 것입
니다. 학부모가 이에 현혹되면 아이들의 독서 경험은 한없이 빈
약해질 것입니다.

이 책을 읽고 자란 아이는 그 책을 이미 읽었다고 생각하기
때문에, 또한 책을 지겨운 입시 공부의 일부로 읽었기 때문에 원
문을 다시 읽으려 하지 않습니다. 축약 과정에서 생략된 중요한
의미는 영원히 배제됩니다. 어렸을 때 말랑말랑하게 축약된 판
본을 주입받다가 갑자기 성인이 되어 자기 힘으로 원문을 대한
다는 것은 어려운 일입니다. 축약보다는 소개 위주로 다룬 책을
읽되 나중에 원문을 읽어야 한다는 것을 아이들에게 반드시 알
려 줘야 합니다.

## 보조 독서 2: 해설서

해설서 중에는 원문보다 두껍고 복잡한 경우도 있습니다. 해
설서의 대상은 대체로 연구서입니다. 연구서는 기본 개념과 전
제에 대한 설명을 건너뜁니다. 해설서는 입문서와 전문서의 역
할을 하면서 해설까지 맡아야 하는 셈입니다.

해설서는 크게 세 가지 종류로 구분됩니다. 첫째, 원문에서
파생되어 해설서에 작가 자신의 생각을 담은 일반서 형태의 해
설서(일반형)가 있고, 둘째, 연구서의 일부 내용을 발췌해 풀어
쓴 편집형 해설서(편집형)가 있으며, 셋째, 원문을 강독하듯 꼼

꼼하게 해석하며 전문서의 역할까지 하는 해설서(강독형)가 있습니다.

일반형은 해설서 작가의 주장이 원문 작가보다 우위에 있어서 원문을 다 읽은 뒤에 읽는 편이 바람직합니다. 편집형은 원문의 핵심 내용이라고 판단한 부분을 중점적으로 소개하기 때문에 원문을 본격적으로 읽기 전에 읽기에 적합합니다. 강독형은 원문보다 많은 정보를 담고 있기 때문에 원문과 함께 읽어 나가는 편이 좋습니다. 결국 해설서는 원문을 읽는 것을 원칙으로 합니다.

## 흐름을 따라가되 자기 흐름 만들기

비문학을 읽을 때는 인과관계의 흐름을 놓치지 말아야 합니다. 그 방법을 몇 가지 소개합니다.

우선, ❶ 자기만의 기호 체계를 만드세요. 핵심 단어에 '○'를 하는 것과 '□' 표시를 하는 것의 차이가 있어야 합니다. 수학적 기호를 쓰는 것도 좋습니다. 수학 기호는 '→', 'ᄀ'와 같이 흐름이나 포함 관계를 표시하기에 유용합니다. 중요한 부분은 '☆'로 하고요. 저는 '△'를 '그러나', '하지만' 같은 내용의 전환이 일어날 때 쓰곤 합니다. 형광펜은 핵심 단어나 문장 위주로 사용하고 빨강, 파랑, 검정은 언제 쓸지 여러분이 정하면 됩니다.

둘째, ❷ '첫째, 둘째, 셋째'로 구분 지은 부분은 반드시 체크해 두고 그 내용을 한 단어나 한 줄로 정리해 두는 게 좋습니다. 보통 '첫째'라는 말 다음에 그 첫째에 해당하는 내용이 나오고(두괄

식) 그 뒤에 근거나 사례가 제시됩니다.

셋째, ❸ 역접에 주목하세요. '그러나', '하지만' 등의 역접 관계사가 나올 때 '△'나 어떤 기호를 사용하여 내용이 전환된다는 것을 체크하세요. 특히 문단 중간에 등장하는 역접보다 새로운 문단의 첫 마디가 역접인 경우는 충돌하는 쟁점이나 이슈가 등장한다는 것을 의미합니다.

> '이전의 동양인들은 음양을 두 가지 물질적 기로 여겼다. 그러나 일반적으로 음양가나 동중서가 말한 음양은 물질적인 것만은 아니었다.'
>
> '후설의 웅대한 철학적 꿈은 실패했다. 그러나 언어로 비슷한 꿈을 꾸었던 러셀 역시 비슷한 결말에 이르고 만다.'

위 예시문에서 '그러나'는 이후에 음양가나 동중서의 음양에 대한 설명, 러셀의 철학적 과정이 나오리라는 것을 예고합니다.

> '난민 수용에 대한 반대의 목소리를 인권에 대한 몰염치로 보는 경향이 있다. 그러나 이것은 상대방을 윤리적으로 몰아붙여 논리 외 정당성을 확보하려는 태도다.'

위 예시문에서 '그러나'는 본격적으로 글쓴이의 주장이 전개된다는 사실을 알려 줍니다. 첫 번째 '그러나'는 내용의 (객관적) 전환이며 두 번째는 작가의 말로 (주관적) 전환하는 것입니다.

똑같은 역접이라도 중요성에 차이가 있습니다. 우리 언어가 좀 더 세밀했다면 이 둘을 달리 표기할 것입니다. 적당한 기호를 활용한다는 것은 독자가 표기법에 보충을 한다는 의미이기도 합니다.

넷째, 내용에 대한 이해를 끝냈다면 ❹ 자신만의 흐름으로 목차를 바꾸어 보세요. 목차는 작가가 주제에 대해 자신이 설명하기 효과적인 방식으로 구성한 것입니다. 작가는 결론으로 다다르기 전에 전제를 설명하고 관련이 있는 근거나 사례를 보여 줌으로써 자신의 결론을 단단한 토대 위에 세울 것입니다. 독자는 책을 분해하여 다양한 주제로 다시 나열할 수 있습니다. 예를 들어, 마키아벨리의《군주론》은 다음과 같이 구조화할 수 있습니다.

| 국가 (1장) | 공화국 (1장) | | | | | | |
|---|---|---|---|---|---|---|---|
| | 군주국 (2장) | 세습 (2장) | | | | | |
| | | 신생 | 순수 | | | | |
| | | | 혼합 (3장) | 군주정 통치 지역 병합 (4장) | 공화정 통치 지역 병합 (5장) | 타인 군대+운명으로 통치 (6장) | 자신 군대+능력으로 통치 (7장) |
| 기타 논의 | 추가적 논의 | 사악함과 잔인함 (8장) | | 시민의 지지 (9장) | | 성벽 방어 (10장) | 교회 군주국 (11장) |
| | 군대 조직에 대한 논의 (12~14장) | | | 정치와 윤리 (15장~23장) | | 이탈리아 정치 지도자의 과업 (24~26장) | |

이것을 다 흩뜨려서 지도자에 대한 서술, 시민에 대한 묘사 이런 식으로 독자가 소주제를 설정하여 그 부분들을 찾아 모으는 것입니다. 이 과정을 통해 작가가 일관성 있게 개념을 사용하고 있는지, 아니면 상황에 따라 개념을 변형시키는지, 심지어 모순된 서술을 하고 있는지를 찾아볼 수 있습니다. 이 작업을 하는 이유는 작가를 곤경에 빠뜨리기 위함이 아니며 잘못을 찾아내서 어떤 우월감을 취하려는 목적도 아닙니다. 책은 작가의 구성을 일방적으로 담을 수밖에 없습니다. 이것을 독자가 자신의 독서 경험으로 재창조해야 하는 것입니다.

## 책을 읽는 10가지 방법

1. 1천 권 읽기나 매일 1권 읽기보다는 1권을 반복해서 읽을 것

2. 지금 관심있는 그 책부터 읽을 것

3. 책을 읽기 전에 그 책에서 얻으려 하는 바를 정할 것

4. 책에 거침없이 흔적을 남길 것

5. 형광펜, 삼색펜, 포스트잇을 준비할 것

6. 한 권을 최소 세 번 읽을 것

7. 파생되는 독서를 활용할 것

8. 읽고 있는 그 책을 의심할 것

9. 문학을 읽을 때는 다양한 틀을 이용할 것

10. 비문학을 읽을 때는 보조 독서를 활용할 것

# 지금 읽고 있지 않은 책에 관해

## 책을 보관하는 방법

　　책은 사실 많이 가지고 있을 필요가 없습니다. 일 년 동안 단 한 번도 손대지 않은 책이 수두룩합니다. 언젠가 읽을 것이라 미뤄 둔 책은 그 언제에 해당하는 '어떤 계기'가 필요하다는 것을 알아야 합니다. 유행한다고 해서 사 놓은《화폐 전쟁》을 바라보며 '내가 갑자기 경제에 관심이 생기면 읽지 않을까?'라고 생각할 수 있습니다 그 관심, 즉 읽을 계기를 스스로 만들 생각이 없다면 그 책은 죽을 때까지 읽지 않을 가능성이 큽니다. 언제 생길지도 모르는 관심을 기다리며 집에 쌓아 두느니 도서관을 이용하는 편이 효율적입니다.

　하지만 이미 사 놓은 책이라면 어쩔 수 없습니다. 집에 보유하고 있는 책은 세 종류입니다. 읽었거나, 읽고 있거나, 읽지 않은 책이죠.

읽고 있는 책은 책상이나 가방같이 일상에서 가장 편하게 접근할 수 있는 자리에 있을 것입니다. 나머지 책은 집이 넓고 서재가 있으며 책장이 충분히 구비되어 있다면 분류해서 꽂아 놓으면 됩니다. 하지만 가난한 우리에게 허락된 공간은 한정적입니다. 책들은 부득이하게 쌓아 놓아야 하고, 더러는 맨 아래에 깔리기도 합니다. 책이 책에 가려지기도 하고요. 세상에는 귀찮은 일이 많이 있습니다. 맨 아래에 깔린 책을 들추어 꺼내는 일도 그중 하나일 것입니다.

책이 많으면 분명 산 것 같은데 아무리 찾아도 보이지 않는 책이 있으며, 사다 놓은 기억도 잊은 채 다시 사 오는 경우도 있습니다. 이런 일이 벌어지는 이유는 책등이 우리 시야에서 가려져 있기 때문입니다. 해결하는 방법은 돈을 많이 벌어서 큰 집으로 이사를 가거나 도서 목록을 작성하는 것입니다.


## 도서 목록 작성하기

도서 목록을 작성할 때 중요한 것은 (작가 이름과 출판사가 아니라) 책 제목과 위치입니다.  책을 쌓아 둘 때는 주제별로 모으면 좋겠지만 이것도 공간의 여유가 있을 때 가능합니다. 책은 판형과 무게가 달라서 무겁고 큰 책을 밑에 두는 것이 공간상 효율적이기 때문에 주제별로 모으기 어려운 경우가 많습니다. 그래서 더더욱 위치를 포함한 도서 목록을 작성해 두어야 합니다.

책이 놓일 수 있는 자리에는 눈에 보이는 자리와 눈에 보이지 않는 자리가 있습니다. 읽었던 책과 읽지 않는 책 중 읽었던 책을 뒤로 보내곤 하는데, 읽었던 책을 앞에 두는 것이 효과적입니다. 읽었던 책은 그 주제에 관한 여러 가지 책을 읽고 정리 과정까지 끝난 다음에야 뒷자리로 밀려날 테니까요.

## 표지 커버와 띠지

책을 사면 자주 딸려 오는 것이 표지 커버와 띠지입니다. 독서할 때 제멋대로 벗겨지고 구겨져서 번거로운 편입니다. 책을 읽을 때 벗겨 놓았다가 읽은 뒤에 다시 씌우기도 하고 아니면 아예 버리기도 합니다. 결론적으로, 표지 커버는 책의 일부이지만 띠지는 아닙니다. 대체로 띠지에는 책 표지에 담기에는 민망한 내용이 적혀 있습니다. '최고의 책', '영원한 바이블' 이런 글들은 작가의 말이라기보다는 출판사 마케팅 문구입니다. 반면, 표지 커버는 책 표지와 다른 경우도 꽤 많습니다. 표지 커버 뒷면에 사진을 담기도 합니다. 표지 커버는 보관하고 띠지는 버리세요.

## 누군가에게 책을 주는 것에 관해

책을 주는 경우는 ❶ 갖고 있는 책을 빌려주는 경우 ❷ 선물하는 경우 ❸ 버리는 경우입니다. 책은 가능하면 빌려주지 마세요. 빌려줄 만큼 깨끗하게 읽지도 않았고 메모와 낙서는 여러분의 일기와 같습니다. 아직 읽지 않은 책을 빌려줄 수도 있겠죠. 하지만 어떤 이유에서건 빌려준 뒤엔 대체로 후회합니다. 심지어 빌려준 것을 잊을 때도 있으며 돌려받지 못하는 경우도 많습니다.

책을 선물할 만한 사람이 주변에 있다면 다행입니다. 책을 읽지 않는 사람에게는 책을 선물하지 마세요. 서로에게 못할 짓입니다. 책 선물을 좋아할 만한 사람이라면 독서를 즐기는 사람이겠죠? 주의할 점은 그가 이미 그 책을 갖고 있을 가능성이 있다는 것입니다. 선물을 한다면 선물받을 사람에게 읽고 싶은 책의 목록을 받아서 그중에서 사 주는 방법을 추천합니다.

책 중에서 버리고 싶은 책도 있습니다. 버리느니 필요한 사람에게 주는 것이 좋겠다고 생각할 수도 있겠네요. 그 책을 버리는 이유를 생각해 보세요. 만약 정말 여러 번 읽어서 더는 읽을 필요가 없다면 이미 여러분의 손때와 메모로 가득 찬 책입니다. 누군가에게 주기에 적합하지 않을 수도 있습니다. 또, 내용이 이상하고 함량이 떨어져서 왜 샀을까 하고 후회하는 책이 있을 수 있습니다. 이런 책은 사람에게 버리지 말고 폐지 수거함에 버리세요.

Memo

-------------------------------------------------------------------

-------------------------------------------------------------------

-------------------------------------------------------------------

-------------------------------------------------------------------

-------------------------------------------------------------------

-------------------------------------------------------------------

-------------------------------------------------------------------

-------------------------------------------------------------------

-------------------------------------------------------------------

-------------------------------------------------------------------

-------------------------------------------------------------------

-------------------------------------------------------------------

-------------------------------------------------------------------

-------------------------------------------------------------------

·

# 사람들과 함께
# 독서하는 방법

·

·

·

# 준비하기

## 독서 모임의 유형

독서 모임은 크게 세 가지 유형이 있습니다.

| 모임 시기 | 모임 유형 | 대화 형태 | 특 징 |
|---|---|---|---|
| 독서 중 | 함께 읽는 모임 | 없음 | 각자 책 읽기 |
| | 강독 | 의견 및 지식 교환형 토의 | 튜터 필수 |
| | 세미나 | | 발제자 필수 |
| 독서 후 | 자유 토론 | 토의 및 자유 참여형 토론 | 진행자 필수 |
| | 디베이트 | 찬성 · 반대 발언 통제형 토론 | 사전 교육 필요 |

첫째, 함께 읽는 모임입니다. 이 모임은 말 그대로 각자 독서할 책을 가져와서 같은 공간에서 책을 읽는 모임입니다. 같은 책을 읽어도 되고, 다른 책을 읽어도 상관이 없는 모임입니다. 읽는 것 자체가 중심이 되고 이 외에 토의나 토론은 대체로 하지 않습니다. 집에서 독서에 집중하기 어려운 분들이 주로 찾으며 읽는 습관 자체를 기르는 것이 목적입니다.

둘째, 토의하는 모임입니다. 이 모임 유형이 가장 많습니다. 이 모임 유형에도 세 가지가 있습니다.

❶ 자유 토론 모임입니다. 공통의 책을 읽고 모입니다. 진행자가 사전에 준비한 질문을 중심으로 참여자들이 생각과 의견을 나눕니다. 책 내용에 대한 이해나 단순 질문도 가능하며, 자신의 경험을 섞은 이야기도 좋고 진지한 토론도 가능합니다. 발제자가 따로 있어서 질문을 준비하기도 하며 발제문을 작성하여 발표하기도 합니다.

❷ 세미나 모임입니다. 이 유형은 하나의 책을 깊이 있게 파고들며, 책을 여러 부분으로 나누어 여러 회 동안 진행합니다. 스터디 모임의 일종으로 보아도 무방합니다. 발제자의 부담이 자유 토론 모임보다 많아집니다. 발제자는 자신이 맡은 부분에 대해 내용을 요약하고 추가할 만한 내용을 보충하며 질문도 준비해야 합니다. 튜터가 있는 경우도 있습니다. 튜터가 모임의 진행 속도나 부연 설명을 더하는데, 이 유형은 책 내용 이해에 중심을 둡니다.

❸ 강독 모임입니다. 이 유형은 세미나 모임보다 더 심층적으로 책을 읽는데, 거의 한 줄씩 읽어 내려갑니다. 문맥 하나하나를 꼼꼼히 살피며 필요한 배경지식이나 개념, 역사나 작가에 대한 내용도 추가합니다. 원문과 번역본을 동시에 읽는 경우도 많습니다. 강독 스타일로 책을 읽으면 그 한 권 이상의 것들을 공부하게 됩니다. 대상으로 하는 책을 이해하는 것은 기본이고 여러 가지 정보를 모두 한 권 안에 쏟아붓는 방식입니다. 책 한 권을 완독하는데 꽤 오랜 시간이 걸립니다. 대부분 튜터가 있으며 튜터의 역량이 모임의 함량에 결정적입니다.

셋째, 디베이트 모임입니다. 이 모임의 특징은 '디베이트'라는 방식을 도입한다는 것에 있습니다. 디베이트는 우리말로 번역하면 '토론'인데, 위에서 말한 자유 토론과는 큰 차이가 있습니다. 자유 토론의 토론은 자유롭게 발언하고 형식이나 시간에 구애받지 않습니다. 반면, 디베이트는 발언 시간, 발언 형태, 발언 기회가 모두 통제됩니다. 하나의 논제에 대해 찬성과 반대로 나뉘지며 쟁점들을 도출하고 참여자들이 치열한 논리 게임을 펼칩니다.

자유 토론의 질문이 대체로 《인간의 조건》에서 아렌트가 말하는 노동, 작업, 행위에 대해 각각 무슨 의미인지 이야기해 봅시다."라든가 "의도가 담긴 행위가 어떤 의미인지 생각해 봅시다." 같은 열린 질문이라면, 디베이트의 질문은 《그리스인 조르바》에서 조르바 같은 인물을 긍정할 수 있는가?"라는 식으로

A냐 B(反A)냐로 입장을 명확하게 구분하는 양자택일 방식으로 제시됩니다.

디베이트는 단순히 책 읽기와 이해를 넘어 스피치, 논리 구축, 생각 표현, 반론, 논리 보강, 설득 방법 등 여러 가지 기술을 동시에 요구합니다. 매우 적극적인 독서 방법입니다. 디베이트 모임은 거의 없는데 '디베이트'라는 개념 자체가 낯설고 섣불리 시도하기 어렵다는 진입 장벽이 있기 때문입니다. 서울에는 월 1회 토론연구개발원에서 진행하는 '책토민(책 읽고 토론하는 민주주의)'이라는 독서 모임이 있습니다.

## 독서 모임의 참여

독서 모임에 참여하는 방법에는 기존 독서 모임에 가입하는 방법과 여러분이 직접 모임을 만드는 방법이 있습니다. 우선 기존 독서 모임을 이용하는 방법부터 알아볼까요?

모임을 찾는 방법을 온라인, 오프라인으로 나누어 살펴보겠습니다. 온라인에서 찾을 때 쉽게 접근할 수 있는 것이 각종 온라인 카페입니다. 독서를 주제로 하는 많은 온라인 동호회(카페)가 있으며 회원 수가 수만 명에 이르는 대형 카페도 존재합니다. 이 카페에서는 온라인상에서 책에 대한 다양한 정보와 이야기를 나눌 수 있으며, 운영되고 있는 지역별 책 모임을 소개합니다.

모바일 애플리케이션으로도 찾을 수 있는데, 가장 대표적인 것이 '밴드'와 '소모임' 애플리케이션입니다. 밴드와 소모임에서 검색하면 지역별, 연령별로 생각보다 많은 독서 모임이 활동하고 있다는 것을 알 수 있습니다. 밴드는 접근성이 편리한 이점이 있고 소모임은 자기 동네에서 운영하는 모임을 찾기에 유용합니다.

최근에는 유료 사이트도 눈에 띕니다. 한 업체는 4개월 기준 19만 원, 29만 원 두 가지 옵션으로 가입이 가능합니다. 19만 원짜리 멤버십은 일반인들이 모인 독서 모임에서 정한 주제에 맞는 독서를 하며 짧은 독후감을 작성해야 합니다. 29만 원짜리 멤버십은 클럽 장이 있으며 독서 모임이라기보다는 강연 형식으로 진행됩니다.

출판사나 서점 등 출판 관련 업체에서도 (아직은 적은 편이지만) 자체적으로 독서 모임을 운영합니다. 출판사 독서 모임은 유통 업체를 거치지 않고 직접 독자를 만난다는 취지, 혹은 특정 도서의 마케팅을 목적으로 만들어집니다. 도서를 지원해 준다거나 모임의 장소, 저자 강연 등을 기획하여 제공해 주는 장점이 있습니다. 단점은 해당 출판사에서 출간한 책만을 대상으로 하며 자칫 출판사 이미지를 해칠 수도 있다는 우려 때문에 다양한 시도를 하는 것이 제한되어 있습니다. 또, 지속해서 운영하는 것이 아니라 특정 도서를 띄우기 위한 목적으로 일시적으로 진행하는 경우도 있습니다.

서점 독서 모임은 장소를 제공해 주고 다양한 도서들을 대상으로 한다는 장점이 있으나 유료 멤버십이 대부분이며 독서 모임을 운영하는 서점 수 자체도 비교적 적은 편입니다.

오프라인에서 찾는 방법도 있습니다. 회사, 도서관, 문화센터, 모임 공간, 거주하는 아파트 등에서 모임이 이루어집니다.

회사 내 독서 모임의 경우 접근성이 뛰어나지만 업무와의 연관성이 강조되며 회사 사람들을 업무 외 시간에까지 만나야 한다는 단점이 있습니다. 도서관과 문화센터에는 적어도 2~3개의 독서 모임을 운영하고 있습니다. 낯선 사람들을 만날 수 있다는 장점이 있지만, 계층이 한정적입니다. 주로 평일 오전 시간에 모임을 갖는 경우가 많고 대부분이 전업주부입니다. 스터디 공간이나 모임 공간 게시판에서 모임을 찾을 수도 있습니다. 하지만 직접 가서 찾아 봐야 한다는 단점이 있습니다.

가 볼 만한 독서 모임을 몇 개 찾았다면 그중에서 하나를 선택해야 합니다. 독서 모임을 고를 때 가장 중요한 것이 내 독서의 목적입니다. 운영되고 있는 독서 모임은 대체로 해당 주제에 대한 지식 습득을 목적으로 하고 있습니다. '주식', '마케팅', '암호 화폐', '부동산' 같은 주제가 다수이고 실용서 위주로 이루어지고 있다는 점이 안타깝습니다. 여러분의 독서 목적이 지식 습득 이상이라면 조금 더 자세히 들여다볼 필요가 있습니다.

반느시 노서 복록을 확인해 보세요. 지난 도서 목록부터 향후 진행될 도서 목록까지 대략 살펴보면 이 독서 모임이 지향하는 방향을 가늠할 수 있습니다. 모임 후기나 모임 사진을 살펴보는 것도 독서 모임의 분위기를 살피는 데 도움이 됩니다. 모임의 전반적인 연령과 성별 비율도 고려해야 합니다. 독서 모임의 효과에 큰 영향을 주는 것이 참여자들의 다양성입니다. 마땅히 마음에 드는 독서 모임이 없다면 그중에서 고민하지 말고 직접 만드는 편이 좋습니다.


## 독서 모임 만들기

기존 독서 모임이 마음에 들지 않는다면 그만한 이유가 있을 것입니다. 장소나 시간이 여의치 않은 경우도 있고, 독서 모임의 목적이나 지향점이 여러분과 맞지 않을 수도 있습니다. 독서 모임을 만들 때도 여러분이 어떤 성격의 모임을 하고 싶은지 결정해야 합니다. 독서 모임의 목적과 유형을 먼저 선택하세요. 그다음 참여자들을 모으면 됩니다.

참여자를 모집하는 방법도 온라인, 오프라인으로 나눌 수 있으며 구체적인 내용은 위에 서술한 것과 크게 차이가 없습니다. 제가 추천하는 방법은 지인과 시작하는 방법과 마을 주민과 시작하는 방법입니다. 안타깝게도 책을 즐겨 읽는 지인이 그다지 많지 않을 수도 (어쩌면 거의 없을 수도) 있겠죠. 아파트에 거주한다면 아파트 게시판을 활용하여 참여자들을 모집하세요. 위에 언급한 소모임 애플리케이션을 사용하면 거주하는 마을을 중심으로 검색이 되기 때문에 참여자를 모으는 데 유용합니다. 다만 소모임 애플리케이션은 매월 과금됩니다.

참여자를 모을 때 고려할 사항은 인원, 성별, 연령대입니다.

자유 토론 모임이라면 인원은 한 번 모일 때 3명 이상, 최대 10명이 적당합니다. 최대 10명이 모이려면 전체 인원이 15명 정도가 되어야 안전합니다. 성별과 연령대는 다양성을 확보하기 위함인데, 연령과 성별이 거의 비슷하다 하더라도 직업이 다르거나 성향이 다르면 큰 문제는 없습니다. 참여자들이 어느 정도 모였다면 사전 회의를 해야 합니다.

사전 회의에서는 참여자의 의견을 반영하여 독서 모임의 목적을 다시 설정하고, 시간, 주기, 장소를 정합니다. ❶ 시간은 1회에 3시간이 적당하고 주기는 월 2회가 좋습니다. 보통은 시간 여건상 월 1회를 하는 경우가 많은데 2회 하는 것이 독서 효과를 기대하기에 유리합니다. 세미나나 강독 유형일 때는 주 1회 정도를 해야 흐름을 잃지 않습니다.

❷ 장소는 도서관에 정식 등록하여 도서관 독서 모임으로 운영하거나, 모임 공간을 대여하는 것이 무난하며, 이것이 여의치 않다면 모임 공간을 제공하는 커피숍도 나쁘지 않습니다. 도서관은 이용료가 없는 대신 거의 매달 행정 서류를 작성해야 하고 도서관 행사에 동원된다는 단점이 있습니다. 유료 모임 공간은 생각보다 가격이 저렴하고 화이트보드, 프린트, 프로젝터 등을 사용할 수 있으며 차 종류가 제공됩니다. 커피숍은 접근성이 좋지만 매번 매장 내 분위기를 알 수 없다는 것이 단점입니다. 날씨가 좋은 봄이나 가을에는 야외에서 모임을 진행하는 것도 색다른 재미를 줍니다.

첫 회의에서 중요한 것은 읽을 ❸ 도서 목록입니다. 중구난방으로 내키는 대로, 지금 많이 팔리는 베스트셀러, 유행을 타는 주제보다는 계절별 테마를 설정하거나 콘셉트를 잡는 것이 좋습니다. 가령, 봄에는 국내 문학, 여름에는 역사, 가을에는 예술 이런 식으로 말이죠. 콘셉트는 모임의 전체 도서 목록을 한정하는 것입니다. 문학 읽기 모임, 고전 읽기 모임 등으로 책의 형태를 고정하는 것이지요. 도서의 수준은 처음에는 가독성이 좋은 입문서 위주로, 나중에는 고전이나 연구서로 점차 심화해 보세요.

도서 목록을 결정했으면 ❹ 진행 방법을 정해야 합니다. 발제문과 질문지 없이 책을 읽고 모여서 자유롭게 이야기하는 것도 좋지만, 최소한 누군가 질문지라도 준비해 오는 것이 진행하기가 수월합니다. 질문지 만드는 사람을 돌아가면서 할지 몇 번씩 할지 정하고, 만약 발제자가 있다면 발제자가 함께 준비할지 따로 할지도 정해야 합니다. 사회자를 따로 두는 것도 좋습니다.

다음은 ❺ 회칙 정리입니다. 회칙은 거창하거나 복잡할 필요가 없습니다. 위에 정한 것들을 다시 한번 확인한다는 차원에서 작성하면 됩니다. 한 가지 추천하고 싶은 것은, 독서 모임의 '문집'입니다. 내용이 좋든 나쁘든 설령 내용이 깊지 않더라도 매번 읽었던 책과 독서 모임의 내용을 정리하여 1년에 한 번 문집으로 엮어 내는 것입니다. 1년간의 독서 모임이 하나의 문집 프로젝트로 진행되는 셈입니다. 문집이라는 목표가 있으면 독서 모임에 참여하는 자세가 한층 적극적으로 바뀝니다. 만약 문집을 만들기로 했다면 서기가 필요합니다. 서기는 독서 모임에서 오간 내용을 실시간으로 최대한 기록합니다. 서기는 발언하는 것에 제한이 있으니 매 시간마다 바꾸는 것이 좋습니다.


## 함께할 사람과 가려야 할 사람

학교나 직장에는 수많은 사람이 있고 그중에는 나와 맞지 않는 사람도 있습니다. 공식 조직에서 이런 사람과 만나는 것은 무를 수도 없고 내 마음대로 변경하기도 힘듭니다. 따라서 인간관계 스트레스에 고스란히 노출되는 경우가 많습니다.

독서 모임은 꼭 해야 하는 것도 아니고 나의 기호와 생각에 따라서 참여하지 않을 수도 있습니다. 이러한 공식적이지 않은 모임을 '자발적 결사체'라고 부릅니다. 굳이 자발적 결사체에 나와서까지 나와 맞지 않은 사람을 만나게 된다면 '이 모임에 계속 참여해야 하나?' 하는 회의감이 들게 됩니다. 독서 모임에 참여하기 위해서 시간, 비용, 열정을 소모하는데 구태여 내가 내 돈 들이면서 스트레스를 받을 이유는 없으니까요. 하지만 나와 비슷한 사람들, 나와 잘 맞는 사람들만 가득한 모임 역시 득보다는 실이 큽니다.

만약 무엇인가를 배워 나갈 때 독서라는 과정이 없다면, 자기가 처한 환경에 많은 것을 맡기게 됩니다. 나를 가르치는 선생님의 성향과 의견에 따라서 내 지식과 관점이 형성되고, 주변 사람들과 의견을 나눈다고 하더라도 같은 환경에 위치하고 있는 몇 몇 사람의 의견을 공유할 뿐입니다. 독서는 이런 시간적·공간적 제약을 모두 뛰어넘어 새로운 생각을 접할 수 있는 가장 손쉽고 유용한 도구이자 수양법입니다. 독서 모임은 이 독서의 효과를 증폭시키는 것입니다. 나와 잘 맞는 사람과 그렇지 않은 사람 중 한 명을 골라야 한다면, 오히려 후자가 독서 모임에는 더 어울립니다.

독서 모임에 회의를 갖게 되는 두 가지 경우 중 하나는 위에서 언급한 대로 모임원에 대한 좋지 않은 감정이 있을 때입니다. 또한 내가 이 모임에서 무엇인가를 깨닫는다거나 배우고 있다는 생각이 도무지 들지 않을 때 이런 생각이 들지요. 이런 경우는 나와 비슷하거나 못한 수준, 나와 비슷한 관점을 가진 사람들이 대부분이라서 어떤 주장을 해도 동의하는 반응만 있을 때 나타납니다. 잘 맞는 사람만 있는 것이 좋은 것은 결코 아닙니다.

결국, 관건은 나와 잘 맞느냐 그렇지 않으냐가 아니라, 무엇 때문에 잘 맞지 않느냐는 것입니다. 나와 다른 생각 때문인가, 성격 때문인가, 말투 때문인가, 아니면 태도 때문인가를 따져 보아야 합니다. 만약 관점과 생각의 차이라면 함께하는 것이 좋습니다. 독서와 독서 모임의 목적에 꼭 맞는 사람입니다.

보다 넓은 시각으로 독서 모임을 구성해 보세요. 좋은 책과 오래도록 함께할 사람을 얻을 수 있는 좋은 기회라고 생각해 보세요. 모든 사람을 다 포용할 필요는 없습니다. 생각과 관점의 차이가 아니라 기본적인 태도가 되어 있지 않은 사람은 빼야 합니다. 혼자서 일방적으로 떠드는 사람, 공격적으로 말하는 사람,

상대방의 관점에 감정적으로 대응하는 사람, 모임 약속을 납득할 만한 이유 없이 여러 번 취소하는 사람, 기타 모임의 분위기를 해치는 사람은 제외하는 편이 낫습니다.


## 토론하기 좋은 도서

세상에는 좋은 책이 너무나 많고 지금도 여전히 출간되고 있습니다. 그중에서 모임에 적당한 도서를 고르는 것이 중요한데, 모임의 성격에 따라 적당함의 기준이 달라집니다.

함께 읽는 모임은 각자 자기 책을 읽는 형태이기 때문에 자기가 읽고 싶은 책을 가져가면 됩니다. 강독은 그 책을 이해하는 것에 초점이 맞춰져 있고, 세미나는 그 책의 주제를 이해하는 것이 목적입니다. 따라서 강독 모임과 세미나 모임에서는 모임원이 원하는 책을 선정하면 됩니다. 자유 토론 모임과 디베이트 모임은 위 모임과는 조금 다릅니다. 이 모임은 책을 읽고 모임원 각자가 생각을 자유롭게 이야기하고 풍부한 의견 교환과 논리 대결을 하는 것이 목적입니다. 이 모임에 적합한 도서는 내용에 토론할 만한 소재가 많은 책일수록 좋습니다.

토론하기 좋은 도서는 다음과 같은 특징이 있습니다.

| 구분 | | ① 작품 밖 (작가, 시대 배경 등) | ② 작품 안 (주요 요소, 입장 등) | ③ 독자 (가치 반영 정도 등) |
|---|---|---|---|---|
| 확실성 | 문학 | 높을수록 | 낮을수록 | 높을수록 |
| | 비문학 | 높을수록 | 높을수록 | 높을수록 |

우선, 작품 밖에는 작품 출간 당시의 시대적 배경이나 주요 사상, 작가의 개성 등을 포함한 작품 환경이 존재하고, 작품 안에는 작품 자체의 주요 요소나 주제 의식 혹은 입장이 존재합니다. 독자는 작품을 읽으면서 이 독서 경험으로 얻어지는 것을 자신의 삶에 어느 정도 반영할지 결정하게 됩니다.

문학과 비문학 도서 모두 작가의 개성이 강할수록 토론에 유리합니다. 가수가 다른 가수의 노래를 자신의 스타일로 부르는 것을 '커버 곡'이라고 합니다. 커버 곡을 원곡과 비교해 보면 그 가수의 스타일을 분명하게 느낄 수 있겠죠. 이와 같이 어느 원작 소설을 개성이 강한 두 소설가가 스토리라인을 그대로 유지한 채 다시 쓴다면 분명히 원작과 달라질 것입니다. 만약《심청전》을 김훈 작가와 한강 작가가 각자 다시 쓴다고 상상해 보세요. 스토리라인이 같더라도 문장과 문장을 엮는 방식, 문장의 호흡, 인물의 묘사 수준 등 많은 부분에서 차이가 날 것입니다. 이런 부분이 토론하는 데 많은 도움을 줍니다.

비문학의 경우도 마찬가지입니다. 비문학은 논증 방식에서도 차이가 발생할 수 있습니다. 같은 주제를 같은 결론으로 쓴다고 하더라도 칼 세이건과 리처드 도킨스의 글은 분명한 차이가 있을 것입니다. 또, 시대적 배경이 명확할수록, 그 작품이 어떤 배경에서 탄생했는지가 확실할수록 토론에 유리합니다.

독자가 작품을 읽고 얻은 독서 경험을 자신의 삶에 적용하려는 의지가 강할수록 토론에 유리합니다. 책을 읽고 생각이 바뀌는 경우가 종종 있습니다. 인생의 책을 만나 새로운 삶을 살아가는 사람도 있죠. 이렇게 책을 통해 깨닫는 바가 독자 인생에 큰 영향을 줄 만한 것일 때 깊은 논의가 이어질 수 있습니다. 문학과 비문학 작품 둘 다 동일합니다.

토론에 적합한 도서를 선정할 때 문학과 비문학의 기준이 다른 것은 작품 속 요소의 확실성 때문입니다. 작품 속 요소라는 것은 문학의 경우에 등장인물의 특성, 스토리, 결말 등을 말하고 비문학의 경우에는 작가의 입장과 결론 등을 말합니다.

문학은 이것들이 불명확하고 모호하며 애매할수록 토론에 유리합니다. 등장인물은 평면적이고 전형적인 인물이 아니라 한 줄로 표현하기 어려운 성격을 가져야 합니다. 이런 경우에 《이방인》(알베르 카뮈)에 등장하는 뫼르소라는 인물을 도대체 어떻게 받아들여야 할까, 《그리스인 조르바》(니코스 카잔차키스)에 등장하는 조르바는 우리 이웃으로 적당할까 등의 질문이 나올 수 있습니다. 이들에 대한 독자의 평가는 갈라지기 마련입니다. 등장인물이 하는 행동의 의미도 이중적이면 좋습니다. 특히 결말은 모호한 편이 좋습니다. 《로드》(코맥 매카시)는 시대적 배경,

장소, 인물의 이름, 관계, 결말 등 모든 것이 불명확합니다. 흔히 '열린 결말'이라고 말하는 이런 식의 매듭은 독자에게 더 많은 상상을 하도록 유도하고, 그 상상에 맞춰서 독자의 머릿속에서 작품이 처음부터 끝까지 새롭게 해석됩니다. 서로 다른 해석을 한 독자들이 자신이 고민 끝에 내린 결론을 그럴듯하게 이야기하며 토론의 흥이 오르게 됩니다. 작품은 독자의 수만큼 증폭됩니다.

비문학은 작가의 입장이 명확할수록 좋습니다. 작가가 자신은 어떤 입장이고 이 책은 어떤 결론을 제시하고 있으며 그 근거는 무엇인지를 차근차근 설명하는 것입니다. 독자는 이 작품을 읽으며 작가가 펼치는 논증을 들어 보고 그것을 수용할지 비판할지 의문을 제기할지 아니면 다른 책을 더 읽어 볼지 결정하게 됩니다.

작가의 입장이 명확할 때 수용하는 독자와 비판하는 독자의 간극이 발생합니다. 이런 경우 책을 옹호하는 쪽과 비판하는 쪽으로 나누어 토론할 수 있습니다. 이런 까닭에 비문학은 설명 형식의 글보다는 논증 형식의 글이 토론하기에 좋습니다.

# 진행하기

## 독서 모임에서 발생하는 3가지 관계

독서 모임은 '책', '사람' 이 두 가지가 갖고 있는 모든 자산입니다. 독서 모임에서는 최소한 세 가지 관계가 형성됩니다. 첫째, 책과 사람의 관계입니다. 책과 사람의 관계는 사람이 그 책을 감상하고 해석한 각자의 독서 경험을 말합니다. 개인의 독서 역량에 따라 결과가 달라집니다. 둘째, 독서 경험과 독서 경험의 관계입니다. 각자의 독서 경험은 서로 비슷하기도 하고 (공감) 다르기도 하며(확대), 아예 반대되기도(반론) 합니다. 이 관계의 발생을 최대한 유도하여 증폭시키고, 조정하고 정리하는 것이 모임 장(長)의 역할입니다. 셋째, 사람과 사람의 관계입니다. 이것은 독서 경험의 관계와는 별도입니다. 사람들 간의 독서 외적인 관계, 인간적 관계를 의미합니다. 독서 모임 구성원들이 서로 신뢰하고 친밀할 때 토론 중 불필요한 오해나 감정 소모를 줄일 수 있습니다.

위 세 가지 관계들이 어떠하냐에 따라 독서 모임의 효과 정도가 달라집니다. 이 관계들을 제대로 관리하지 못하면 독서 모임은 유지될 수 없습니다. 구성원이 독서 모임에 흥미를 잃게 될 테니까요.

첫 번째 요소가 부족하다는 것은 구성원이 책을 읽어 내는 역량이 떨어지거나 준비를 제대로 못 했다는 것을 의미합니다. "도무지 무슨 말인지 모르겠어요.", "책을 절반밖에 못 읽었어요." 이런 반응이 나타납니다. 모임은 자연스럽게 책에 대한 전반적인 이해가 낮은 상태로 진행됩니다. 본격적인 독서 경험을 이야기하기도 전에 그 자원 자체의 질이 떨어져 있는 상태입니다.

이런 경우 모임의 장은 책에 관해 이야기하기 전에 독서에 대한 팁이나 방법, 독서 그 자체에 대한 이야기를 유도하며 독서 방법을 공유하는 시간을 추가해야 합니다. 구성원을 이대로 놔두면 독서 자체에 흥미를 잃을 수 있습니다. 모임을 시작했는데 책을 읽지 못했거나 내용을 이해하지 못한 구성원이 있다면 난감한 상황입니다. 이 경우에는 모임의 방향을 바꿔 책 내용의 이해를 돕는 것에 어느 정도 시간을 할애하는 편이 낫습니다.

구성원 각자가 책을 읽어 내는 능력이 탁월하다면 첫 번째 요소는 충분히 확보된 것입니다. 다만, 아무리 구성원 각자가 좋은 독서 역량을 지녔더라도 그것을 표현 및 공유하지 못한다면 독서 모임의 효과가 제대로 나타날 수 없습니다. 어떻게 진행해야 이것들 모두를 풀어낼 수 있을까요? 이 고민에서 출발한 것이 발제문과 질문지입니다. 발제문과 질문지를 만드는 방법은 뒤에서 소개하겠습니다.

구성원 중에는 발언하는 방법이나 태도가 소극적이거나 공격적인 사람이 있습니다. 토의나 토론 내용이 곁가지로 빠져 산으로 가는 경우도 생각보다 자주 발생합니다. 모임의 장은 이것을 관리하고 조율하여 내용을 이끌거나, 사회자를 별도로 선정하여 모임을 진행해야 합니다. 모임 장의 역할과 구성원의 다양한 유형, 사회자의 역할도 뒤에서 설명하겠습니다.

모임에 참여하는 입장에서 생각해 본다면, 내가 지닌 독서 경험 이외에 다른 풍부한 생각을 얻으려고 시간과 열정을 투자한 것입니다. 그런데 사람들이 그것을 제대로 표현하지 못하거나 진행이 엉성하여 나에게 얻어질 것이 없다면 독서 모임에 굳이 나올 필요성이 사라집니다.

첫 번째와 두 번째가 모두 확보된 상태라면, 이제 사람과 사람의 관계에 신경 쓸 차례입니다. 모두 낯선 상태라면 발언을 할 때 대체로 사람들은 자기 검열을 하게 됩니다. 자기 말을 정리하는 데 많은 시간이 걸리며, 더러는 충분히 자기 생각을 밝히지도 못합니다. 또, 논리의 대결이 벌어질 때가 있는데 사실 이때가 독서 모임의 가장 극적인 효과가 나타날 수 있는 귀중한 상황입니다.

그러나 논리의 대결이 감정의 대립으로 번지는 상황이 생각보다 많습니다. 어느 모임이든 구성원들 간의 친밀함과 신뢰가 기본적인 전제라고 생각합니다. 설령 책이 어려워서 아무도 제대로 이해하지 못한 최악의 상황이라 할지라도 사람들끼리 친하다면 '무'에서 '유'를 만드는 극적인 상황이 나타날 수 있습니다. 사람들의 친목 관계는 주로 독서 외 영역에서 형성됩니다. 모임의 장이라면 독서 모임 이후의 식사나 다른 이벤트를 기획해야 합니다.

## 모임 장의 5가지 유형

모임의 장(長)은 리더 역할을 수행해야 하며 모임 장의 리더십에 따라 독서 모임의 운영 양상이 달라집니다. 만약 여러분이 모임을 새로 만들거나, 기존 모임의 장이 되었다면 대체로 다음 5가지 유형 중 하나를 선택해야 합니다.

### 첫 번째 유형: 튜터형

독서 경험이 많고 독서 역량이 뛰어난 모임의 장입니다. 튜터형 모임의 장은 자신이 모임을 주도하고 내용 이해와 다양한 사전 지식을 모임 구성원에게 제공할 수 있습니다. 튜터형은 단순히 내용 이해를 도울 수도 있지만 다양한 질문을 제공하고 구성원이 충분히 자신의 생각을 이야기하게 하되 중간에 끼어들어 잘못된 사실 관계를 수정해 줄 수 있습니다. 튜터형 모임의 장은 대상 도서 이외에 더 많은 독서를 해야 하며, 난이도가 높은 도서를 할 경우 어느 정도는 강의를 해야 한다는 생각을 염두에 둬야 합니다.

### 두 번째 유형: 관리형

관리형은 모임 관리에 집중하고 내용에 관한 것은 다른 구성원에게 위임하는 모임의 장입니다. 매번 발제자, 사회자, 튜터를 달리 정하여 모임을 진행하도록 합니다. 독서 모임의 회칙, 진행 방법, 도서 목록, 신입 회원 추가 등이 관리형 장의 핵심 역할이며 모임의 전반적인 운영을 주도합니다. 튜터형보다 독서 자체에 대한 부담은 적은 편이나 모임에 할애하는 시간은 다른 구성원보다 많은 편입니다.

### 세 번째 유형: 주도형

전폭적인 권한을 갖고 자기의 판단 하에 모임의 방향과 진행 과정을 통제하는 유형입니다. 상황에 따라 신속하고 급박하게 모임 형태를 바꿀 수 있습니다. 독서 모임의 구성원들은 서로에 대한 구속감이 없는 자유로운 관계입니다. 독서 모임을 회사에서 일하듯 참여하지는 않으며 '시간이 되면 나가는' 취미 활동으로 생각하는 경우가 대부분입니다. 구성원 간의 의견 조율은 생각보다 적을 수 있고 시간도 오래 걸릴 가능성이 있습니다. 주도형은 의견 조율보다는 참여자들의 의견을 '참고'하여 통보 위주로 모임을 진행합니다.

## 네 번째 유형: 소극형

주도형과 상반된 모임의 장입니다. 모임의 장 자신도 독서 모임의 특별한 것 없는 한 명의 구성원이며 모임의 장이라고 해서 다른 구성원보다 현저히 많은 시간과 열정을 할애할 필요가 없습니다. 구성원들의 의견을 충분히 듣고 의견을 취합하며 민주적으로 모임을 운영합니다. 주도형은 적극적이며 열정적인 반면 독재처럼 여겨질 수 있고, 소극형은 소통을 중시하고 민주적인 반면 무관심처럼 여겨질 수 있습니다. 모임을 진행할 때 튜터, 발제자, 사회자 등 주요 역할을 분산시키되 꼭 자신이 어떤 것을 맡을 필요는 없습니다.

## 다섯 번째 유형: 집단형

모임 규모가 크고 구성원의 역량이 다양한 주제를 읽을 수 있을 때 사용합니다. 모임의 장은 적극적으로 참여하는 구성원들을 운영자로 추가하여 운영진을 구성합니다. 모임 장의 독자적인 판단보다는 운영진 회의를 통해 모임의 방향과 도서 목록 등을 결정합니다. 집단형은 보통 운영진에 튜터, 관리자, 사회자 등을 포함시켜 일반 참여자의 역할에 대한 부담을 줄여 줍니다.

## 정리: 어떤 모임의 장이 적절할까

기존 모임의 장이 되었다면, 그 모임의 상황을 봐서 본인에게 필요한 모임 장의 유형을 선택해야 하고, 새로 모임을 만드는 입장이라면 본인이 할 만한 모임 장의 유형을 선택한 뒤 모임의 유형을 결정하는 것이 효율적입니다.

　일반적으로 독서 모임의 운영자는 주도형이나 관리형이 무난합니다. 독서 모임 참여자는 모임에 어떤 영향력을 발휘하려 하기보다는 모임의 성격에 따라가려는 경향이 강합니다. 모임의 장이 민주적인 운영을 하겠다는 '좋은' 취지로 구성원에게 각자의 의견을 내도록 촉구하고 이것을 취합하는 과정은 대부분 지리멸렬합니다. 참여자들은 구속력이 거의 전무한 일반 동호회에서 모임의 장이 헤게모니를 갖고 방향을 통보하는 것을 선호합니다. 적극적인 참여자가 많다면 관리형이, 소극적인 참여자가 많다면 주도형이 좋습니다.

　튜터형 모임의 장이 있는 독서 모임에 참여하는 사람들은 기본적으로 배우려는 의지를 갖고 있습니다. 튜터형 독서 모임은 모임의 장에게 부담이 집중되는 경향이 있으나 참여자들의 적극성이 확보됩니다. 모임이 안정적으로 운영될 수 있다는 장점이 있습니다.

　꼭 어떤 유형을 끝까지 고집할 필요도 없고 어떤 것이 반드시 좋은 것도 아닙니다. 모임의 유형과 목적, 참여자들의 수준과 성향을 고려하여 혼합하여도 무방합니다.


## 모임의 장을 힘들게 하는 참여자의 8가지 유형

　우리나라 사람들이 자신의 생각을 표현하기 꺼려한다는 사회적 통념이 있으나 독서 모임에 온 사람들은 대체로 자신의 생각을 말하고 싶어 합니다. 사람은 누구에게나 발화의 욕구가 존재합니다. 독서 모임에서 다양한 발언이 오가는 것은 긍정적이지만, 토론이나 독서 경험의 공유에 목적을 둔 것이 아니라 '발화 욕구의 발산'이나 '지적 과시'를 하려고 발언하는 경우도 많습니다.

## 첫 번째: 발화 욕구의 화신

이 유형은 발언 기회를 독점하려 합니다. 모임 시간은 제한적이며 독서 모임이 효과적으로 진행되려면 이 시간 안에 다양한 의견이 오가야 합니다. 따라서 발언 기회와 시간을 한 명이 독점하면 그만큼 효과가 반감됩니다. 말이 길어지는 유형은 대체로 현재 대화하고 있는 소재와 직접적인 관련이 없는 다른 영역으로 이야기를 확대합니다. 어떤 맥락이든 자신의 독특한 체험 속으로 내용을 끌고 가는 것입니다.

가령, 《정의란 무엇인가》를 읽으며 '재난 상황에서 이재민들에게 비싼 요금을 받는 세탁소 사업자', '트롤리 실험' 등에 대해 논의를 이어 가고 있는데 소재가 바뀔 때마다 자신의 신앙으로 끌고 가거나, 소싯적 이야기, 지금 꽂혀 있는 사상 등을 반복합니다. 이 유형은 그저 말하는 것 자체를 좋아합니다. 이런 사람이 발언을 독점하면 모임의 장이나 사회자가 적절한 시점에서 말을 끊어야 합니다. 말을 하는데 뚝 끊기보다는 한 문장이 맺어지고 다음 문장을 말하기 직전에 끊으세요. 말 끊는 것이 예의 없다고 생각할 수도 있으나 그대로 두는 것은 직무유기입니다.

## 두 번째: 지적 우월감을 확인하려는 사람

첫 번째 유형과 비슷한데, 이 유형은 다른 참여자가 잘 알지 못하는 지엽적이고 전문적인 지식을 갖다 붙입니다. 양자 역학, 상대성 이론, 칸트 철학, 비트겐슈타인의 언어 철학 등 지금 진행하는 모임의 주제와 상관없는 어려운 이론을 근거로 발언합니다. 다른 참여자들은 당연히 무슨 말인지도 모르겠지요? 질문을 하면 이론들을 설명합니다. 물론 사람이 알지 못하는 것을 소개하고 알려 주는 것은 좋습니다. 하지만 우리는 지금 특정한 주제로 독서 모임을 하는 것인데 당면 과제를 뒤로하고 다른 이야기로 빠지는 것은 본래 목적에 어긋납니다. 이 경우에도 모임의 장이나 사회자가 개입하여 논점을 다시 본래의 것으로 되돌려야 합니다.

## 세 번째: 자기 생각만 말하고 듣지 않는 사람

책에 대한 본인의 주관을 확립하고 참여하는 참여자와 평소 자기 신념을 강하게 피력하는 참여자가 있습니다. 독서 모임은 연설 장소가 아닙니다. 서로의 감상과 생각을 공유하고 교환하는 자리입니다. 사람마다 도저히 양보할 수 없는 부분이 있을 수 있습니다. 하지만 책을 읽는 목적은 자기 신념을 공고하게 하는 것보다는 자기 생각의 보완과 확대에 있습니다. 다른 독자와의 만남에서 자기 생각을 고수하려는 태도를 보이는 것은 스스로 독서 효과를 부정하는 것과 다름없습니다.

　이런 유형의 참여자는 자신과 반대되거나 다른 생각을 받아들이지를 못합니다. 심지어 모임의 장과 사회자의 이견 조율에도 화를 내는 경우가 있습니다. 이런 태도는 자기 생각이 '옳은 것'이기 때문에 이 '옳은 것'에 찬성하지 않는 것은 '잘못된 것'이라는 이분법적 사고관 때문에 보이는 것이겠지요. 자기 생각과 다른 생각은 잘못된 생각이며 이런 사람은 계몽되어야 하고 기본적으로 자신보다 열등한 존재라고 판단합니다. 이들은 다른 이들을 무시하는 태도까지 보이지요. 이런 참여자가 있는 경우에는 책에 대한 이야기에 앞서 토론과 발언에 대한 원칙부터 시작하는 것이 좋습니다.

## 네 번째: 공격적으로 말하는 사람

　이 유형은 다른 사람의 생각과 의견을 들으려는 태도는 갖고 있지만 본인의 의도와 다르게 발언 자체가 공격성을 지닌 경우입니다. 토론을 일종의 전투라고 생각하며 이기기 위해서 상대방을 논리적으로든 감정적으로든 곤란에 빠뜨리려는 행태로 일관합니다. 분위기가 험악해지는 것은 정해진 수순입니다. 이런 유형은 일부러 그렇게 말했다기보다는 자신의 발언이 어떤 의미로 상대방에게 받아들여지는지를 모르는 경우가 대부분입니다. 발언 내용을 되새겨 어떤 부분이 상대방에게 어떻게 들릴 수 있는지를 알 필요가 있습니다. 토론과 발언에 대한 원칙부터 이야기하고 본격적인 독서 모임을 시작하면 예방할 수 있습니다.

## 다섯 번째: 지적하거나 평가만 하는 사람

자기 생각은 없고 그저 다른 사람의 의견이나 생각을 지적하는 참여자 유형입니다. 발언 내용 자체는 훌륭할 수 있습니다. 특정 의견에 어떤 논리적 결함이 있는지, 어떤 부분이 부족한지를 알려 주는 긍정적인 효과도 있습니다. 그러나 자기 생각은 절대 말하지 않습니다. "이것에 대해서는 어떻게 생각하세요?"라는 질문에 "제 생각은 묻지 마세요. 저는 여러분에게 질문하는 사람이지 대답하는 사람이 아니에요."라고 말하는 사람을 실제로 본 적이 있습니다.

자기 생각이 없을 수 없으며 완벽한 생각도 없습니다. 자기 의견에 결함이 있다는 것을 두려워하지 말아야 합니다. 결함이 없다고 느낀다면 굳이 독서 모임에 나올 필요가 없습니다. 이런 참여자에게는 질문지를 미리 공개한 뒤 자신의 생각을 준비해 오도록 하거나, 짧은 독후감을 숙제로 요구하는 등 '글쓰기'를 부여하는 방법을 써야 합니다.

## 여섯 번째: 듣기만 하는 사람

다른 사람의 의견을 경청하고 메모하고 수용하는 참여자입니다. 이런 유형의 참여자는 준비를 소홀히 해 오지 않습니다. 누구보다 많이 책을 읽고 고민해 옵니다. 문제는 자기 생각을 표현하지 않으려 한다는 점입니다. 독서 모임에서 '듣는 것'은 '받는 것'이며 '말하는 것'은 '주는 것'입니다. 즉, 듣기만 하면 받기만 하는 것이죠. 다른 사람에게 빚만 지고 있다는 것을 알려 줘야 합니다. 모임의 장이나 사회자가 적극적으로 발언을 유도하면 이 유형은 그제야 억지로라도 말을 하기 시작하는데 대체로 '잘' 합니다. 관심을 갖고 이 유형을 계속 참여시키세요. 말하는 것에 대한 부담감을 조금씩 벗어나도록 도와주면 좋은 참여자로 변할 수 있습니다.

**일곱 번째: 책을 읽지 않고 참여한 사람**

대상 도서를 상습적으로 읽지 않는 사람은 아예 독서 모임에 참여하지 않습니다. 이 유형은 어쩌다 한 번씩 책을 읽지 못하고 모임에 참여하는 사람입니다. 누구나 이럴 수 있습니다. 책을 읽지 않았음에도 모임에 빠지지 않고 참여한 것을 꼭 나쁘게만 볼 수는 없습니다. 독서 모임은 책을 읽었다는 전제 하에 발제, 질문, 토의를 진행합니다. 책 내용을 모르면 배제될 수밖에 없습니다. 모임의 장이나 사회자는 다른 참여자도 내용을 다시 확인할 겸 책 내용을 잠깐 요약하거나 설명하는 시간을 갖고 이 유형 참여자를 참여시키는 쪽으로 유도하는 것이 좋습니다.

우리가 일곱 번째 당사자일 수도 있습니다. 만약 여러분이 보름 전, 혹은 한 달 전에 공지되었던 도서를 읽지 않았다면, 십중팔구 그 책에 흥미가 없기 때문입니다. 그런데도 독서 모임은 참석하는 편이 좋습니다. 사람들이 추천하고 함께 읽기로 한 책에는 내가 모르는 어떤 깨달음이 숨어 있으니까요. 비록 읽지 않았기 때문에 얻는 바가 적을지라도 참석하지 않는 것보다 낫습니다. '우선 참석하고, 나중에 꼭 읽자!'라고 다짐을 하겠죠. 하지만 꼭 기억하세요. '독서 모임 뒤에 읽으면 되지.'라고 말하는 사람 중에 그 책을 실제로 읽은 사람은 드뭅니다.

## 여덟 번째: 쉽게 상처받는 사람

독서 모임은 다양한 의견이 오가는 자리입니다. 극단적으로는, 하나의 책을 모든 참여자가 다르게 읽을 가능성도 있습니다. 내 생각과 다른 생각, 내 생각과 반대되는 생각이 있을 수밖에 없고 있어야만 합니다. 그런데 이 유형의 참여자는 자신의 생각이 누군가로부터 반박당하거나 다른 생각과 경합을 벌일 때 마치 자기 자신이 공격받았다고 착각합니다. 다른 참여자가 말하고 있는 것은 그의 '생각'인데 그 '자신'이 평가받았다고 여기는 것이죠. 이 유형의 참여자는 이런 발언에 상처를 받고는 더는 자신의 의견을 말하려 하지 않거나 자신이 공격받았다고 생각하고는 감정적으로 반응합니다. 생각보다 독서 모임에 이런 유형이 자주 있습니다. 모임의 장이나 사회자는 독서 토론을 하는 발언 형태와 원칙을 사전에 설명해 줌으로써 '생각'이나 '말'이 그 말하는 '사람' 자체와 다르다는 것을 알려 줄 필요가 있습니다. (이 내용은 STEP 4 대화하기에서 자세히 설명합니다.)

## 사회자의 역할

사회자는 효율적인 독서 모임을 진행하기 위해 핵심적인 역할을 수행합니다. 사회자는 독서 모임의 여러 요소 사이에서 윤활유 같은 존재입니다. 독서 모임의 진행 순서, 시간 분배, 발언 유도, 발언 기회의 분배, 발언 정리, 조율 등 모든 부분을 관리해야 합니다. 진행 흐름에 따라 사회자가 해야 할 일을 알아볼까요.

### 1. 무조건 정시에 시작하기

모임 시간 전에 도착하여 모임원들이 도착하면 가볍게 인사를 나눕니다. 모임 시작 시간이 되면 반드시 정해진 시간에 시작해야 합니다. 몇 명이 조금씩 늦게 오는 경우가 있습니다. 이런 경우, 이들이 도착할 때까지 5분이나 10분 정도 기다리다가 시작하는 경우가 대부분입니다. 하지만 이것은 모임원들에게 잘못된 신호를 주게 됩니다. 먼저 온 사람은 사실 정시에 맞춰 올 필요가 없었던 것이며, 늦게 온 사람은 늦어도 모임 참여에 페널티가 없는 셈입니다. 이것이 고착화되면 모임 시간이 아예 30분 뒤로 바뀌기도 합니다. 실제로 이런 경우가 많습니다. 사람이 적든 많든, 갑작스러운 폭설이나 지하철 고장 등 특별한 사건이 없다면 무조건 정시에 시작한다는 인식을 심어 줘야 합니다.

## 2. 진행 순서 예고

발제문과 질문지가 있다면 모임원에게 나눠 주고 이번 모임을 어떻게 진행할지에 대해 간단하게 알려 줍니다. 보통 3시간을 기준으로, 첫 30분은 발제문과 전체적인 감상을 이야기하고, 질문지를 차례대로 진행합니다. 만약 디베이트나 심화 토론이 준비되어 있다면 2시간이 지나기 전에 논제와 쟁점을 정해야 하며 마지막 1시간을 토론에 할애합니다. 논제와 쟁점을 정하는 일은 생각보다 시간이 오래 걸리기 때문에 30분을 확보해 두어야 합니다. 쉬는 시간은 꼭 정해진 것은 아니며 분위기를 파악하여 사회자가 부여합니다. 질문지의 중간 부분에 해당하는 시간이나 디베이트 직전이 효과적입니다.

---

**멘트 예시**

오늘 순서에 대해 말씀드리겠습니다. 10시부터 30분 동안은 발제문, 그 다음 30분 동안 질문지 1번~3번을 진행할 예정입니다. 10분 간 휴식한 뒤 나머지 질문을 진행하고 논제와 쟁점을 정할 것입니다.

---

## 3. 발제문 발표

발제문이 준비되어 있다면 발제자에게 낭독 시간을 부여합니다.

## 4. 질문지 진행

질문지를 진행하는 것이 핵심입니다. 사회자는 질문지에 나오는 질문의 범위와 형식을 미리 확인한 뒤 어떤 부분에서는 무엇을 중심으로 이야기를 풀어 나갈지 계획해 두어야 합니다. 질문들은 서로 겹치는 부분도 있고 범위가 비교적 넓은 질문도 있습니다. 2번 질문에서 한 이야기를 5번 질문에서 되풀이하는 상황이 나오지 않도록 질문자의 질문 의도를 들어 두는 것이 좋습니다.

참여자들의 발언을 골고루 분배시킵니다. 사실 사회자가 참여자의 발언 사이에 자주 끼어드는 것은 맥을 끊기 때문에 좋은 진행이 아닙니다. 특정 참여자가 질문에 필요한 이야기를 길게 하는 것을 굳이 막을 필요는 없습니다. 다만 질문이 지엽적인 부분으로 넘어가거나 논점이 흐려질 때는 관여를 해야 합니다. 사회자는 하나의 의견에 '다른 의견'이 없는지를 확인하도록 유도하는 것이 좋습니다. 관점의 충돌이 많아질수록 독서 모임은 풍부해집니다. 관점의 충돌이 벌어지는 그 지점을 포착하여 사회자는 추가 질문을 하여 논의를 심화시켜야 합니다. 하나의 질문에 관해 다양한 의견이 오가고 어느 부분이 쟁점이 되는지가 보인다면, 사회자는 중간중간 발언들을 정리합니다. 정리한 뒤 다시 참여자들의 발언을 유도합니다.

> **멘트 예시**
>
> 잠시 정리하겠습니다. ○○ 선생님은 다양하게 묘사된 주인공의 치밀한 성격을 근거로 하여 결국 복수에 성공한 마지막 장면에서 주인공이 어깨를 들썩이는 모습을 그가 '웃고 있는 것'으로 해석했습니다. △△ 선생님은 복수를 위해 어쩔 수 없이 친구를 배반했고 그 친구가 자살까지 한 것에 대해 죄책감을 느낀 주인공이 '울고 있는 것'으로 해석했습니다. 이 해석에 따라 작품에 대한 전반적인 감상이 달라질 것입니다. 다른 분들은 어떻게 생각하시나요?

발언을 정리해 주는 작업은 꼭 필요합니다. 발언을 하는 사람들은 다양한 이야기를 하게 되는데 말을 하다 보면 논점이 이리저리 움직이게 됩니다. 발언자가 바뀌면서 아예 다른 논점으로 전환되기도 하지요. 독서 모임에서 많은 이야기가 오갔지만 모임이 끝난 뒤 '그래서 결론이 뭐지?'라는 느낌을 받을 때가 있습니다. 알맹이가 없는 모임이 되어 버린 것입니다. 발언을 정리해 주면 참여자들은 어떤 것이 쟁점이 되며 어디에 집중해야 하는지를 확인할 수 있습니다.

이번 질문은 이 정도에서 정리하겠습니다. 대체적으로 '울고 있는 것'으로 해석하는 분이 많은 듯합니다. '웃고 있는 것' 입장에서 본 작품은 결국 사적인 복수의 쾌감과 정당성에 중심을 두고 있습니다. 각종 비리와 부패로 사법 시스템이 무력한 상황에서는 사적인 복수가 정당할 수 있다는 결론이 이어집니다. '울고 있는 것' 입장에서 보면 공적인 처벌 방식이 무력하면 어떤 일이 벌어지는지를 보여 준다는 식으로 감상할 수 있습니다. 엄격하고 공정한 사법 시스템을 구축해야 한다는 결론으로 이어집니다.

논점이 흐려지는 것은 서기에게도 골치 아픈 문제입니다. 서기는 독서 모임의 흐름을 기록하고 있는데 논점이 뒤죽박죽이 되면 그만큼 기록이 복잡해지고 정리도 어려워집니다.

토론을 하다 보면 같은 단어를 다르게 사용하는 경우가 있습니다. 발음은 같으나 의미를 다르게 사용하면 토론이 겉돌게 됩니다. 사회자는 이런 단어가 생길 때 개입하여 '용어 정의'를 해야 합니다. 이 용어를 어떻게 사용할지 정해 두어야 참여자들이 혼란에 빠지지 않고 불필요한 오해를 줄일 수 있습니다.

간혹 발언이 너무 길거나 아예 하지 않는 참여자에게 적절한 시그널을 줘야 합니다. 사회자의 모든 발언은 공식적으로 느껴지기 때문에 가능하다면 눈짓이나 제스처로 그 사람이 알아챌 수 있도록 제지하거나 유도하세요.

질문 하나가 끝났다면, 사회자는 그 질문에 대한 결론을 정리해 주는 역할까지 해야 합니다. 결론 및 정리 없이 논의만 무성한 대화는 공유되지 않은 채 흩어집니다. 우리는 이 질문에 대해 어떤 이야기를 했고 어떤 쟁점이 있었고 이 쟁점에 대한 의견은 이렇게 나눠졌다, 적어도 이 정도까지는 정리해 주는 것이 좋습니다.

### 5. 추가 질문 받기

질문지의 마지막 질문까지 끝났다면 참여자에게 추가적인 질문이 없는지를 확인합니다. 사회자는 20~30분 정도를 확보해 두는 것이 좋습니다. 추가 질문에는 크게 두 종류가 있습니다. 첫째, 단순 질문입니다. 이 질문은 순수하게 내용에 대한 이해나 단어의 뜻을 묻는 것입니다. 이 질문은 단순하기 때문에 질문지를 이야기할 때 받아도 문제가 되지 않습니다. 둘째, 복합 질문입니다. 이 질문은 질문지의 질문과 비슷한 함량과 밀도를 지닌 질문입니다. 질문지를 진행할 때처럼 역할을 수행하면 됩니다.

> **멘트 예시**
>
> 책을 읽으면서 함께 고민해 보고 싶은 질문거리가 있으면 말씀해 주세요.

## 6. 논제 및 쟁점 정하기

이것은 심화 토론이나 디베이트를 위한 사전 단계입니다. 만약 이것을 계획하지 않았다면 생략해도 됩니다. 논제를 정할 때는 질문지의 내용 중 가장 치열한 논의가 이뤄졌던 것을 중심으로 정합니다. 논제를 정하는 기준은 첫째, 충돌 지점이 명확하고 2개 이상인 것, 둘째, 인원수가 적당히 나눠지는 것, 셋째, 되도록 책 전체를 관통하는 것입니다. 인원수가 극단적으로 불균형할 경우에는 쟁점이 많고 명확해도 배제하는 편이 좋습니다.

| 구 분 | 1번 논제 | 2번 논제 | 3번 논제 |
|---|---|---|---|
| 이 논제로 했으면 좋겠다. | 6명 | 4명 | 3명 |
| 이 논제에 관해 찬성 입장이다. | 9명 | 6명 | 5명 |
| 이 논제에 관해 반대 입장이다. | 4명 | 7명 | 8명 |

만약 위와 같은 결과가 나왔다면 가장 많은 사람이 원하는 1번 논제와 찬성과 반대가 뚜렷한 2번 논제 중에서 선택해야 합니다. 다만 호응이 가장 높지만 찬성과 반대가 일방적으로 기울어진 1번 논제보다는 2번 논제처럼 찬성 반대 비율이 엇비슷한 논제가 디베이트를 하기에 더 적합합니다.

## 7. 심화 토론 및 디베이트 진행

이 단계에서는 우선 팀을 분배하고 팀별 회의 시간을 부여해야 합니다. 사회자는 발언 시간과 기회를 동등하게 통제하는 등 토론 외적인 것이 집중되도록 내용 자체에는 관여하는 것을 자제해야 합니다. 디베이트는 이미 정해진 규칙에 따라 토론자들이 움직이므로 사회자가 크게 필요하지 않습니다.

## 8. 정리하기

경우에 따라 6, 7번은 생략하고 5번에서 바로 끝낼 수도 있습니다. 정리할 때는 독서 모임의 전반적인 흐름에 관해 요약합니다. 어떤 책을 읽고 어떤 질문에 관해 이야기했으며 각각의 질문에서 어떤 이야기가 나왔는지에 관해 정리합니다. 사회자는 그중에서 어떤 이야기가 흥미 있었고 무엇을 느꼈는지 본인의 감상을 추가합니다. 그런 뒤 참여자 전원에게 간단한 소감 기회를 부여합니다. 참여자들이 무엇을 느꼈으며 앞으로 무엇을 더 해야겠다는 건설적인 소감을 말한다면, 사회자는 이번 독서 모임에서 훌륭하게 자기 역할을 수행한 것입니다.

## 서기가 할 일

서기는 봉사하는 역할입니다. 서기의 가장 좋은 미덕은 참여자들의 말을 있는 그대로 글로 적는 것입니다. 만약 합의가 되어 있다면 녹음하는 것도 좋습니다. 서기는 한 사람이 3시간을 모두 맡아서 하기보다는 1시간씩 나눠서 하는 것이 좋습니다. 만약 서기가 3명이라면 그중 1명을 서기장으로 선정합니다. 서기는 계속 타이핑을 해야 해서 논의에 참여하는 데 어느 정도 제한이 있기 때문입니다. 하지만 서기를 꼭 배제할 필요는 없습니다. 본인이 발언하고 싶을 때는 사회자에게 의사 표시를 하여 발언 기회를 얻을 수 있습니다. 실제로 모임을 진행해 보면 서기가 1시간 내내 자판을 두드리지는 않습니다.

서기의 가장 큰 조력자는 사회자입니다. 사회자가 얼마나 논점 이탈을 방지하느냐, 얼마나 쟁점을 모아 주느냐, 얼마나 정리 멘트를 깔끔하게 하느냐에 따라 서기의 노고가 줄어듭니다. 서기는 질문지 양식 파일을 받아 그 질문지에 직접 타이핑하는 것이 효율적입니다.

독서 모임이 끝난 뒤 서기장이 파일을 최종 정리하고 이것을 참여자들과 공유한 뒤 수정할 사항을 확인합니다. 참여자들은 자신이 한 발언의 내용을 되도록 빠른 시간 안에 확인해야 합니다. 만약 독서 모임 뒤 식사 자리가 마련되어 있다면 그 자리에서 처리하는 것이 좋습니다. 참여자 본인도 시간이 지나면 많은 부분을 망각할 수 있기 때문입니다. 최종 확인 뒤 약간 수정해서 사회자나 모임의 장이 이것을 공식적인 공간에 게시하면 독서 모임의 1회 기록이 마무리됩니다.

기록지를 효과적으로 작성하려면 몇 가지 기호가 필요합니다. 어떤 기호를 어떻게 사용할지는 임의로 결정하면 됩니다. 아래 표는 하나의 예시입니다. 여기에서는 몇 가지 기호를 사용했는데, 참석자들은 'A, B, C' 등으로 간단한 알파벳 순서를 부여했고, '○'는 동의, '↔'은 반대 혹은 반박, '→'은 보완 혹은 확장, '※'은 참고 사항, '□'은 논의 과정 정리를 나타냅니다.

<table>
<tr><th colspan="11">제○회 ○○독서 모임</th></tr>
<tr><td colspan="3">시 간</td><td colspan="2">20XX. X. X.</td><td colspan="2">장소</td><td colspan="4">○○ 모임 공간</td></tr>
<tr><td colspan="3" rowspan="2">도서 정보</td><td colspan="2">제목</td><td colspan="2">○○○○</td><td colspan="2">저자</td><td colspan="2">○○○○</td></tr>
<tr><td colspan="2">출판사</td><td colspan="2">○○○○</td><td colspan="2">판 / 쇄</td><td colspan="2">○ / ○</td></tr>
<tr><td colspan="3">사회자</td><td colspan="2">○○○</td><td colspan="2">발제자</td><td colspan="4">○○○</td></tr>
<tr><td colspan="3">서기</td><td colspan="2">1부 서기</td><td colspan="2">○○○</td><td colspan="2">2부 서기</td><td colspan="2">○○○</td></tr>
<tr><td colspan="3" rowspan="2">참석자</td><td>A</td><td>○○○</td><td>B</td><td>○○○</td><td>C</td><td>○○○</td><td>D</td><td>○○○</td></tr>
<tr><td>E</td><td>○○○</td><td>F</td><td>○○○</td><td>G</td><td>○○○</td><td>H</td><td>○○○</td></tr>
<tr><td colspan="11"></td></tr>
<tr><td colspan="3">질문 1</td><td colspan="8">질문 내용</td></tr>
<tr><td>–</td><td>–</td><td>A</td><td colspan="8">A의 발언</td></tr>
<tr><td>○</td><td>A</td><td>C</td><td colspan="8">C가 A에 동의하는 발언</td></tr>
<tr><td>↔</td><td>A</td><td>B</td><td colspan="8">B가 A에 반대하는 발언</td></tr>
<tr><td>→</td><td>A</td><td>D</td><td colspan="8">D가 A의 발언을 보완하거나 더 확장하는 발언</td></tr>
<tr><td>※</td><td>1</td><td>F</td><td colspan="8">F가 질문 1에 관한 참고 사항을 말한 것</td></tr>
<tr><td>□</td><td>1</td><td>H</td><td colspan="8">사회자 H가 질문 1의 지금까지의 논의 과정을 정리한 것</td></tr>
<tr><td></td><td></td><td></td><td colspan="8"></td></tr>
</table>

## 발제문 쓰는 법

발제문은 5~10분 정도 분량으로 준비해야 합니다. 발제문은 크게 세 가지 요소를 포함합니다. ❶ 내용 요약 ❷ 추가 내용 ❸ 작품 해석입니다. 내용 요약은 2분 이내로 하며 길게 할 필요는 없습니다. 독서 모임은 책을 읽은 뒤에 모이는 것을 전제로 합니다. 내용 요약을 길게 하느라고 시간을 허비하는 것은 시간 낭비입니다. 최악의 발제문은 내용만 주야장천 요약한 것입니다. 빡빡하게 내용만 적어서 20분 동안 읽는 경우도 있습니다. 이것이 반복되면 지루해진 참여자들이 '앞으로 20분 늦게 도착해야겠다.'라고 다짐할지 모릅니다.

같은 책을 가지고도 발제자의 의도에 따라 여러 가지 발제문이 나올 수 있습니다. 어떤 방향으로 작성할지 미리 전체적인 아웃트라인을 잡아 요소별로 차근차근 작성하면 작성하는 데 큰 어려움은 없을 것입니다. 발제문의 분량은 A4 기준으로 대략 2~3장 정도입니다.

내용 요약은 문학의 경우 줄거리를 중심으로, 비문학의 경우에는 어떤 구성을 갖고 있으며 어떤 논리 흐름으로 이어지는지를 중심으로 정리합니다. 시간은 2분 이내로 합니다. 추가 내용은 발제문에서 가장 길게 할애하는 부분입니다. 책에 나오지 않았으나 부연 설명이 있으면 좋겠다고 여긴 부분을 추가하는 것입니다. 작가의 생애나 작품이 쓰인 배경, 작품의 영향력, 특별한 사건, 핵심 용어에 대한 이야기 등을 자유롭게 서술합니다. 이것을 쓰는 목적은 참여자들이 작품에 관해 더 많은 이해를 하게 하기 위함입니다.

발제는 하나의 요식 행위가 아니라 독서 모임의 입구와도 같습니다. 좋은 발제는 참여자들의 흥미를 북돋웁니다. 사람들은 잘 아는 내용을 반복할 때 지루함을 느끼며, 아예 모르는 내용을 알려 줄 때 피곤함을 느낍니다. 반면에 어설프게 아는 내용, 어딘가에서 한 번 들어본 것에 관해 알려 줄 때 재미를 느끼지요. 그림이나 도표가 있다면 적극적으로 포함하세요.

작품 해석은 발제자 본인의 감상을 의미합니다. 자신은 이 책을 어떻게(쉽게, 어렵게, 재미있게, 고통스럽게, 슬프게, 안타깝게 등) 읽는지를 근거와 함께 이야기하고, 어떤 의미를 갖고 있다고 생각하는지를 밝힙니다. 그리고 이번 독서 모임에서 어떤 부분을 꼭 함께 이야기하고 싶다고 말하거나 여전히 풀리지 않은 궁금증 같은 것을 제시하는 것으로 마무리하면 됩니다.

---

### 발제문 예시

**16세기 이탈리아의 '통일 국가 창설 매뉴얼' 《군주론》**

《군주론》은 마키아벨리가 통일 이탈리아를 도모하고자 저술한 책으로, 도시국가 피렌체가 이탈리아를 통일하는 과정에서 신생국이 겪게 될 만한 다양한 문제들을 미리 예상하고 그 처방을 나열한 '통일 국가 창설 매뉴얼'입니다.

책의 구성을 살펴보면, 1장은 헌정사, 2장부터 11장까지는 여러 가지 신생 군주국의 형태와 예상 가능한 문제점의 처방을 말하고 있습니다. 12장부터 14장은 군대에 관한 조언,

15장부터 23장까지는 그의 정치 철학, 24장부터 마지막 26장까지는 이탈리아의 당시 상황을 통찰하고 있습니다. 전체적으로 이 책은 강력한 통일 이탈리아 국가 성립을 기원하는 저자의 뜻이 담겨 있습니다.

이 책에서 눈여겨보아야 할 점은 《군주론》이 '과연 누구를 위한 책인가' 하는 것입니다. 《군주론》의 저술 의도에 관해서는 군주 개인에 대한 헌정이라는 설과 그 이면에 민중 중심의 국가를 이룩하겠다는 저의가 깔려 있다는 설이 있습니다. 군주 개인의 독존을 위한 책으로 볼지 아니면 이탈리아 구성원 모두를 위한 책으로 볼지, 이 중 어느 시각으로 보는가에 따라서 해석이 달라질 것입니다.

마키아벨리의 조언은 상당히 사실적입니다. 그의 정치 철학은 책의 중반부에 집중되어 있습니다. 그는 단 한 번도 역사상 존재한 적 없는 이상 국가를 부정하고 그런 상상력조차 배제합니다. 마키아벨리는 철저히 경험론적 사고로 일관하며, 오로지 이미 일어났던 역사적 사례에서 그 근거를 찾습니다. 그래서 그의 주장에서는 현실적인 면이 강하게 나타납니다. 다만, 이상을 모두 배제하였기 때문에 내면적 가치가 없는 위선과 가식이 적나라하게 드러나 있어 많은 비판도 받았습니다.

이 책을 집필하던 1513년은 마키아벨리 자신이 일생일대의 위기를 맞이했던 상황이었습니다. 피렌체 공화국에서 오랫동안 관료로 일해 온 그는, 1512년 메디치 가문이 다시 피렌체를 집권하자 관직을 잃게 되었습니다. 급기야 1513년 2월에 反메디치 음모 사건에 연루되어 체포된 뒤 고문을 받았습니다. 다행히 인신 구속에서는 풀려났지만 반역자의 멍에가 씌워진 그는 곧바로 경제적 궁핍에 빠져들 수밖에 없었습니다. 《군주론》의 집필 동기 중 하나가 그의 개인적 소망 즉, 관직 복귀를 위한 제스처라고 보는 전문가도 있습니다.

한편, 당시 통일되지 않아 작은 나라로 쪼개져 있던 이탈리아는 그보다 일찍 강력한 통일 국가를 이룬 유럽의 강국들에게 침탈당하고 있었습니다. 마키아벨리에게 개인적 위기와 국가적 위기가 동시에 찾아온 것입니다. 이러한 내우외환의 상황에서 그는 메디치 가문이 돌아온 것을 오히려 새로운 역사적 환경이 만들어진 것이라 여겼고, 새로운 군주에 의한 새로운 국가 건설에 필요한 아이디어와 조언을 내놓는 것을 자신의 사명이라고 생각합니다. 그 결과 《군주론》이 세상에 나오게 된 것입니다.

마키아벨리의 관점은 무미건조합니다. 그가 내놓은 조언은 냉철한 어조로 일관됩니다. 인간을 바라보는 관점이나 힘의 논리로 대변되는 국제 정세를 판단하는 그의 날카로운 통찰을 이 책에서 엿볼 수 있습니다. 《군주론》은 그 당시 이탈리아가 처한 상황을 함께 이해한다면 더 깊은 독서를 할 수 있을 것입니다. 그는 냉철한 이성과 차가운 시선으로 이 책을 썼지만, 이탈리아의 지식인으로서 강한 통일 국가를 이룩하여 외세의 침탈과 분열, 혼란이 없는 평화로운 이탈리아를 꿈꾸었고 그것을 이루기 위해 몸소 이러한 문제작을 집필한 뜨거운 심장을 가진 사람이었습니다.

마키아벨리가 말하는 것을 들으려면 우선, 선과 악에 대한 절대적 가치 체계를 잠시 내려놓아야 합니다. 그는 악행도 잘한 악행과 잘못된 악행으로 구분한 행동주의 정치학자였습니다. 5백 년 전, 혼란했던 고국 이탈리아에게 던진 송곳 같은 마키아벨리의 조언을 여러분과 함께 듣고 함께 생각을 나누고 싶습니다.

## 15~16세기 이탈리아의 역사적 배경과 마키아벨리의 생애

1469년 마키아벨리 탄생

1492년 피에로 데 메디치가 피렌체 통치자가 됨.

1494년 메디치 가문 몰락(프랑스의 침공 → 피렌체 가문의 일방적인 항복 → 시민 반란) → 사보나롤라 집권(급진적 공화주의자)

1498년 사보나롤라 처형 → 소레리니 정부(공화국) 탄생, 마키아벨리가 공직에 진출

1512년 공화국 붕괴(에스파냐의 침공) → 메디치 가문이 복

귀(교황의 도움)

→反메디치 음모 발각, 마키아벨리 파직 및 투옥(귀족들과의 적대 관계에서 비롯됨)

- 유럽은 절대왕정을 통한 새로운 국가 체제가 형성됨 → 국력 상승

- 이탈리아는 여전히 도시국가들이 존재하였고 피렌체도 그 중 하나

1513년 마키아벨리가 특사로 풀려남,《군주론》탈고, 메디치 가문에 헌정

1527년 메디치 가문 몰락(에스파냐의 침공) →反메디치 봉기 →공화국 수립, 마키아벨리 사망

1532년《군주론》출간


헤겔《독일 정체》中 '불에 탄 사지(四肢)를 라벤더 향수로 치료할 수는 없다. 암살과 독살이 일반화된 상황에서 약한 처방은 듣지 않는다. 고사 직전의 생명은 오로지 강력하고 폭력적인 방법으로 재생될 수 있다.'

## 핵심 용어

| 핵심 용어 | 용어 정의 |
|---|---|
| 제목: 군주론 | 원래 제목: 《군주정에 관하여》(의미: 공화정에 관하여)<br>마키아벨리의 '군주': 원로원의 수장으로서의 군주. 공화국의 지도자.<br>이후 출간될 때, 《군주》로 변경됨(출간인의 의도) → 우리나라에는 일본에서 번역된 《군주론》 형태로 들어옴. |
| 국가(stato) | 신과 이어진 국가 → 소유격의 국가(카리스마적) → 근대적 국가 |
| 포르투나 (forutuna) | 외부 환경(행운, 운명, 기회, 환경, 제약 등) |
| 비르투(virtu) | 개인 능력(용기, 대담함, 결단력, 위용, 의지, 리더십, 교활함 등) |

## 질문지 만드는 6가지 방법

독서 모임에서 질문지가 차지하는 비중은 절대적입니다. 질문지는 작성자가 책 안에서 중요하게 생각하는 부분을 도출하여 새로 편집하는 것입니다. 질문자가 어떤 선택을 하느냐에 따라 어떤 부분은 제외되고 어떤 부분은 부각됩니다. 작가의 의도와 일치하지 않을 수도 있으며 꼭 일치할 필요도 없습니다.

## 1. 질문지의 형태

질문지의 형태는 질문의 흐름 양상에 따라 크게 두 가지로 나뉩니다. 첫째, 작가의 의도대로 목차의 흐름에 따르는 것입니다. 베스트셀러였던 《도시는 무엇으로 사는가》(유현준)를 예시로 이야기해 볼까요? 이 책은 부제가 '도시를 보는 열다섯 가지 인문적 시선'이며 총 15개의 장으로 구성되어 있습니다. 목차대로 하되 각 장에서 질문 1개씩을 뽑으면 모두 15개가 됩니다. 목차를 한번 살펴봅시다.

제1장 왜 어떤 거리는 걷고 싶은가
제2장 현대 도시들은 왜 아름답지 않은가
제3장 펜트하우스가 비싼 이유
제4장 도시는 무엇으로 사는가 : 뉴욕 이야기
제5장 강남은 어떻게 살아 왔는가 : 사람이 만든 도시, 도시가 만든 사람
제6장 강북의 도로는 왜 구불구불한가 : 포도주 같은 건축
제7장 교회는 왜 들어가기 어려운가
제8장 우리는 왜 공원이 부족하다고 말할까
제9장 열린 공간과 그 적들 : 사무실은 어떻게 만들어지는가
제10장 죽은 아파트의 사회
제11장 왜 사람들은 라스베이거스의 네온사인을 좋아하는가
제12장 뜨는 거리의 법칙

목차의 흐름대로 질문지를 작성하면 책장을 앞에서부터 뒤로 넘기며 차근차근 볼 수 있다는 장점이 있습니다. 각 장은 어떤 이야기를 주로 할지 나뉘어져 있으면서도 내용 일부가 겹치기도 합니다. 거리에서 시작하여 현대 도시로, 뉴욕으로 갔다가 다시 강남으로, 도로와 공원으로, 아파트로, 라스베이거스와 뜨는 거리, 건축의 디자인, 동서양의 차이, 건축과 자연으로 이어집니다. 목차만 보면 관점의 이동이 복잡합니다. 목차는 작가가 설정한 논리의 흐름대로 작성됩니다. 그러나 이런 흐름 때문에 내용을 뒤죽박죽으로 느낄 수도 있습니다.

질문지는 직관적인 흐름으로 일목묘연하게 정리되어 있는 것이 좋습니다. 그래서 작가의 의도와 달리 작성자가 자신의 기준대로 질문지를 재분류할 수 있습니다. 이것이 주제별로 분류하는 방법입니다. 책 내용을 모두 분해하여 한 군데 모은 뒤 콘셉트를 정하여 나눕니다. 《도시는 무엇으로 사는가》를 아래와 같이 구성할 수 있습니다.

**1섹션: (나만의) 공간에서**

**2섹션: 거리에서**

15개의 장을 총 섹션 5개로 재구성한 것입니다. 가장 가까운 나의 공간에서 자연으로 확대되어 가는 흐름입니다. 각 섹션은 특정 장에 구애받지 않습니다. 1섹션은 책의 여러 장에서 나의 공간에 해당하는 부분만 골라서 엮은 뒤 질문을 만드는 것입니다. 이렇게 책을 재정리하면 질문의 순서와 책의 목차가 다르기 때문에 해당한 질문에 대한 책의 페이지를 찾기 어렵다는 단점이 있습니다. 이런 방식으로 질문지를 구성하려면 반드시 페이지를 함께 표기해 두는 것이 좋습니다.

### 1섹션 중 3번 질문

시선은 권력을 의미합니다. CCTV는 우리가 알지 못하는 사이에도 끊임없이 우리를 관찰하고 있습니다. 한편, 관음증은 이런 권력을 향한 욕망을 보여 줍니다(78쪽). 영화관과 극장은 자신을 보여 주지 않으면서 남은 볼 수 있는 공간입니다. 현재 보통 사람들은 이전에 없던 공간을 공유하는 풍요로운 사회에 살고 있는 것일까요, 아니면 감시받는 사회에 살고 있는 것일까요?

질문은 책 내용을 인용하고 여기에 질문을 추가하는 형태로 제시합니다. 인용되는 부분은 위와 같이 책의 페이지를 표기합니다. 책 인용 부분을 제외하고 질문 자체는 명료해야 합니다.

## 2. 질문의 순서

질문의 순서는 목차나 재분류한 주제에 맞춰서 작성합니다. 다만, 여기에서 고려해야 하는 점은 질문의 '포괄성'입니다. 범위가 넓고 책 전체를 관통하는 질문은 뒤로 배치하는 것이 좋습니다. 앞에 포괄적인 질문이 배치되어 있으면 앞에서 책 내용을 모두 말해야 하기 때문입니다. 독서 모임의 질문들을 한 층씩 쌓이는 케이크로 비유해 봅시다. 첫 번째 질문에서 나왔던 이야기는 두 번째 질문의 전제가 됩니다. 다시 첫 번째 질문과 두 번째 질문은 세 번째 질문의 기본 바탕이 됩니다. 이렇게 한 층씩 쌓아야 마지막 층까지 무리 없이 쌓을 수 있습니다. 그런데 만약 포괄적인 내용이 먼저 나오면, 참여자들이 아직 논의하지 않았던 내용이 준비 없이 쏟아져 나오게 됩니다. 순식간에 마지막 층까지 쌓아야 하는 것입니다. 독서 모임 초반에 전체적인 감상을 말하는 시간을 배치할 수 있습니다. 이때도 전반적인 책 내용을 모두 말하는 것이 아니라 자신의 느낌 정도로 간단히 발언하도록 해야 합니다.

## 3. 단계적 질문

하나의 질문을 작은 질문들로 쪼개는 것입니다. 어떤 질문이 생기기 위해서는 이것에 전제되는 이야기부터 해야 합니다.

**3섹션 중 2번 질문**

1단계 일반 제품과 달리 건물은 인간이 들어가서 생활하는 공간입니다. 좋은 건축물의 기준은 늘 사람의 몸이며 겉보기에 좋은 것과 생활하기 좋은 것은 다를 수 있습니다. 이것에 관해 어떻게 생각하시나요?

2단계 여러분이 생활하고 있는 건물은 자신의 몸에 잘 맞는 공간인가요?

3단계 사람의 몸에 맞는 건물은 어떤 특징을 가져야 할까요?

이 질문이 궁극적으로 요구하는 것은 '사람의 몸에 맞는 건물이란 무엇이냐'는 것입니다. 이 질문으로 나아가기 위해서 사람의 몸이 기준이 되어야 하는지, 참여자들이 일상생활에서 어떠한 것을 느끼는지 단계별로 미리 묻고 있습니다.

### 4. 질문자의 의도

질문 자체는 간단한 것이 좋습니다. 간단하게 작성하되 모임 때 그 질문을 작성한 의도를 말해 주면 됩니다.

### 3섹션 중 5번 질문

건축은 '기능'과 '감정'이라는 두 축을 갖고 있으나 현대 우리 건축은 기능에만 집중하고 있습니다. 건축은 기능과 감정 중 어느 것을 더 우선시해야 할까요?

위 질문의 의도는 단순히 건축이 가진 두 축에 대해 이야기해 보자는 것이라기보다는 '현대 우리 건축이 기능에만 집중하고 있다.'는 상황을 전제로, 이것에 대한 비판을 담고 있습니다. 질문자의 비판에 동의할 수도 있고, 기능을 추구하는 것이 더 합리적이라고 생각할 수도 있습니다. 질문에 대한 답변은 '기능 Vs. 감정'이 아니라 '현대 건축이 기능에만 집중한 것을 비판한다 Vs. 기능에만 집중했다고 보기 어렵다, 혹은 일리 있는 것이다'로 할 때 보다 선명해질 것입니다.

다른 장르보다 문학을 다룰 때 질문에 대한 의도가 더 중요합니다. 문학 작품에서 질문을 할 때는 어떤 대목에서 뽑은 것인지를 확실하게 밝히고 필요하다면 설명을 조금 추가해야 합니다. 장편 소설의 경우 스토리가 길기 때문에 질문 안에, '춘희가 범진이와 기차에서 이야기를 나누면서' 하는 부분만 보고는 참여자들이 그 장면을 제대로 기억하지 못할 수도 있습니다. 또, 문학은 해석의 가능성이 풍부하여 사람에 따라서는 질문이 질문처럼 느껴지지 않을 수도 있습니다. 어떤 의도인지, 어떤 대목인지를 충분히 설명해 주세요.

## 5. 나쁜 질문의 3가지 유형

이번에는 나쁜 질문에 관해 이야기해 볼까요. 나쁜 질문은 대체로 세 가지로 구분할 수 있습니다.

### 첫째: 너무 길며 자기 생각을 강하게 어필한 질문

《죽음의 수용소에서》(빅터 프랭클)

3번 질문: 부조리한 상황에 놓여 있을 때 인간이 선택할 수 있는 행동은 순응하거나, 그것을 파괴하려 하거나, 혹은 이탈하는 것입니다. (중략) 순응할 만한 상황이었지만 그 안에서도 유대인들은 자율적으로 행동합니다. 이를테면 자신이 속한 비합리적 구조를 적극적으로 비판하며 개선의 여지를 모색한다거나, 아니면 현실과 타협하면서 자기 발전을 도모하거나 말이죠. 프랭클의 주장은 후자에 속한다고 할 수 있습니다. 그는 현재의 고통에 대해, 미래를 위한 자산으로 삼을 수 있어야 한다고 말합니다. 이는 개인의 내적 성찰이라는 측면에서는 타당하다 말할 수 있습니다. 하지만 고통의 원인이 개인적인 것이 아니라 구조적 문제에서 기인하는 것일 경우 그저 순응하고 자기 발전에 힘을 쏟는 것이 바람직하다고 할 수 있을까요? 또한, 비합리적 구조 속에서 패배하고 도태되는 사람들을 향해 '루저'라고 비난할 수 있을까요?

이 질문에는 많은 문제점이 있습니다. 우선, 질문 자체가 길어서 읽는 데만 불필요하게 많은 시간이 소요됩니다. 여기에 질문의 내용을 이해하는데 다시 시간이 소요됩니다. 무엇보다도 질문자 자신의 정의와 결론이 질문 안에 이미 제시되어 있습니다. 이 질문은 독서 모임의 질문이라기보다는 논술 질문에 가깝고, 논술 질문이라기보다는 작가에 대한 자기 반론에 가깝습니다. 자기만의 용어 정의는 첫 부분에서 인간의 세 가지 형태를 정한 것부터 나오죠. 여기에 비합리적 구조에 순응하는 사람을 '루저'라고 비난하는 것은 일반적이지 않은 경우입니다. 질문자 자신이 그렇게 느낀다 할지라도 사람들 내부분이 그렇게 생각한다고 일반화할 수는 없습니다. 위 질문을 간단하게 정리하면, "아우슈비츠처럼 최악의 상황에서 과연 내적 성찰이 해결될 수 있을까요?"입니다. 하고 싶은 말이 있다면 공식적인 질문지에 잔뜩 적어서 사람들의 독해 능력을 테스트할 것이 아니라 토의 과정에서 자신의 의견을 말하면 됩니다.

**둘째: (나만 알고 있는) 전문 지식을 뽐내는 질문**

《종의 기원》(정유정)

2번 질문: 정유정 작가의 다른 대표작《내 인생의 스프링 캠프》는 청소년 소설이며《28》은 장편 소설,《히말라야 환상 방황》은 에세이입니다. 청소년 소설과 장편 소설, 에세이 속 그의 작법과 이야기 흐름의 공통점과 차이점을 이야기해 봅시다.

우선, 대상 도서는《종의 기원》입니다.《내 인생의 스프링 캠프》와《히말라야 환상 방황》은 다른 참여자가 읽지도 않은 작품입니다. 이 질문은 길이만 짧지 본격적인 이야기를 하려면 위에 소개한 첫째 질문보다 더 많은 시간이 소요됩니다. 참여자들은 읽지 않았기 때문에 책 내용에 관해 질문할 것이고 질문자는 책의 줄거리를 한참 설명해야만 합니다. 그런데 이 설명이라는 것도 질문자의 해석과 의도가 이미 반영된 것입니다. 특정한 필터로 걸러진 평가라는 뜻입니다. 또, 여기에 추가된 작가의 작법과 이야기 흐름에 대한 질문이 독서 모임에 적합하지 않습니다. 이 질문은 독서 모임이 아니라 대학교 전공 수업 리포트 주제나 논문 주제에 더 가깝습니다.

《도덕의 계보학》(니체)

7번 질문: 제3 논문 금욕적 이상을 다룬 부분 중 종교와 사제에 대한 니체의 시각을 《성경》의 관점에서 평가해 봅시다.

위 질문을 한 사람은 어쩌면 기독교 신자일지도 모릅니다. 질문이 아니라 성경 강의를 하겠다는 의도가 보입니다. 물론 그 강의는 기독교의 입장에서 니체를 비판하는 내용이겠죠.

## 셋째 : 불성실한 질문

《정의란 무엇인가》(마이클 샌델)

6번 질문: 1949년 독일 헌법 1조의 인간 존엄성과 미국 수정 헌법 1조의 자유가 상충되지 않는 이유에 관해 이야기해 봅시다.

위 질문은 최소한 독일 헌법 1조와 수정 헌법 1조에 대한 전문이 추가되어야 합니다. 전문이 있다 하더라도 그것이 나타난 시대적 배경에 관한 내용이 필요합니다. 질문 내용이 간결하지만 포함해야 할 내용이 모두 빠진 불성실한 질문 유형입니다.

《결혼 면허》(조두진)

1번 질문: 결혼은 무엇을 위해서 하는 것이라고 생각하나요?

위 질문은 밑도 끝도 없이 막연한 질문입니다. 그 형태가 "인간은 무엇이라고 생각하세요?", "어떤 삶이 좋은 삶일까요?"라는 질문과 다르지 않습니다. 다만, 위 질문이 뒤에 놓일 경우에는 달라집니다. 앞에서 내용에 관한 다양한 질문을 논의하고 마지막이나 후반부에 이 질문이 놓인다면 논의를 정리하며 결론을 내리도록 유도하는 질문으로 적합합니다.

## 6. 질문을 다양하게 만드는 방법

질문은 되도록 많이 확보하되, 겹치거나 비슷한 맥락은 하나로 묶어서 축약해야 합니다. 질문을 많이 모으는 방법 중 하나가 참여자들의 질문을 모으는 것입니다. 참여자들이 책을 완독하는 시기는 대체로 독서 모임이 잡힌 날짜 근처입니다. 무작정 기다릴 것이 아니라 질문자 본인이 어느 정도 질문지를 만들어 놓고 참여자들의 질문을 추가해 보세요. 만약 발제자가 따로 있다면 발제자도 질문자만큼 대상 도서를 충실히 읽은 참여자입니다. 발제자는 질문자가 생각하지 못한 부분을 알려 줄 것입니다. 발제자와 책에 관해 이야기를 나누다 보면 좋은 질문이 나올 수 있습니다.

문학이라면 앞에서 이야기한 다양한 틀을 이용해 보세요. 한 가지 틀에서 두 개씩만 만들어도 10개가 됩니다. 비문학이라면 주석과 참고 도서를 이용하면 됩니다. 참고 도서까지 모두 섭렵하기는 힘이 듭니다. 다만 그 책의 대략적인 내용과 작가의 의도 등은 인터넷에서 쉽게 찾을 수 있습니다. 대상 도서의 작가가 주로 참고한 책이 있다면 그 책에서 질문을 도출해서 대상 도서와 연결하면 좋은 질문이 됩니다.

질문지를 만들었다면 아무리 늦어도 최소한 이틀 전에는 공개하는 것이 좋습니다. 만약 참여자들이 새로운 질문을 말해 준다면 그것을 추가하여 모임 직전에 수정해도 나쁘지 않습니다. 다만 전반적인 질문을 미리 공개하여 참여자가 그 질문에 대해 충분히 생각해 올 수 있도록 배려하는 것이 독서 모임의 함량을 높이는 데 도움이 됩니다.

## 질문지 예시

### 1. 본문 요약 + 질문형: 인문학, 사회 과학 도서에 적합

---

#### 예정된 노인들이 바라보는 노인의 문제《퇴적 공간》

**◆ 노인의 정의(1장, 3장)**

- 통계적 정의: 65세 이상.

- 2012년 577만 명 11.3%, 2018년 738만 명 14.3%, 2020년 5.7%(추정),

  2030년 24.3%(추정), 2050년 37.4%(추정) / UN 기준 14% 이상=고령 사회.

- 사회학적 노화 현상: 상품적 가치를 잃은 상태.

- 질문 1: "노인의 정의를 어떻게 하는 것이 노인 문제 해결에 도움이 될까요?"

**◆ 노인과 죽음(2장, 6장)**

- 아리스토텔레스의 '형상론': 인간관의 정의.

- 영원히 죽지 않는다면 인생의 의미가 없다.

- 테크놀로지의 역설:

  잉여를 연장하는 것일까 인본주의의 발현일까(스피노자의 '공통 개념')?

- 톨스토이 〈세 죽음〉: 척도로 따져지는 죽음에 관하여.
  - 질문 2: "노인은 생물학적 죽음에 가까운 존재입니다.
    죽음에 관한 관점에 대해 이야기해 봅시다."

### ◆ 노인과 실존(8장)
  - 실존주의의 '피투성이':
  내 의지와 상관없이 내던져진 존재. 태어난 뒤 본질을 찾아
헤매는 수고로움.
  - '인정 투쟁': 화해할 수 없는 대립과 갈등 → 비극적인 결말.
    타인이 있는 곳에 내가 있게 되는 인간 삶의 구조 자체가 이
미 지옥.
  - 탑골공원: 인정 투쟁의 장. 이 투쟁에서 살아 있음을 느낀다.
    역사적 유적지가 아니라 잉여 얼굴들의 수납 공간.
  - 질문 3: "인정 투쟁에서의 인정은 무엇에 관한 인정일까요?"

### ◆ 노인과 광인(9장)
  - 노인은 이 시대의 광인인가(푸코의 《광기의 역사》)
  - 아브젝시옹: 자기 자신으로부터 다른 것으로 판단되는 것
을 추방함.
  - 분리는 배려인가 배제인가. 그들을 품는 것과 그들을 분리
해 쾌적해지는 것의 차이.
  - 허리우드 극장의 역설.

- 질문 4: '노인은 우리에게 또 다른 광인일까요?'

### ◆ 노인과 사회(11장)
- 과거: 1차 집단에만 머무는 미분화성을 가짐 → 기준을 달리 제시(혈연, 지연, 학연).
- 최근: 1차 집단인 가족의 붕괴(혹은 형성 자체가 불가능한 현실).
- 1인 가구 비율의 급증 → 모든 것이 원자화되면 국가가 개인을 모두 떠안아야 한다.
'요구된 복지'를 실현하기도 버거운데 '찾아가는 복지'는 허황된 소리일 뿐.
- 우리는 체계에 따라 움직여야 하는 상수.
- 질문 5: "1인 가구 급증 시대에서 노인의 위상은 어떻게 설정되어야 할까요?"

### ◆ 노인과 문제(3장, 7장)
- 노인 문제:
사회학이나 생물학적인 측면에서의 '상실'과 인문학적 측면에서의 '인간 가치' 사이 어느 지점엔가 위치하고 있다.
- 노인을 바라보는 시대적 이해관계: 장수에 관한 욕망을 부추기고 재화를 획득하려는 바이오 전문가, 세대 갈등을 부추겨 득표를 저울질하는 정치인, 이들과 공생하는 언론인, 행복

한 노후 생활을 제시하는 복지 정책 입안자들. 다음 세대를 위한 긴 안목의 정책에는 지지와 표가 나오지 않는다. "우선 먹기에는 곶감이 달다."

　- 질문 6: "노인 문제는 어떤 관점에서 바라보는 것이 좋을까요?"


## ◆ 노인과 복지(5장, 12장)

　- 생산성의 주체가 아니라 소멸의 주체가 되어 버리면 프로그램도 덧없이 느껴진다.

　- 노동과 정의의 관계: 직접 지원이 아니라 간접 지원이 필요하다.

　- 시간을 보낸다는 의미: 시간의 능동성을 결여.

　(취약한 경제력 / 노인 빈곤율 43.7%, 2016년 기준)

　- 질문 7: "노인 복지의 근본적인 해결책은 무엇인가요?"


## ◆ 노인과 도시(6장)

　- '자연 안의 도시'와 '도시 안의 자연': 자연에 들어간 도시와 자연을 끌어들인 도시.

　도시에 자연을 편입시키겠다는 발상은 인위적이다.

　기하학적 도로들은 무작위성을 해체한다.

　물리적 속도가 인간의 자연 감각을 탈색시키고

　경제성과 편리성을 얻는 대신 자연과의 거리는 멀어진다.

- 피크노랩시: 인간이 소화해 낼 수 없는 속도 때문에 발생.

  중간 지대가 제공하는 정서를 허락하지 않는다.

  노인은 가정으로부터의 1차 추방,

  도시의 속도가 주는 소멸 때문에 2차 추방을 당하는 존재.

  - 질문 8: "도시 문제와 노인 문제는 어떤 관련이 있을까요?"

**◆ 추가 질문**

  - 질문 9: 우리가 노인에게 바라는 점, 또는 우리가 이해해야

하는 것에는 무엇이 있을까요?


## 2. 일반 질문형: 세부 주제를 나누고 그 기준에 맞춰 여러 가지 질문을 순차적으로 제시


### 16세기 이탈리아의 '통일 국가 창설 매뉴얼' 《군주론》

#### 1. 인간관

  - 마키아벨리의 인간관(17장, 인간이란 은혜를 모르고, 변덕스

럽고, 위선적이면서 기만에 능하고, 위험은 감수하려 하지 않으면

서 이익에는 밝다.)에 대해서 동의하나요?

- '어떤 상황에서도 착하게 행동할 것을 고집하는 사람이 착하지 않은 많은 사람 속에 있으면 반드시 파멸하게 된다.'는 구절에 관해 어떻게 생각하나요? 국가적 차원과 일상적 차원에서 기준이 달라지나요?

## 2. 사회관

- 인간 사회에 관한 가정(폭력이 피할 수 없고 또 어디에나 산재해 있다면, 작은 폭력을 사용하여 큰 폭력을 제어하는 것은 악이라고 볼 수 없다.)에 대해서 어떻게 생각합니까?

- 《군주론》은 조화 대신 갈등, 절제보다는 투쟁을 강조합니다. 이런 방식으로의 통합에 대해서는 어떻게 생각하나요?

- 마키아벨리는 신학적 결정론은 믿지 않으면서 역사적 결정론은 믿고 있습니다. 역사는 반복된다는 식의 결정론에 관해서는 어떻게 생각하나요?

## 3. 군주

- 군주는 자신의 지위를 유지하는 데 도움이 된다면 선하지 않을 수 있는 법을 배워야 한다는 생각에 동의하나요?

- 군주에게는 일상의 도덕적 판단을 뛰어넘는 행위 또는 선택이 필요한가요?

### 4. 통치술

- 두려움이야말로 정치적 권위의 궁극적 기초가 된다는 주장에 관해서는 어떻게 생각하나요?

- 체사레 보르자의 '레미오' 처형 사건은 좋은 통치술로 볼 수 있을까요?

- 《군주론》을 토대로 한 국가는 지속될 수 있을까요?

### 5. 추가 질문

- 통일된 이탈리아는 모두의 이익에 부합하는 일일까요?

- 동양의 왕도 정치, 덕치와 마키아벨리의 주장 중 어느 것이 더 설득력 있다고 생각하나요?

- 《군주론》은 군주를 위한 책인가요, 민중을 위한 책인가요?

- 귀족과 민중을 바라보는 시각은 어떻습니까? 현대 사회로 비유해 보면 그런 관점은 유용할까요?

- 《군주론》은 우리에게 일생생활에서 필요한 가르침을 주고 있나요?

- 《군주론》을 지금의 민주주의 사회에서 어떻게 바라보아야 할까요?

# 우주와 공명하는 우리《떨림과 울림》

## 질문 1. 과학 법칙은 어디까지 믿을 수 있을까?

p34. 단지 몇 개의 법칙으로 이런 모든 규모의 공간에서 일어나는 것들을 이해할 수 있다.

p49. 원자를 알면 모든 것을 알 수 있다.

p56. 생명 현상의 모든 것은 원자의 운동으로 이해할 수 있다.

## 질문 2. 양자 역학은 어떤 의미가 있을까?

p63. '구분 불가능성', '전자는 독립적으로 존재하는 것이 아니라 전자장이 만들어 내는 결과물'

p126. 보이지 않는 이데아를 이야기하는 것은 물리가 아니다. 양자 역학은 무엇을 예측하는가.

p136. 실험을 하면 대립물 가운데 하나만 옳다.

## 질문 3. 우주나 존재의 목적은 없는 것일까?

p45. 세상은 왜 존재하는가. 우주 존재의 이유를 찾을 수 있을까.

p94. 진화론의 시각에서 생명은 우연의 산물이다. 우리가 필연이라고 부르는 것은 일어난 사건에 관해 그렇게 해석하는 것뿐이다.

## 질문 4. 과학적 결정론은 얼마나 지지할 수 있을까?

p92. 현상을 설명하는데 어떤 목적이나 의도를 끌어들여서는 참된 의식에 도달하지 못한다.

p93. 진화에는 의도가 없다.

p98. 과학적 결정론.

## 질문 5. 인간의 자유의지는 없는 것일까?

p151. 자유의지는 우연이 아니다. ……세상에 우연이 들어설 자리는 없다. 자유의지가 없다면 죄도 없다.

## 질문 6. 생물학적 특성으로 평등을 지지할 수 있을까?

p249. 놀랍게도 지구상의 거의 모든 생명체는 동일한 구조의 유전자에 같은 방식으로 정보를 저장하고 이용한다. 생명의 다양성을 생각할 때 이것이 우연일 리 없다. 모든 생명체가 단 하나의 생명체로부터 분화한 것이다.

p75. 모든 인간이 평등한 이유는 생물학에서 답을 찾을 수 있지 않을까?

## 질문 7. 인간의 잣대로 인공 지능을 평가하는 것은 잘못일까?

p211. 인간이 지닌 의식이 의식의 절대 기준이 되어야 할 이유가 있을까? 인간이 지닌 감정이나 미적 감각, 도덕성 같은 것이 왜 중요할까? 이런 것은 사실 우주에 실제로 존재하지 않

는 상상의 산물이 아닐까?

p251. 의미나 가치는 인간이 만든 상상의 산물이다. 우주에 인간이 생각하는 그런 의미는 없다. (중략) 인간은 자신이 만든 상상의 체계 속에서 자신이 만든 행복이라는 상상을 누리며 의미 없는 우주를 행복하게 산다. 그래서 우주보다 인간이 경이롭다.

## 8. 그 밖의 질문들

## 3. 내용 정리형: 책 내용에 관한 전반적인 이해와 해석이 반드시 필요한 책

### 우리들의 천국이 아닌《당신들의 천국》

#### 1. 전체 개요

| 부 | 부제 | 주요 사건 | 기간 | 주요 화자 |
|---|---|---|---|---|
| 1부 | 사자의 섬 | 조원장 취임<br>첫 취임 연설 | 21개월 | 이상욱 |
|  | 낙원과 동상 | 장로회 구성<br>축구 경기 흥행<br>오마도 계획 수립 |  |  |
| 2부 | 출소록기 | 오마도 계획 실행<br>황장로의 내력<br>둑 나타남 | 9개월 | 조백헌 |
|  | 배반 1 | 태풍으로 인한 좌절<br>외부의 압력<br>내부의 위협 |  |  |
|  | 배반 2 | 이상욱의 탈출<br>조원장의 떠남 |  |  |
| 3부 | 천국의<br>울타리 | 이정태와 조우<br>윤—서의 결혼 | 약 2년 | 이정태 |

#### 2. 줄거리

(생략)

## 3. 시대적 배경: 1960~70년대

| 구 분 | 일제 강점기 | 소설 속 현재 |
|---|---|---|
| 소설 인물 | 주정수 | 조백헌 |
| 현실 모델 | 제4대 주방정수 | 제14대 조창원 |
| 낙원 모델 | 섬 정비, 공원 설립 | 간척 사업 |
| 시대 상황 | 내선일체 | 민정 이양, 새마을운동, 유신 |

## 4. 주요 인물 분석

| 인물 | 나의 해석 | 다른 해석 |
|---|---|---|
| 조백헌 | | |
| 이상욱 | | |
| 황장로 | | |

## 5. 주요 키워드 분석

| 키워드 | 내 해석 | 다른 해석 |
|---|---|---|
| 천국 | | |
| 동상 | | |
| 자유 | | |
| 사랑 | | |
| 배반 | | |

## 6. 인물들의 논리 살펴보기

| 인물 | 페이지 | 내 용 |
|---|---|---|
| 황장로 | 326~339 | 1. 원장의 변화 / 2. 원장의 동상<br>3. 원장이 떠나야 하는 이유<br>4. 신뢰하지 못하는 이유<br>5. 자유의 허물 / 6. 결론 |
| 이상욱 | 376~400 | 1. 원장을 수용하지 못하는 이유<br>2. 탈출의 윤리<br>3. 천국 기획의 문제<br>4. 천국 기획을 수용하지 못하는 이유<br>5. 내가 떠나는 이유 / 6. 결론 |
| 조백헌 | 401~413 | 1. 자유에 대한 자각 / 2. 자유의 해결: 사랑<br>3. 믿음의 문제 / 4. 공동 운명<br>5. 그럼에도 실패한 이유 / 6. 해결책<br>7. 믿음의 싹 |

## 7. 함께 이야기하고 싶은 질문들

| 질문 1 | |
|---|---|
| 질문 2 | |
| 질문 3 | |

4. 모임 성향 맞춤형: 독서 모임 구성원들이 적극적으로 참여할 수 있는 질문으로 선정

## 꿈속의 사랑, 꿈 같은 사랑《한여름 밤의 꿈》

### 1. 티시어스

 - 여자의 마음을 얻을 수 있는 방법은 무엇일까?

### 2. 허미아

 - 허미아의 아버지는 왜 디미트리어스를 선택했을까?

 - 사랑을 맹세한 라이샌더가 변심했을 때 허머아는 어떤 감정이었을까?

### 3. 헬레나

 - 파혼한 디미트리어스에게 끝까지 매달리는

   이유는 무엇일까?

 - 헬레나의 낮은 자존감은 디미트리어스의 영향인가?

### 4. 티테이니아

 - 사랑을 유지하는 요소는 무엇일까?

### 5. 추가 질문

(중략)

# 요정의 장난에 무너진 사랑의 맹약 《한여름 밤의 꿈》

## 커플 1: 티시어스+히폴리타(현실 세계의 권력자)

- 티시어스는 히폴리타를 '검으로 상처를 주면서' 정복했다. 티시어스와 히폴리타, 티시어스의 승리, 이것이 상징하는 바는 무엇일까?
- 결혼을 약속한 승리자 티시어스와 패배자 히폴리타는 서로에게 어떤 감정일까 ?

## 커플 2: 오베론+티테이니아(환상 세계의 권력자)

- 오베론의 요구와 티테이니아의 저항은 어떤 의미일까?
- 오베론이 선택한 응징 방법은 어떤 의도에서 비롯된 것일까?

## 커플 3: 허미아+라이샌더(굳건한 사랑 맹약의 당사자)

- 사랑과 결혼, 이 둘은 필연적인 것일까?
- 현실에 맞선 이들의 선택과 환상에 굴복한 이들의 운명은 무엇을 의미하는가?

## 커플 4: 헬레나+디미트리어스(변심, 또다시 변심)

- 번복된 사랑을 신뢰할 수 있을까?
- 꿈속의 감정은 현실에서 취소될 수 있는 것일까?

## 추가 질문 (중략)

# 정리하기

## 온라인 공간 만들기

우리는 책을 읽었고 여러 가지 질문에 나름의 답을 준비했으며 독서 모임에서 많은 대화를 했습니다. '구슬이 서 말이어도 꿰어야 보배'라는 말이 있듯이, 여기에서 멈추면 흩어진 구슬들은 보배가 되지 못하고 우리 기억 저편으로 사라지게 됩니다. 독서 모임에 많은 시간과 열정을 투자한 뒤 마지막 퍼즐 조각인 정리를 하지 않는 경우가 많습니다. 열심히 노력한 만큼 결실을 맺어야겠지요.

독서 모임의 내용을 정리하기 위해서는 온라인 공간을 미리 만들어 두세요. 구글 문서를 이용하거나 웹하드를 사용해도 되는데 아무래도 가장 편한 것은 카페를 운영하는 것입니다. 카페는 게시판을 다수 만들 수 있고 신입 회원을 모집힐 때도 유용하게 활용할 수 있습니다. 이 밖에 카카오톡이나 밴드 등 SNS를 통해 간단한 소통을 하는 도구도 있어야 합니다. 카페가 축적의 공간이라면 SNS는 소통의 공간이 됩니다.

카페에서는 도서 목록과 향후 일정을 게시하고, 독서 모임 뒤 서기가 기록한 것을 정리하여 저장해 둘 수 있습니다. 서기의 기록은 독서 모임 당시의 내용입니다. 참여자들은 집에 돌아와 자신의 생각을 다시 정리할 수 있습니다. 독서 모임에서 미처 하지 못한 말이 떠오를 수도 있고 뒤늦게 무엇인가를 찾은 경우도 있습니다. 독서 모임에 참여하는 사람들 중 적어도 20%는 개인 블로그에 독서와 관련된 내용을 포스팅하는 편입니다. 블로그를 사용하는 사람들에게 독서 모임에 관한 후기를 카페에 공유하도록 유도하세요.

---

### 온라인 공간 게시판 구성 예시

1. [안내] 게시판 묶음: 모임의 성격이나 공지 사항, 처음 가입하는 사람에게 안내할 내용
   - 공지 사항
   - 인사 나누기

2. [모임] 게시판 묶음: 모임 일정과 도서 목록 및 소모임 안내, 독서 모임 기록물 보관

---

- 정기 모임 안내(일정, 발제문, 질문지 포함)
- 소모임 안내(특정 주제에 관한 작은 독서 모임, 혹은 독서 이외 다양한 소모임 활동)
- 독서 모임 기록(서기가 작성한 기록을 참석자들이 확인한 뒤 공식적으로 남기는 게시판)

3. [후기] 게시판 묶음: 공식 자료는 모임 게시판 묶음에, 회원 후기는 이곳에 작성
- 정기 모임 후기(인포멀 후기)
- 정기 모임 질문에 관한 나의 생각 정리

4. [서평] 게시판 묶음: 서평 위주로 보관
- 정기 모임 도서 서평
- 내가 읽은 책 서평

5. [프로젝트] 게시판 묶음: 진행하고 있는 프로젝트 관련 게시판
- 독서 모임 문집 발간

## 모임 후기

　카페에는 모임 후기가 두 가지 종류로 게시될 수 있습니다. 첫째는 포멀 후기, 둘째는 인포멀 후기입니다.

❶ 포멀 후기는 카페의 공식적인 후기로서 기본적으로 서기의 기록을 의미합니다. 서기는 모임 뒤 적어도 4일이 지나기 전에 후기를 게시하는 것이 좋습니다. 그 이상 지나게 되면 그 책을 읽은 독서 경험의 감각이 급격하게 무뎌집니다. 서기의 기록에는 질문자와 참여자가 질문에 관해 대화한 내용과 결론이 담겨 있어야 합니다. 결론은 그것이 옳든 그르든, 하나의 질문에 관해 모임에서 최종 정리한 입장을 말합니다. 결론까지 내리지 못했다면, 최소한 어떤 답변이 많은 동의를 얻었는지 밝혀야 합니다. 이 포멀 후기에 참여자들은 댓글을 이용하여 자신의 생각을 다시 한번 정리하여 반대되거나 다른 의견을 밝힐 수 있습니다.

❷ 인포멀 후기는 참여자들이 격식과 형식 없이 편하게 쓴 후기를 의미합니다. 대체로 소감 위주로 글을 남기는 편입니다. 책에 관한 한 줄 평도 괜찮고 짧은 독후감도 좋습니다.

　한 권의 책에 대해 카페에 있어야 글은 총 5가지입니다. 첫째, 모임 일정 공지 글, 둘째, 발제문, 셋째, 질문지, 넷째, 포멀 후기, 다섯째, 인포멀 후기입니다. 이렇게 글을 올려야 모임에서 다룬 책 한 권이 잠정적으로 마무리됩니다.

　독서 모임이 끝난 뒤 식사나 가벼운 뒤풀이를 하는 경우도 많습니다. 이 자리에서 사람과 사람의 관계가 자연스럽게 형성됩니다. 사람들 사이에 친밀함과 신뢰가 구축되면 독서 모임이 더욱 활발해지고 대화를 하면서 불필요한 오해가 생기지 않을 수 있으며, 조금 더 편안한 마음으로 자신의 의견을 말할 수 있습니다. 모임의 장이라면 이런 뒤풀이 자리를 적극 활용하기 바랍니다.


## 서평 쓰는 법


　　　　독서를 즐기는 사람 중에는 개인 블로그를 운영하는 경우가 많습니다. 대부분 독서 경험이나 독서 모임 후기 위주로 포스팅을 합니다. 주요 포털 사이트에서는 개인 블로그 이용자에게 편리한 인터페이스를 제공하는데, 글 편집이나 사진 업로드, 글감 첨부 등 다양한 기능을 이용할 수 있습니다.

　개인 블로그는 당사자에게는 좋은 수납장이면서 누구에게나 열려 있는 공간입니다. 이곳에 포스팅한 일기는 결코 순수한 글일 수가 없습니다. 누구든지 열람할 수 있다는 것이 전제되어 있기 때문입니다. 따라서 블로그에 올린 게시물은 '누군가에게 보일 것'을 예상한 글입니다. 블로그는 나의 공간이지만 궁극적으로는 타인을 지향한 공간입니다.

　독서와 관련된 포스팅 형태는 크게 3종류입니다.

❶ 일기 형태는 내가 읽고 있는 책, 혹은 읽은 책을 포스팅하는데, 별다른 내용은 없고 '내가 지금 책을 읽고 있다.' 정도의 의미만 담고 있습니다. 블로그 도서 관련 게시물 중 절반가량이 이런 형태입니다. 일기 형태 게시물은 보는 사람에게 도움을 주지 않습니다.

❷ 독후감 형태는 책을 읽은 '느낌'을 주로 표현하는 게시물입니다. 책 내용과 자기 감상이 절반씩 차지합니다. 어떤 독서를 했느냐(독서의 질)에 따라 글의 함량이 달라집니다. 영화나 음악을 들을 때도 누군가는 '재미있었다', '슬프다' 이런 간단한 표현밖에 못 하는데, 누군가는 어떤 부분에서 재미를 느꼈는지, 또 슬픈 감정이 자신의 어떤 경험을 떠올리게 했는지를 구체적으로 표현합니다.

이 차이를 각각의 사람이 지닌 역량의 차이라고 단순히 말할 수는 없습니다. 감정을 느꼈다는 것에는 분명 그 감정을 느끼게 한 근거가 존재합니다. 자기 감정의 근거도 말하지 못하는 간단한 감상 표현은 깊이 있는 독서를 하지 않았다는 증거입니다.

독후감 형태의 포스팅은 자기 감상을 얼마나 잘 표현하느냐가 관건입니다. 인터넷에 존재하는 독후감 형태의 포스팅 중 대부분이 간단한 표현에 그칩니다. 그 책에 관한 어떤 정보를 얻으려고 블로그에 방문한 사람에게 '시간을 낭비했구나.'라는 생각이 들게 할 뿐입니다.

❸ 서평은 글에 책 내용보다 자신의 독서 경험이 풍부하게 드러난 경우를 말합니다. 서평은 일기 형태나 독후감 형태처럼 독백

을 빙자하여 쓴 글이 아니라 분명하게 자신의 서평을 읽을 사람을 의식합니다. 서평은 글을 읽을 사람에게 도움을 주려는 목적(이 책을 읽어야 할지 말지, 어떤 내용이며 책의 수준은 어떤지를 알려 주는)에 가장 충실합니다. 책을 다양하게 분석하고 작가의 핵심 주장과 근거를 파악해 냅니다. 책의 장점과 한계점도 말해 주며, 만약 작가의 논리에 의구심이 든다면 그런 점을 지적해 줍니다. 적어도 2번 정도는 읽어야 서평을 쓸 수 있습니다.

서평은 특정 책에 관한 리뷰이지만 엄밀히 말하면 창작 활동입니다. 서평은 독서의 연장선이면서 본격적으로 나의 글을 쓰는 행위입니다. 읽기, 듣기, 말하기 과정을 모두 거쳐 내 언어로 정리하는 것입니다. 서평은 책 한 권에 관한 훌륭한 귀결입니다.

서평을 쓰는 방법을 다룬 책, 서평을 모아 놓은 서평집은 시중에서 쉽게 찾아 볼 수 있습니다. 아래의 설명은 제가 서평을 쓸 때 활용하는 대략적인 순서입니다.

❶ 책의 정체성 확인하기: 대부분의 책(논픽션)은 연역적으로 쓰입니다. 비록 책의 구성이 귀납적으로 되어 있다 하더라도 작가는 이미 어떤 결론을 도출한 뒤에 하나의 설명법으로 귀납을 선택했을 뿐입니다. 자신의 생각이 정리되지 않은 상태에서 글을 쓸 수는 없으니까요.

작가는 글을 쓰기 전에 이미 어떤 입장을 취했기 때문에 책은 자연스럽게 특정한 진영에 속해 있습니다. 역사관에 관한 책을 예로 들면, 랑케의 책은 객관적 사실을 강조하는 역사관에 속해 있고 크로체의 책은 주관적 의미를 강조했으며 카의 책은 이 둘의 상호 작용을 말하고 있습니다(책의 진영과 관련된 내용은 세 번째 기술편에서 자세히 다루고 있습니다). 인간관에서는 한 인간을 그의 '뇌'로 보는 유물론적 과학주의(혹은 자연주의적 심리 철학)와 인간 개인을 단순히 '뇌'로 환원할 수 없다는 정신 철학이 대조됩니다.

책의 정체성은 책을 읽기 전에 알고 있어야 할 사항입니다. 만약 모르고 읽었다면 읽는 도중에 알아낼 수도 있습니다. 책 이외에 작가가 어떤 활동을 했고 그동안 어떤 책들을 출간했는지를 살펴봄으로써 책의 정체성을 확인할 수도 있습니다. 문학은 그 작품이 속한 문예 사조나 지역 문학의 특징, 작가의 신념 등을 미리 알아 두면 책의 정체성을 파악하기가 쉽습니다.

❷ 정합성(혹은 개연성) 파악하기: 논픽션의 경우 책이 어떤 논리 구조를 갖고 있으며 그 흐름이 정합적인지를 판단해야 합니다. 우선, 목차를 보면 작가가 어떤 방식으로 자신의 논리를 구축하고 있는지 나타납니다. 전체적인 틀을 제시하고(문제를 제기하거나 기존 연구를 개괄하거나 하는 식으로) 세부적인 소재들을 나열하는 방식인지, 혹은 논리적 전개를 차분히 설명하는 방식(A가 옳으면 B도 옳다, B가 옳으면 C도 옳다)인지 작가의 설득 전략을 볼 수 있습니다.

논리 흐름의 방식을 확인했다면 그 다음은 각 부분이 건전하게 이어져 있는지를 보아야 합니다. 논리적 비약은 없는지, 전제에서 빼놓은 취약점은 없는지 등을 보는 것이죠. 예를 들어, 현대 사회의 문제점을 잔뜩 나열하고 원인을 분석한 뒤 해결책으로 그 원인의 제거가 아니라 갑자기 '타인을 사랑하자.'라고 주장하는 식이면 엉뚱한 전개입니다.

문학이라면 세계관의 설정과 스토리의 흐름에 모순이 없는지를 확인합니다. 세부 설정에 구멍이 뚫리면 개연성을 상실하게 됩니다. 또, 문체가 작품의 분위기에 어떤 영향을 주는지에 관해서도 생각해 보아야 합니다. 외국 작품이라면 번역 수준도 체크할 필요가 있습니다.

❸ 비교(자료 수집): ❶에서 진영을 파악했고 ❷에서 정합성을 확인했다면 이제 다른 진영의 논리나 그 진영에서 하는 반박을 찾아볼 차례입니다. 이 단계는 지금 서평을 쓰려 하는 책의 범위를 훌쩍 벗어납니다.

만약 여러분이 서평을 쓰려는 책의 주제에 관해 이미 풍부한 독서 경험을 갖고 있다면 큰 문제가 되지 않습니다. 하지만 생소한 주제를 접했다면 이 단계에서 무척 곤란할 수도 있습니다. 서평 대상 도서보다 더 많은 책을 찾아보아야 할 테니까요. 배보다 배꼽이 더 커져 버린 상황인 셈입니다. 하지만 서평은 반드시 시도해 보길 바랍니다. 그 책과 반대되는 진영의 책에는 무엇이 있으며 그들의 논리는 무엇인지를 조사하는 것이지요. 이 과정에서 더 알아보고 싶은 세부 주제를 발견할 수 있습니다. 누군가 써 놓은 다른 서평을 참고해도 좋습니다. 다만 개인 블로그나 대형 온라인 서점의 서평은 비교적 수준이 낮다는 점을 염두에 두세요.

서평은 분명 책에 대한 일종의 평가이므로 쓰기 어렵고 부담스러운 것이 사실입니다. 서평을 쓰려면 이 정도 노력은 감수해야 합니다. 여러분이 서평을 공들여 쓴다는 것은 책을 쓴 작가의 노고에 대한 예의입니다. 문학의 경우에는 비슷한 시기, 비슷한 주제의 작품을 찾아보거나 다른 판본의 번역을 대조해 보는 과정이 필요할 수 있습니다.

❹ 평가하기: 책에 관한 전반적인 평가를 하는 단계입니다. 이 책의 장점은 무엇이고 단점은 무엇인지, 작가의 논리에 동의하는지, 보완해야 할 것이 있다면 무엇인지 하나하나 생각해 봅니다. 만약 책에서 풀리지 않는 의문점을 찾았다면 그것 역시 좋은 서평 소재가 됩니다.

❺ 결론 내리기: 우선, 누군가에게 추천할 만한 책인지 아닌지부터 결정해야 합니다. 이 책에서 내가 어떤 영향을 받았고(무엇을 얻었으며 기존 생각에 어떤 변화가 생겼는지 등) 이후에 더 알아보고 싶은 것은 무엇인지를 생각해 보는 단계입니다.

❻ 개요(콘셉트) 정하기: 이제 본격적으로 서평을 쓰는 단계입니다. 서평을 어떤 흐름으로 작성할지를 결정해야 합니다. 전반적인 감상평을 말하고 세부 주제로 들어갈지 아니면 내 경험과 책의 내용을 연결하여 이야기할지, 철저하게 분석적으로 쓸지 비판적으로 쓸지, 내용 요약을 어느 정도로 할 것인지 등을 계획합니다.

문학은 스토리라인과 등장인물에 관한 평가를 중심에 두고 그것을 기반으로 사건과 배경을 풀어내는 것이 가장 무난한 방식입니다. 1부에서 알아보았던 책을 읽는 10가지 방법을 토대로 다양한 틀을 적용해 보세요. 비문학은 주요 전제와 결론, 원인과 결과를 간단하게 개조식으로 메모한 뒤에 작성하면 큰 줄기를 놓치지 않을 수 있습니다.

서평 예시

1. 문학: 줄거리와 해석 위주의 서평

### 가려진 이야기들 《템페스트》

1. 이 작품은 셰익스피어가 만년기인 1611년에 지은 작품으로 추정되며, 이 작품을 끝으로 그는 더는 집필하지 않았다고 한다. 템페스트는 '4대 비극'만큼 유명하지도 않고 그렇다고 줄거리가 독특하지도 않다. 그럼에도 이 작품은 개인적으로 여러 지인에게서 추천받은 작품이고 무려 서울대 100대 권장 도서 목록에도 포함되어 있다. 이 작품이 가치 있다고 평가받는 이유는 아마도 셰익스피어의 마지막 작품이기도 하거니와 작품 안에 많은 상징이 적절하게 사용되었기 때문일 것이다. 그만큼 해석의 재미가 있다.

제목은 '템페스트' 혹은 '폭풍우'라고 번역되어 있다. 문학동네와 문예출판사는 '템페스트'로, 창비는 '폭풍우'로 출간되었다. 1차 문헌의 제목이 이렇게 두 종류로 쓰여서 2차 문헌(작품을 재해석한 글)에서도 작자에 따라 '템페스트' 혹은 '폭풍우'로 혼용되어 쓰이니 참고하기 바란다.

2. 줄거리는 단순하다. 밀라노의 대공 푸로스퍼로는 정사는 뒤로 한 채 마술 연구에만 몰두한다. 그의 동생 안토니오는 나폴리의 왕 알론조의 힘을 빌려 반란에 성공하고 푸로스퍼로와 딸 미랜더를 배에 태워 축출한다. 푸로스퍼로는 알론조의 신하 곤잘로의 도움으로 죽지 않고 어느 무인도에 도착한다. 그 무인도는 사악한 마녀 시코락스가 살았던 곳으로, 시코락스는 괴물 캘리밴을 낳았고, 에어리얼이라는 정령을 소나무 속에 가둬 노예로 부렸다. 시코락스는 이미 죽은 뒤였고, 푸로스퍼로는 에어리얼을 구하고, 에어리얼은 푸로스퍼로를 주인으로 섬긴다. 캘리밴 역시 푸로스퍼로의 하인이 된다. 12년이 흐른 뒤 푸로스퍼로의 마법으로 알론조 왕과 안토니오는 폭풍우를 만나 섬에 좌초된다. 푸로스퍼로는 복수 대신 그들과 화해하고 마술을 모두 버린 채 제자리로 돌아온다. (대공의 의미는, 공작 중 제일 높은 공작이라는 의미의 대공(Grand Duck)과 독립 영지를 다스리는 공왕(Prince) 두 가지가 있다. 원문이 어떠한가를 보는 것이 가장 빠르겠으나 알론조가 나폴리의 왕인 것처럼 이 작품에서는 단순하게 밀라노의 왕이라고 생각해도 무방할 듯하다.)

3. 템페스트에 관한 기존의 해석은 '화해'에 방점을 두었다. 당시 문학의 보편적인 해피엔딩 장치인 '결혼'까지 등장하고 죽는 사람 하나 없이 용서받고 제자리로 돌아온다. 베토벤은 템

페스트를 읽고 '피아노 소나타 17번'을 작곡하였다. 연주곡은 (피아니스트가 해석하기에 따라) 연주 시간이 7분 30초 전후이며 전반적으로 빠르면서도 어둡고 여름밤 장마처럼 눅눅하다. 베토벤이 청각을 거의 상실했을 즈음이라니 그럴 듯도 하다. 그런데 왜 베토벤은 그 절망적인 순간에 템페스트를 읽고 이 곡을 지었을까. 그 역시 템페스트를 분노 뒤 화해와 용서로 해석한 듯하다.

4. 과거의 해석이 푸로스퍼로(피해자, 주인공) 對 알론조, 안토니오(가해자)의 구도였다면, 현대의 해석은 푸로스퍼로(인간) 對 에어리얼, 캘리밴(인간의 속성) 혹은 푸로스퍼로(침략자) 對 캘리밴(원주민)의 구도로 본다. 우선 전자는 문학동네판 번역자인 이경식이 작품 해설에서 설명하고 있다. 푸로스퍼로는 에어리얼(정신)과 캘리밴(육체) 양면을 가진 존재였으나 캘리밴을 회개하도록 교육시켜 천사의 자리에 오르게 된다는 인간 승리로 해석한다. 정신과 육체의 날카로운 이분법, 인간 내면의 분열과 정신 우위 경향을 엿볼 수 있는 해석이다. 나는 이런 기이한 해석법에 그다지 감흥을 느끼지 못하며, 이런 종류의 해석이 오히려 템페스트의 가치를 깎는다고 생각한다.

이에 비해 좀 더 재미있고 현실감 있는 해석이 후자이다. '로쟈'로 유명한 이현우는 《로쟈의 세계 문학 다시 읽기》에서 후자의 해석을 소개하며 본인 역시 이를 긍정하는 듯 보인다. 우선 이현우는 이경식의 해석법에 반대한다. 외부에 명백히 존재하는 에어리얼과 캘리밴을 푸로스퍼로가 자기 내부화하는 타자성 배제, 이를 '아Q정전'식 정신 승리라고 혹평한다. 과거 중국 왕조에서 주변국들에게 받든 말든 자기 마음대로 신하국으로 칭호를 내리고 모두 다 자기 세상으로 생각하는 것과도 비슷하다. 이런 타자성 배제가 갖는 철학의 폭력성, 이것에 반론을 제기한 것은 상당히 의미 있다고 생각한다.

5. 로쟈의 해석은 이러하다. 캘리밴은 그 섬의 원주민이다. 그런데 푸로스퍼로가 들어와서 주인 행세를 한다. 캘리밴을 괴물로 묘사하고 멍청한 인물로 만든다. 푸로스퍼로가 그에게 말을 가르친 것도 더 잘 이용하기 위한, 더 잘 착취하기 위한 목적이라고 본다. 캘리밴 같은 야만인은 교정이 필요한 위협적인 존재이며 강간이나 모반 같은 반사회적 행위는 반드시 통제되어야 한다는 의미이며, 이런 생각은 당시의 영국 제국주의, 식민주의적 태도이고 결국 템페스트는 식민주의 정당화로 해석해야 한다는 주장이다.
셰익스피어가 제국주의자라는 것은 역사적 정설이다. 그 당시 영국 지식인 중에 자국의 제국주의를 비판하거나 의문을 제기한 사람이 거의 없었다는 것을 볼 때, 셰익스피어의 제국주의 성향은 그다지 놀라운 일도 아니고 특별한 일도 아니다. 서양 철학자 대부분이 정신분열증자라고 거칠게 혹평하는 박홍규 교수가 셰익스피어를 꼭 집어 군이 제국주의의 산물로 규정한 것도 납득이 간다. 그러나 설명이 된다고 해서 반드시 그것이 진실임을 보장하지는 않는다. 현실에서도 논리성이나 개연성만 충족시켜서 정적을 제거하거나 수사 기록을 날조하는 역사는 비일비재하다. 다만 이런 해석도 가능하다는 의미, 이런 해석이 우리에게 다른 시각에서 문학을 접할 수 있도록 도움을 준다면 그로써 의미가 있는 것이다.

6. 푸로스퍼로가 섬에 도착했을 때 캘리밴은 그에게 섬의 이곳저곳을 알려 주었다. 푸로스퍼로는 캘리밴을 자신의 오두막에 함께 살게 하고 그에게 말을 가르친다. 이 둘은 이때까지만 해도 호혜적 관계였다. 그러다 이 둘이 틀어지는 계기가 발생하는데 그것은 캘리밴이 푸로스퍼로의 딸 미랜더를 강간하려다 실패한 사건이다. 이 일로 인해 캘리밴은 마법이 강력한 푸로스퍼로의 노예가 되어 버린다. 제국주의는 작정하고 힘이 약한 나라를 침략하여 수탈하는 체제다. 그런데 푸로스퍼로와 캘리밴의 관계는 그렇지 않다. 제국주의는 침탈이 용이하게 하기 위해 과거 일제가 조선에 그러했던 것처럼 철도를 놓고 도로를 건설한다. 그러나 푸로스퍼로는 캘리밴에게 계획적으로 말을 가르친 것으로 보긴 어렵다. 캘리밴을 오두막에 함께 살도록 한 것 역시 계획적이진 않았다. 작품 내 대화를 읽어 보아도 캘리밴의 잘못으로 인해 관계가 틀어진 것이 명백하다.

물론 캘리밴을 용서하고 교화하는 것은 옳은 일이고, 그를 노예로 부려먹는 것은 비인간적인 일이다. 캘리밴의 강간 미수가 푸로스퍼로가 그를 핍박하는 행위를 정당화할 수는 없다. 그러나 자기 딸을 겁탈하려고 한 캘리밴을, 강간이 미수로 그친 것을 반성하기는커녕 실패를 아쉬워하는 캘리밴을 그저 덮어놓고 용서하라고 강요할 수도 없는 노릇이다. 적어도 캘리밴의 강간 미수는 명백히 그의 잘못이다.

이 점에 대해 이현우는 캘리밴의 법 상식과 푸로스퍼로의 법 상식, 현대의 법 상식에 차이가 있을 수도 있고, 캘리밴은 강간이라는 것을 그렇게 큰 범죄로 생각하지 않을 수도 있다, 라는 취지로 말했다. 조금 위험한 발언이지 않나 싶다. 어쩌면 그가 남성이라서 그런 생각을 할 수도 있고, 캘리밴을 동정해서, 혹은 그 해석을 지키기 위해 강변한 것일 수도 있다. 범죄는 가해자가 별것 아니라고 생각했다고 해서 면죄되는 것이 아니고 피해자를 중심으로 판단해야 한다. 둘의 관계를 악화시킨 것은 캘리밴이고 또 이에 대해 뉘우침도 없으며, 푸로스퍼로는 용서할 생각이 없기 때문에 둘의 관계는 영원히 회복될 수 없다.

7. 그렇다면 셰익스피어는 어떤 생각으로 템페스트를 지었을까. 당시 그는 만년이었고 이 작품이 마지막 작품이었다. 어쩌면 푸로스퍼로에 자기의 모습을 일부 투영했을지도 모른다.

푸로스퍼로가 모든 마법을 버린 것과 동시에 집필을 하지 않았기 때문이다. 이런 '내려놓음'의 심적 상태라면 '화해'라는 것에 방점을 찍어 작품을 집필했을 가능성이 크다고 본다. 다시 말해 현대의 해석보다는 기존의 해석이 더 셰익스피어의 집필 목적에 가깝다는 것이다.

단, 여기에서 살펴보아야 할 중요한 문제가 있다. '셰익스피어'가 과연 실존 인물인가 하는 것이다. 만약 셰익스피어가 실제 인물이고 그의 연대기가 사실이라면, 사후에 받을 엄청난 호평은 전혀 모르고 죽은 작가 만년의 작품에는 화해와 해탈의 메시지가 들어있는 것이 자연스럽다. 그러나 셰익스피어가 실존 인물이 아니고 프랜시스 베이컨의 필명이었다면? 혹은 어느 창작 집단이었다면? 아마도 정치적인 메시지에 조금 더 중심을 두어야 할 것이다. 제국주의적인 해석, 즉 캘리밴을 저렇게 악독하게 그려야 제국주의의 명분이 생기고, 그를 강간범으로 만들고 푸로스퍼로를 성인으로 만들어야 영국의 침탈이 정당화될 수 있기 때문에 템페스트를 지었다고 보는 것이 맞을 것이다.

8. 템페스트는 빙산처럼 눈에 보이는 부분, 작품의 길이보다 해수면 아랫부분, 숨은 이야기가 훨씬 긴 작품이다. 템페스트는 작품 자체의 의미보다 해석에 더 큰 의미가 있다. 가수는 자기의 컨디션에 따라, 부를 때의 감정에 따라 노래가 늘 달라야

한다는 어느 심사평처럼 템페스트 역시 읽을 때마다, 상황에 따라 해석이 달라지는 재미있는 작품이다.

참고 도서: 《템페스트》(셰익스피어, 이경식, 문학동네), 《로쟈의 세계 문학 다시 읽기》(이현우, 오월의봄), 《셰익스피어는 없다》 (버지니아 펠로스, 정탄, 눈과마음)

## 2. 문학 : 등장인물과 해석 위주의 서평

### 참을 수 없이 가벼운 것은 존재가 아니다
### 《참을 수 없는 존재의 가벼움》

이 소설은 특이하게도 작가가 전면에 등장하여 모든 것을 설명하고 조작한다. 마치 모든 것이 그의 의식 흐름에서 비롯되었다는 듯이 말이다. 작가는 그것을 굳이 감추지 않고 드러낸다. 한편으로는 솔직하고 다른 한편으로는 뻔뻔하다.

소설의 전반부는 의식의 흐름이 주를 이루며, 스토리가 짙어지는 부분은 후반부이다. 후반부도 의식의 흐름에 적지 않게 할애되어 있으나 비교적 스토리가 충실(?)하다.

비평 이론에는 '저자의 죽음'이라는 비평 용어가 있다. 최근 대부분의 비평에는 '저자의 죽음'을 빼놓지 않는다. '저자의 죽음'이란 무엇인가. 전통적으로 문학 작품에서는 저자에 관한 내용을 중시하였다. 저자가 어떤 상황에 처해 있고 그런 시대적 상황을 반영한 저자의 심리, 그런 저자가 창작한 작품에서 저자에 관한 내용이 중요한 비평 소재였던 것이다.

최근에는 저자를 의미 있는 분석 대상에서 제외하는 평론가들이 많다. 그 대신 독자, 이데올로기, 텍스트 등을 고려한다. 저자에 관한 내용, 저자와 관련된 부분은 고려하지 않는다. 이런 의도에서 '저자의 죽음'이라 칭하는 것이다.

이 소설에서 작가는 자신의 죽음을 결코 용납하지 않는다. 차라리 주요 등장인물을 모두 죽음으로 몰아갈지언정(실제로 죽었다!) 자신이 죽는 것은 원천 봉쇄한다. 작가는 이 소설의 창조주이자 신으로 군림한다. 마치 크로노스의 남근에서 아프로디테가 탄생하였듯이 소설 속 등장인물은 그의 사유 한 조각에서 탄생한다. 작가는 친절하게도 토마시는 어떤 이미지에서 탄생하였고 테레사는 쪼르륵 소리에서 탄생하였노라 굳이 밝힌다. 상황이 이렇다 보니 이 소설을 읽는 법은 다른 소설과 달라야 한다.

이 소설은 작가의 의식 흐름을 소설 속 등장인물의 의식 흐름으로 가장한 것에 불과하다. 작품 속 인물의 행동과 생각은 모두 내 사유의 일부라고 선언한다. 한편으로는 솔직하고 다른 한편으로는 뻔뻔하다.

이 작품의 주요 인물은 외과 의사 '토마시', 토마시의 부인 '테레자', 토마시의 애인이자 프란츠의 애인인 화가 '사비나', 사비나의 애인 '프란츠'다.

토마시와 사비나는 가벼운 삶을 원한다. 인간과 인간 사이의 깊은 관계를 꺼려한다. 다만, 이 둘 사이에도 약간의 차이가 있다. 토마시에게는 방어 기제가 존재한다. 바로 '친밀감에 대한 두려움'이다. 친밀감이 느껴지는 대상에게서 받게 될 상처들을 효과적으로 방어하는 것이다. 토마시는 여자들을 수없이 만나고 잠자리를 하지만 그들과 깊은 관계를 맺지 않는다. 친밀감에 대한 두려움 때문이다.

사비나는 토마시처럼 깊은 관계를 맺지 않으려 하는 것은 같다. 그녀는 '키치'에 대한 거부감이다. 즉, 전형적인 어떤 것, 어떤 집단이나 행렬에서 벗어나려는 것이다. 그녀는 그런 속박에 빠져드는 것을 부정한다. 어떤 역할, 어떤 의무, 어떤 전형, 이런 것들에게서 강박적으로 벗어나려 한다.

토마시는 결국 테레자를 받아들임으로써 그 수많은 가벼움 가운데서 무거운 관계를 허락해 버린다. 이로써 그는 테레자와의 무거운 관계 속에 살게 된다. 사비나에게도 이 무거운 관계가 시작될 기회가 있었다. 토마시에게 테레자가 다가왔듯 프란츠가 그녀에게로 다가왔다. 그러나 그녀는 프란츠가 무거운 관계로 자신을 속박하려 하자 프란츠를 떠난다.

테레자는 솔직하고 꾸밈없는 인물이다. 자신이 원하는 바에 맞춰 살아가는 역동적인 인물이다. 그러나 그녀는 낮은 자부심으로 고통받는다. 토마시가 끝없이 다른 여자들과 정사를 벌이는 것을 보며 그녀는 늘 불안해한다. 그녀는 자신의 육체를 천시한다. 그녀는 토마시의 단 한 사람이 되고 싶지만 토마시에게 수많은 여자 중 하나가 될까 두렵다.

그녀는 토마시에게 단 하나의 존재가 되지 못하는 이유가 자신의 부족함(육체) 때문이라고 생각하고 자책한다. 그녀는 토마시가 자신을 사랑하는 것을 알고 있지만 늘 확인받고 싶어하고 그를 의심한다. 아무에게도 휘둘릴 것 같지 않던 토마시는 그녀를 따라 두 번이나 삶의 터전과 직업을 바꾼다.

사비나는 '키치'에 반대한다. '키치'란 무엇인가. 밀란 쿤데라가 말하는 키치는, '존재에 관한 확고부동한 동의'다. 확고부동이라는 말의 의미는 '존재를 확신한다.'는 의미가 아니다. '존재가 당위적으로 존재한다.'는 것이다. 그 당위를 동의하는 것, 그것이 키치인 것이다. 그 당위라는 것은 전형적인 것, 빛과 어둠 중 빛만 포함한 반쪽을 의미한다. 명절 아침 토크쇼에 출연하는 쇼윈도 연예인 부부의 금실 자랑 같은 것, 사랑하는 딸의 입을 닦아 주는 딸 바보 아빠의 설정 샷 같은 것, 좋아요를 갈구하며 페이스북에 올라와 있는 행복해 죽겠다는 표정의 셀카 같은 것. 키치가 있다고 해서 행복하지 않다는 것은 아니다. 다만 그런 연출과 가식이 키치인 것이다.

그녀는 누군가에게 부인되어야 하는 그 역할을 해야 하는 것, 수많은 보통 사람처럼 그들이 보여 주는 전형적인 어떤 역할을 해야 하는 것을 혐오한다. 밀란 쿤데라는 대열에서 이탈하는 것을 배신이라고 표현했다. 나는 이 표현이 꼭 맞는 표현은 아니라고 생각한다. 여하튼, 그녀는 이 소설에서 배신의 아이콘으로 여러 번 규정된다. 이 역시 키치적이지 않나.

프란츠는 몽상가다. 프란츠와 사비나는 연인 관계였지만 둘 사이는 정말 많이 다르다. 사비나는 공적인 것과 사적인 것을 철저히 분리했다. 공적인 것은 키치라 여겼기 때문에 이 둘 사이의 장벽이 열리는 것을 허락하지 않는다.

반면 프란츠는 공적인 것과 사적인 것의 합치를 원했다. 그는 그 자신이 행동하는 모든 것이 공적인 것이자 사적인 것이 되는 모습, 유리 벽 안에 있는 집, 자신의 솔직한 모습을 숨김없이 그대로 보여 주길 바랐다. 프란츠는 행렬을 좋아하고 혁명에 관한 막연한 동경이 있다. 공산주의로부터 벗어나기 위한 프라하의 봄, 그리고 이것을 힘으로 제압해 버린 공산주의의 침략, 이에 대한 저항. 프란츠는 사비나가 그런 혁명의 나라에서 망명 왔다는 것을 한없이 동경한다. 그는 순수한 몽상가이다.

이 책에는 서로 모순되는 단어가 많이 존재한다. 가벼움과 무거움, 우연과 필연, 빛과 어둠 등이 늘 대비되고 이어진다. 이 두 모순이 가까워져서 한데로 모일 때 존재들은 현기증을 느낀다. 이 현기증은 자기 파괴적 충동이다.

자기가 원했던 것에 관한 확신이 허물어지고 자신이 가장 벗어나고픈 것이 그리워지는 순간, 이 둘 사이의 간격이 좁아지는 순간, 존재는 죽음 충동을 느낀다.

존재의 가벼움과 존재의 무거움이란 무엇일까. 그것은 관계를 의미한다. 존재와 존재 사이의 가벼움, 존재와 존재 사이의 무거움이다. 토마시에게 테레자는 무거움이다. 토마시에게 테레자를 제외한 다른 수많은 여자는 가벼움이다.

토마시는 테레자를 사랑하지만 그 사랑이 우연이 시작되었다고 생각한다. 그런 우연이 겹쳐서 이루어졌으니 만약 테레자가 아니었어도 다른 누군가를 만났을 수도 있겠다, 혹은 테레자 역시 자신이 아닌 다른 남자의 부인이 되었을 수도 있겠다, 이런 생각에 언짢다.

테레자는 그들의 사랑이 우연이 아니라고 생각한다. 그녀는 일부러 그에게 접근했고 일부러 그를 꺼내냈다. 그녀는 그와의 사랑이 어떤 운명 같은 것이 아니라 자신의 계략 같은 것이라 여긴다. 그녀는 이런 생각에 언짢다. 우연도 필연도 모두 사랑의 언짢은 근거다. 그 둘은 사랑하지만 각자가 생각하는 그 근거 때문에 각자의 사랑이 가볍다는 혐의를 벗기 어려워진다.

존재의 가벼움이란 무엇일까. 누군가와 무거운 관계(사랑, 결혼)를 맺는다는 것, 사비나가 늘 도망쳤던 것은 그 관계성이 결과적으로 빚어 낼 '키치' 때문이었다. 참을 수 없는 가벼움이라는 것은 의미 없음을 말한다. 가벼운 관계 한끝에 놓인 존재란, 방금 전까지 계속 전화를 걸었지만 받지 않아 실망하고 있을 때 그 당사자가 앞에 나타났는데도 누군지 모르는 존재다.

개별성이 없어지는 것, 토마시는 다른 여자들을 만나는 이유가 마치 수집가같이 각각의 그 개별성을 발견하기 위함이었다고 말한다. 존재가 가볍지는 않다. 그 존재와 마주하는 또 다른 존재 사이의 관계. 그것에 가볍고 무거움이 있는 것이다.

참을 수 없다는 것은 존재의 의미가 아니라 그 관계의 의미가 없어지는 것. 자신에게 시도되는 수많은 굴레(키치)에게서 끝없이 도망쳤던(적극적인 표현으로는 배신을 해 왔던) 사비나는 결국에 더는 배신할 것이 없을 땐 어찌해야 하는지 의문에 빠진다. 모든 인간 사이의 유대감은 오로지 이 키치 위에 근거할 수밖에 없노라, 작가는 선언한다.

작가는 키치를 벗어나는 모습을 소설 마지막에서 보여 준다. 테레자는 강아지 카레닌이 죽어가는 장면에서 이렇게 생각한다. 카레닌과 자신을 잇는 사랑은 자기와 토마시 사이에 존재하는 사랑보다 낫다고. 이해 관계가 없는 사랑, 테레자는 카레닌에게 아무것도 원하지 않고, 사랑조차 강요하지 않는다. 카레닌에 대한 사랑은 누구도 강요하지 않는 자발적인 사랑이었다. 선의는 자기와 비슷한 처지에 있는 존재에 대한 태도가 아니라 아무런 힘도 지니지 않는 존재들에 대해서만 순수하고 자유롭게 베풀어질 수 있는 것이다. 작가는 다시 등장하여 이렇게 말한다.

'내가 사랑하는 니체가 바로 그런 니체이며, 마찬가지로 내가 사랑하는 테레자는 죽을 병이 걸린 개의 머리를 무릎에 얹고 쓰다듬는 테레자다. 나는 나란히 선 두 사람의 모습을 본다. 이들 두 사람은 인류, '자연의 주인이자 소유자'가 행진을 계속하는 길로부터 벗어나 있다.'

사비나가 끝까지 추구한 키치로부터의 이탈은 테레자가 (사비나를 대신하여) 이해관계가 없는 사랑에서 비로소 얻을 수 있었다. 이 책의 첫 시작은 니체의 영원 회귀다. 작가는 이렇게 말한다.

'(중략) 영원한 회귀가 주장하는 바는, 인생이란 한 번 사라지면 두 번 다시 돌아오지 않기 때문에 한낱 그림자 같은 것이고, 그래서 산다는 것에는 아무런 무게도 없고 우리는 처음부터 죽은 것과 다름없어서, 삶이 아무리 잔혹하고 아름답고 혹은 찬란하다 할지라도 그 잔혹함과 아름다움과 찬란함조차도 무의미하다는 것이다.'

토마시는 독일 속담을 되뇌었다.

"einmal ist keinmal. 한 번은 중요치 않다. 한 번뿐인 것은 전혀 없었던 것과 같다. 한 번만 산다는 것은 전혀 살지 않는다는 것과 마찬가지다."

그런데 밀란 쿤데라가 생각한 것처럼 니체의 영원회귀란 허무주의가 아니다. 인생이 무한대로 회귀한다면, 영원히 반복된 지금 이 순간 1초가 인생 1회전보다 길다는 의미다. 그래서 이 한 순간이 인생 전체보다 소중한 것이 된다. 영원히 반복된 1초는 인생 전체보다 결코 가볍지 않고 이 1초가 연속될 인생 역시 가벼워질 수 없다.

관계로부터의 무거움을 벗어나기 위해 몸부림치는 것이 키치를 거부하는 것이 아니고, 무거운 관계를 이해 없는 관계로 잇고 있을 때 키치에서 벗어나게 되는 것이다. 참을 수 없는 것은 키치가 아니라 맹목적인 키치로부터의 배신이다.

존재의 가벼움은 애초에 형용 모순이다. 존재의 가벼움이 아니라 그 관계의 가벼움이다. 참을 수 없는 것은 존재의 가벼움이 아니라 존재 사이의 의미 없는 관계 맺음인 것이다.

## 상실한 자기 자신을 찾는 존재의 여정
### 《어두운 상점들의 거리》

'나는 아무것도 아니다.'

소설은 주인공의 독백으로 시작한다.

왜 주인공은 스스로를 아무것도 아니라고 말하는 것일까. 그는 기억상실증에 걸려 있다. 8년 전 흥신소에서 사립 탐정을 시작하였지만 그 이전의 기억은 모두 '상실'한 상태다. 그를 거두어 준 사립 탐정 위트가 은퇴하자 그는 이제 '과거 찾기'라는 숙제를 풀기로 한다. 이 소설은 다시 찾아온 '상실'로부터 주인공이 자신의 기억을 찾으러 가는 여정의 기록이다.

과거를 찾는다는 것은 무엇일까. 그는 왜 스스로를 아무것도 아니라고 말하는 것일까. 과거는 현재의 그가 있게 한 존재의 원천이다. 잃어버린 과거와 분절된 현재를 '아무것도 아니다.'라고 말하는 것은 과거가 곧 존재의 정체성을 형성하기 때문이다. 그는 단순히 기억을 찾는 것이 아니라 자기 자신의 성체성을 되찾기 위해, 상실된 자기 존재를 되찾기 위해 숙제를 풀어야 했던 것이다.

과거의 경험과 기억이 현재의 존재를 있게 한다는 전제, 그래서 그 과거를 찾아야 정체성을 찾을 수 있다는 전제, 물론 이런 전제에 동의하지 않을 수도 있다. 과연 기억을 할 수 있다는 것만으로 그 존재의 정체성을 확인할 수 있을까. 과연 과거를 되찾는다는 것이 현재 나의 '존재'를 파악할 수 있는 조건일까. 과거를 기억하든 말든 간에 현재의 그는 분명 존재하는 것이고 살아 있으며, 기억을 되찾는다는 것이 앞으로 살아가기 위한 필수적인 요건은 아니다(이미 기억이 없는 채로 8년을 살아왔지 않은가).

하지만 다시 찾아온 '상실' 앞에서 그는, 도무지 확신할 수 없는 '자아'를 지닌 존재로서, 그 자아를 형성하고 있는 과거의 총체들, 뻥 뚫려 버린 그 시간을 더는 견딜 수 없었을 것이다. 디디고 있을 땅이 없다는 것, 하늘을 나는 새에게도 발바닥을 붙일 공간은 필요한 법이다.


주인공이 과거를 찾아가는 여정을 서술하는 방식이 색다르다. 주인공은 과거의 단서를 타인과 만나는 과정에서 얻어 간다. 그 타인은 다음 단계로 나아갈 수 있는 힌트를 준다. 그리고 그들은 헤어진다. 힌트를 따라서 조금씩 조금씩 나아간다. 그런데 내 눈에 더 들어오는 것은 미증의 '과거'라는 목표물이 아니라 그 여정에 징검다리처럼 놓여 있는 '타인'이다. 이 타인들은 그의 과거 속 일부에 속해 있었다. 그런데 그 타인들은 서로를 알지 못한다. 나는 이 점이 참 재미있게 느껴졌다. 첫 번째 사람이 두 번째 사람을 소개하지만, 두 번째 사람은 첫 번째 사람을 기억하지 못한다. 또, 다음 사람은 그 전 사람을 기억하지 못한다. 이러한 퍼즐 조각은 일방통행이다. 앞과 뒤가 바로 연결되어 있는 것이 아니라 가운데를 빼놓고 다음 퍼즐을 놓은 식이다.

이 소설이 명확하지 않고 모호한 까닭 중 하나는 아마도 다음과 같은 이유 때문일 것이다. 읽는 입장에서, 앞의 진술과 뒤의 진술을 상호 대조할 수 있는 가능성을 끊어 놓았기 때문에 주인공이 과연 제대로 가고 있는 것인지 아닌지 확인할 길이 없다. 이런 빈 공간은 오로지 우연과 주인공의 육감에 의해 메워지고 그것들이 더러는 엉뚱한 상상으로 밝혀지기도 하는 등 모호해진다.

주인공에게 힌트를 주는 그 타인들은 1회성 NPC\*들이다. (\*RPG 게임에서 등장하는 중립적 인물들. 게임 속 주인공이 다음 단계로 나아갈 수 있도록 도와준다.) 주인공은 그들을 다시 만나지 않는다. 특히 소설 앞부분에서 만나는 타인들은 주인공에게 기억의 단초를 기꺼이 제공하고 헤어진다. 그들은 단절되고 고립된 사람들이다. 주인공과의 관계가 그렇게 '소모'된다. 그런데 중반부부터는 그들과 주인공과의 관계기 '소모'되는 것이 아닌 '유지' 혹은 '다시 만날 기약' 같은 것을 남긴다.

가령 주인공이 과거를 찾는 단서인 '잡지'를 빌려줄 것을 요청하면 그 대상이 그것을 돌려줄 것을 몇 번씩 당부한다거나 조금 더 있다 가기를 바라는 것이다. 하지만 주인공은 그 잡지조차 돌려주지 않는다. 다시 만나지 않고 관계가 끊어진다. 소설에서 그 개인들은 앞과 뒤의 사람들과의 기억을 끊고 있으며 주인공은 단서만 찾아갈 뿐 그들은 분절되어 있다.

소설에서는 이 타인뿐만 아니라 이야기 진행과 별 상관 없는 인물에 관한 묘사를 한다. 짜인 플랫 구조라는 측면에서 본다면 그런 묘사는 다 군더더기다. 하지만 작가는 그들에게 굳이 몇 줄, 몇 장을 소비한다. 그들은 중요하지 않다. 풍경 같은 존재들이다. 이 사소한 사람들에게 무게감을 준다. 그래서 그들은 가볍지만 무거워진다. 소설은 분명 '과거'를 찾는 여정이지만 작가가 보여 주는 것은 그 여정 속에서 만나거나 관찰되는 인물들의 모습이다. 그들은 하나같이 외롭고 그들 간의 벽은 공고하며 지워진 기억들처럼 분절되어 있다.

그는 기억을 점차 찾아가지만 그것이 진짜 기억인지 아니면 단서들로 인해 재구성된 것인지 그것조차 모호하다. 소설이 기억의 외곽에서 핵심으로 들어가고 있지만 소설이 멈춘 시점에서는 주인공이 과연 동심원으로 들어와 있는지 아니면 외곽에서만 서성이고 있는지 확인되지 않는다. 모든 것은 여전히 모호하다.

주인공은 자신의 기억을 되찾기 위한 중요한 열쇠라고 여겨지는 옛 친구를 만나러 갔고 그 친구는 며칠 전 자취를 감췄다. 그의 '상실'은 여전히 반복된다. 주인공은 그 친구를 꼭 찾아내겠다는 다짐(새로운 찾기, 숙제 시작)과 그가 예전에 살던 곳으로 확인된 '어두운 상점들의 거리, 2번지'를 가기로 한다.

소설의 제목이기도 한 '어두운 상점들의 거리'는 실제로 로마에 있는 지명이다. 어두운 상점들이 늘어선 거리의 모습은 그가 기억을 찾는 여정을 은유한다. 어두운 상점들은, 그의 단편적인 기억일 수도 있고 그가 만나는 타인의 모습일 수도 있다. '나는 아무것도 아니다.'로 시작한 소설은, 다음과 같은 문장으로 끝맺는다.

'그런데 우리들의 삶 또한 그 어린아이의 슬픔만큼이나 빨리 저녁 빛 속으로 지워지는 것은 아닐까?'

## 4. 비문학: 내용 요약 위주의 서평(책에 대체로 동의하는 입장)

### '경제학'의 뻔뻔함을 고발합니다
### 《경제학은 과학적일 것이라는 환상》

저자는 우리나라에서 이 책이 출간할 때 군이 한국어판 서문을 따로 썼다. 무엇 때문에 그랬을까.

경제학의 조상들(애덤 스미스, 데이비드 리카도, 칼 마르크스 등)은 스코틀랜드, 잉글랜드, 독일, 프랑스 등 유럽 출신으로 한 문화권에 편중되어 있고 그들은 자신의 속한 지역만 여행하고 연구하여 경제학을 발전시켰다.

프로이트가 자신의 이론을 발표하면서 자신의 연구 결과가 추정한 것도 많고 성급하게 일반화한 것도 있으니 향후 후학들이 수정, 보완시켜 주길 바랐던 것과는 대조적으로 그들은 자신의 이론에 겸손함이 없었다.

그들이 속했던 문화와 달리 (우리나라를 비롯한) 동양 문화권에서는 개인의 중용과 절제라는 이상을 통해 사회 문화를 꾸렸고 이는 개인의 이기적 특성을 강조하는 서구 접근법과는 대조적이다. 우리의 문화에서는 선택의 기준이 효용이 아니라 품위(내적, 외적을 모두 포함하는)였다.

서구의 대중적인 선택 기준과 우리의 보편적인 선택 기준은 그들의 경제학과 우리 경제 상황이 다르다는 것을 보여 주는 단면이다.

경제학은 과학 방법론을 가지고 과학화를 시도했다. 과학이 본인의 공리들을 패러다임의 변혁으로 겸허히 받아들이고 다른 이론을 새롭게 만드는 데 비해 경제학은 기본 공리들을 엄격히 보호한다. 끌어다 쓴 과학의 공리가 정작 과학계에서는 부정되었는 데도 경제학은 그 공리들을 기반으로 이론을 발전시켜 왔다.

경제학이 과학의 탈을 쓴 채 처방까지 내리고 있다는 점에 문제가 있다. 그들은 (좋은) 목적을 가지고 조언하지만 그 목적은 이루어지지 못한다. 기본 공리가 잘못되었기 때문이다. 이 책에서는 경제학 기본 공리의 타당성을 살펴본다.

## 1. 모형

경제학은 (계산하기 쉬운) 이상적인 모형을 만든다. 그러나 그 모형은 (적어도 동양적 문화에서는) 인성적 특성을 뺀 진공 상태에서 연구를 진행하는 것이다. 인류학자들이 관찰하고 기록하는 것에 비해 경제학자들은 계산하고 상태가 어떻게 될지 예상하여 처방을 내린다.

## 2. 훔쳐 온 과학의 위상

노벨경제학상은 노벨의 유언으로 만들어진 상이 아니라 스웨덴 중앙은행에서 상을 제정하면서 노벨의 이름을 붙인 것이다. 여기에 노벨이라는 이름을 붙인 것에 대해 노벨의 손자는 극렬히 반대한다. "중앙은행이 자기 알을 다른 새의 둥지에 집어넣었다."며 이름 도용을 항의하였지만 소용없는 일이었다. 이로써 경제는 과학의 위상을 갖게 된다.

## 3. 모형 수호

고전 역학 이론은 열역학으로 인해 그 모형이 붕괴되었다. 열역학은 엔트로피 증가 법칙을 증명하였고 이것은 시간이 지날수록 유용한 에너지가 돌이킬 수 없는 특성으로 인해 무질서로 변화되며 단순한 방법으로 되돌릴 수 없다. 시간성을 포함시킨 것이고 그 시간을 거스를 수 없으며 다시 에너지로 만들기 위해서는 더 많은 에너지가 소모된다.

시간을 무시하는 정적인 논리에서 추론된 정보는 동적 분석에서 추론된 정보와 완전히 반대일 때가 있다. 경제는 근본적으로 동적이므로 경제학의 정적 분석은 당연히 오류가 있다고 말한다.

애덤 스미스, 칼 마르크스는 가치가 노동에 기초한다고 주장하였고 빌프레도 파레토, 프리드리히 하이에크, 레옹 발라 등은 이 노동을 효용으로 대체했다. 고전 역학 모형을 물리학자들이 폐기하는 것을 고려하고 있을 때 경제학자들을 그 역학 모형 위에 경제학을 공고히 세웠다. 경제학이 수학을 사용하는 것은 문제가 아니지만, 경제 과정에도 존재하는 불가역성

(시간을 돌이킬 수 없는 특성)과 엔트로피의 증가 법칙을 설명하지 못하는 모형에 기댄 것은 큰 문제가 된다. 모든 생산 과정이 환경 파괴, 질적 변화와 함께 진행된다는 사실을 반영하지 않는다.

## 4. 희소성

희소성의 문제는 배분의 문제로 발전하지 않고 성장의 문제로 진행된다. 희소성을 해결하기 위해 보다 효율적인 관리나 분배가 목적이 되는 것이 아니라 더 많은 생산을 통해 희소성 문제를 해결해야 한다는 것이다.

희소성은 두 가지로 구분된다. 첫째, 유한으로 인한 희소성. 토지와 같이 생산이 불가능한 것, 자원같이 생산할 수 없고 사용할수록 고갈되는 것. 이것들은 분명 관리가 필요하다. 둘째, 부족으로 인한 희소성. 인간이 만드는 상품이다. 이것은 생산이 가능하다. (하지만 이 역시 장기적으로 유한의 희소성과 다르지 않다.) 시장 경제에서는 이 둘을 구분 짓지 않는다. 오로지 수요에 의해서만 가격이 결정될 뿐이다.

희소성을 해결하는 유일한 길은 끝없는 생산이다. 생산한 결과물은 강한 자가 더 많이 가져가기 때문에 누구도 부족함이 없는 상태가 될 때까지 경제 성장을 촉진시켜야 한다. 종종 사회 전체의 부를 재분배해야 한다는 주장이 제기되지만 언제나 '이제는 번영할 것이라는 희망'에 의해 억제되곤 한다. 이로써 경제 성장이야말로 현대 모든 인류를 위한 유일하고 진정한 길이라는 이데올로기를 굳건히 세웠다.

## 5. 합리성

인간 개체를 공리주의적 합리성과 보편적인 이기심이라는 두 가지 원리로 설명한다. 호모에코노미쿠스라는 환상에서 인간은 합리적 계산과 무한한 욕구를 갖고 있으며 이기적인 선택을 한다. 모든 사람이 다른 사람을 전혀 고려하지 않으며 잘 알지도 못하는 자신의 선호를 결정하고, 주변 상황과 상관없이는 선호가 변하지도 않는다.

처음에는 말 그대로 합리적으로 판단한다는 '순수한 합리성'을, 그 다음엔 정보가 완벽하지 않다, 라는 비판을 받아들여 이를 보완한 '제한된 합리성'을, 그리고 이제는 주변 환경을 고려한 '맥락적 합리성'을 모형에 첨가하였다. 이로써 인간이 하는 모든 행동은 '000 합리성'을 갖는다. 모든 인간의 모든 행동은 합리적인 셈이다.

1초만 생각해 보자. 과연 인간의 모든 행위가 합리적인가. 사람이 어떤 행동을 할 때 비합리적인 일을 할지라도 그것에는 어떤 타당한 이유가 있는 경우가 많다. 돈을 좀 손해 보더라도 더 주는 경우가 있고, 자선 사업과 익명 기부도 있다. 어쩌면 그들은 이러한 자비로운 행위에도 감정적인, 혹은 정치적인 이득이 있다고 말할지 모른다.

'계산적인 인간'이 경제학적 모형에서 다루기는 편하겠지만 이런 단순화는 현실과 너무나 다르다. 그래서 그 모형 위에 세워진 이론들은 현실에서 별다른 힘을 쓰지 못한다는 것이다. 특히 효용의 극대화만 도모하는 개인들로 사회를 구성해 놓기 때문에 사회적 유대나 호혜적 관계를 무시한다. 동양 문화와 너무 다른 가정이다.

## 6. 교환

모든 인간 사이의 관계를 교환으로 환원한다. 선물을 주고받는 것, 축의금, 품앗이 등 이런 형태의 교환도 존재한다. 결국 등가 교환이라고? 엄밀히 따지면 미리 준 사람이 손해 보는 장사다. 그런데 왜 이런 정신 나간 짓을 하는가. 나중에 받는 사람이 처음 받는 사람보다 그 만큼의 이자를 더 받든가 아니면 차라리 서로 안 주는 게 이익이다. 이런 관계가 희귀하고 특별한 것인가, 아니면 수시로 일어나는 일인가?

협력과 (상품의 교환이 아닌) 가치의 교환도 무시된다. 죄수의 딜레마를 보면, 개인의 이익을 좇다 보면 공동의 이익이 줄어든다. 가장 유력한 전략은 양측 모두 차악을 선택하는 것이다. 하지만 실제 인간 사회를 돌아보면, 시장 관습에서는 강한 죄수가 약한 죄수를 희생시키고 이익을 독차지한다.

## 7. 효용

시장은 점차 영향력을 확대하고 있다. 생산이나 재생이 불가능한 자원(토지, 석유) 외에 재생 가능한 자원(어족 자원 등)도 희소한 것으로 일반화시킨다. 모든 것은 교환(팔 수 있다)할 수 있다. 모든 생산은 파괴를 수반(엔트로피 법칙)하므로 결국 그 길의 끝은 총체적 결핍이다.

효용이 등장함으로써 사람과 사람의 사회적 관계는 그 사이에 놓인 사물 간의 관계로 바뀐다. 두 사람이 어떤 교환을 통해 둘 다 효용을 극대화할 수 있을까. 라이프니츠는 이미 동시에 두 개의 수학 함수가 극대화되는 것은 논리적으로 불가능하다고 증명하였다. 둘 다를 만족시키는 합리적 선택은 존재하지 않는다.

자신의 효용 극대화를 계산하는 것도 문제다. 어느 누가 그것을 계산할 수 있을까. 여기에 장 바티스트 세이가 한마디 거든다. 효용은 그 대상에 대한 우리의 판단과 그 대상을 획득하기 위해 지불할 의사가 있는 가격에 달렸다고 말한다. 이 가격이 효용성의 척도라고 말한다. 그가 이렇게 깔끔하게 정리해 주는 바람에 효용은 가격으로 표현할 수 있고 가격은 효용으로 측정된다는 (망신스러운) 순환 논리가 탄생한다.

## 8. 균형

균형은 현재와 미래의 가격에 관한 완벽한 지식이 있어서 가격에 반영된다는 가정이다. 비현실적이다. 파레토의 최적은 외부 효과를 무시함으로써 사회적 진공 상태에서 작용한다. 시장을 통제하지 않고 놔두면 교환 상대자들이 초기에 보유한 재원이 불균형하므로 불평등이 점점 커지는 결과를 초래할 것이다(아니, 이미 진즉에 초래했다).

경제학이 에너지를 시장 비용 정도로 축소하는 바람에 에너지 이용으로 인해 발생하는 모든 장기적 영향을 무시하게 되었고 역시 그 원인은 이 허구적 균형 이론이다.


## 9. 성장

경제학 모형에서 계산되지 않는 많은 것들은 배제할 수밖에 없다. 인간 사회에서 의심할 여지없이 소중한 가치를 지니고 있지만 가격이 붙어 있지 않아 제외된다. 성장의 척도인 GDP를 보면 우선 비시장적 노동은 제외된다. 공기 오염, 환경 파괴 같은 것들은 금전적 상쇄에 어려움이 있으니 부정적 외부 효과로 간주되어 역시 계산에서 배제된다. 자연이 무료로 제공하는 자원, 이 자원 파괴라는 비용은 포함되지 않는다.

부의 분배에 대해서만큼은 ㄱ 어떠한 것도 제시하지 못한다. 시장 활동의 질은 고려되지 않아서 광고로 인한 소득이든 매춘과 마약으로 인한 소득이든 그저 똑같은 '수치'로 표현된다. 애당초 도덕은 가격 측정이 되지 않기 때문이다. GDP는 그 체제 안에 살아가고 있는 사람들의 생존이 아닌 그 체제의 생존에 더 중요하다.

## 10. 성장

경제학 이론의 한 축인 존 스튜어트 밀은 이렇게 말했다.

"솔직히 고백하자면, 삶을 꾸려가기 위해 투쟁해 나가는 상태
가 인간의 정상적인 상태라고 생각하면서 다른 이를 짓밟고,
박살 내고, 팔꿈치로 찌르고, 뒤꿈치로 밟고 지나가는 현 사회
생활의 전형적인 형태가 대다수 인류에게 가장 바람직한 형태
라거나, 산업화 과정의 한 국면에서 발생하는 불쾌한 징후일
뿐이라고 생각하는 이들이 제시하는 삶의 이상이 내게는 전혀
매력적이지 않다."

"모든 땅은 한 뙈기 땅까지 인간이 식량을 재배할 수 있는 경
작지로 바뀌었다."

"인간이 가축화하지 않은 모든 네발짐승과 새들은 인간의 식
량을 축내는 경쟁자로 취급하여 몰살되었다."

"더 낫다거나 더 행복한 인구가 아니라, 단순히 더 많은 인구
를 부양할 수 있게 하려는 목적으로, 무한한 부와 인구의 증가
가 박멸해 버릴 것들에 빚지고 있는 즐거움의 대부분을 이 땅
에서 잃어버릴 수밖에 없다면, 난 후손들을 위해 기꺼이 정상
상태를 유지하기를 충심으로 바란다. 후손들이 궁핍 때문에
경제를 멈출 수밖에 없는 상태가 되기 전에."

## 11. 종교가 되고 싶은 경제학

저자는 비판이 통하지 않는 현재 경제학의 모습을 종교라 말한다. 이 부분을 옮겨 본다.

'모든 종교는 면역 방어 체계라는 특성을 지니고 있기 때문이다. 종교에 대해서는 비판이 전혀 작동하지 않는다. 시장이 자원을 최적의 방법으로 분배한다는 약속을 지키지 않는다고? 그것은 아직 완전 시장이 실현되지 못했기 때문이다. 성장은 오로지 부자들에게만 이익이라고? 그것은 가난한 사람들이 충분히 참여하지 않았기 때문이다. 경제 과정이 천연자원을 파괴한다고? 그것은 천연자원에 대한 적절한 가격이 아직 책정되지 않았기 때문이다.'

'아이를 치료해 달라는 어머니의 기도에 신이 응답하지 않았다면, 신의 존재가 의심스럽기 때문이 아니라 그 어머니에게 충분한 신앙이 없거나 충분히 오래 기도하지 않았기 때문이다. 종교 재판에서 체포된 마녀가 고문에도 자백하지 않는다면, 악마가 그 여자를 홀리고 고문을 버틸 수 있는 초인간적인 힘을 주었기 때문이다.'

## 12. 결론

저자는 경제학 무용론을 제기하는 것이 아니다. 경제학을 비판하는 것은 다만, 경제학이 초기의 잘못된 공리들을 전혀 손

보지 못하고 과학으로 군림하려 하기 때문이다.

그 공리 위에 쌓아 올린 효용, 성장주의, 교환의 환원주의 등을 오류투성이라고 말하고, 경제학자들이 조언하는 것도 마땅치 않아 한다. 저자가 원하는 바는, 탈성장을 통해 모든 관계를 교환 관계로 만드는 것에 반대하고 경제학이 새로운 패러다임으로 거듭나는 것이다.

경제학 모형이 정적 모형인 경우도 있고 , 수학적 도구만을 이용하여 그래프 그 자체로 설명하기 난감한 경우도 많다. 수요 공급 곡선에서 수요와 공급량은 표시되지만 시간의 흐름까지 표시할 도구는 없다.

하지만 모형은 단순화가 기본이고 존재 이유다. 모형은 말 그대로 몇 가지 전제를 둔 사고 실험이기 때문이다. 또 경제학이 정적인 연구만 하는 것은 아니다. 정적 분석으로는 경제를 설명하기 어렵다는 점을 경제학자들이 누구보다도 잘 알기 때문에 최근에는 동적 분석을 더 많이 한다.


(최근) 경제학에서 다루는 변수는 이산 확률 변수가 아니다. 범위 값을 가진 연속 확률 변수다. 이것은 과학도 마찬가지다. 아무리 엄정한 과정을 거친다고 해서 A물질 10g을 70℃로 가열한 값이 늘 같지는 않다. 각각의 결과 값(outcome)들이 범위 안에 존재하는 것이다. 어쩌면 확률이, 어쩌면 경향성이 과학의 전부일지도 모른다. 쉽게 말해, 동전 던지기처럼 앞면 또는

뒷면만 나오는 게 아니라는 뜻이다. 모형 자체를 공격하려면 모형이 지닌 정당성과 그 효과 자체를 부정해야 한다. 정적 분석만 한다고 문제 삼기 전에 경제학에는 동적 모형이 무수히 많다는 것도 생각해야 한다.

모형의 기본 공리인 '이기적 인간'도 내 생각에는 충분히 가능한 전제다. 경제학 모형에서 인간을 이기적인 존재로 전제하고 그 위에 여러 가지 이론들을 구축해 놨다. 그런다고 해서 사람들은 모든 인간이 모든 상황에 모두 이기적으로 행동할 것이라고 생각하지 않는다. 이 전제가 모든 상황에 맞는 것이 아니라는 점은 사람들도 알고 경제학자들도 안다. 그저 가정일 뿐이니까.

이기적인 전제에서 출발한 이론이니 이기적이지 않은 경우를 감안하여 그 모형이 무조건 다 맞다고 생각하지 않는다는 것이다. 다만, 대체로 맞을 수 있다고 생각할 뿐이다. 사람들이 그 모형에 귀를 기울이는 이유는 관계에 있어서 이기적으로 행동할 경우가 더 많기 때문이다. 가령 한 사람이 하루에 100명과 관계 행위(거래나 호혜적 관계 모두 포함하여)를 할 때 가족이나 절친한 친구한테는 이기적으로 굴지 않겠지만 그렇지 않은 타인에게는 이기적으로 행동할 가능성이 크다.

어느 것이 더 인간적이라고 가치 판단하지 않는 상태에서 그 100명 중 나와 깊은 관계가 아닌 타인이 절대 다수일 것이고 굳이 그들에게 호혜적으로 행동할 이유가 없다. 따라서 이기적인 행위를 할 가능성이 높은 것이다.

물론 딱 이 지점에 머무른 채 가족과 절친 이외의 다른 이에게는 이기적으로 행동해도 좋다, 혹은 이기적으로 행동하는 것이 보편적이다, 라고 정의 내리는 것이 호혜적 관계의 사회 확장의 가능성을 막는 것일 수도 있다.

또 경제학이 자신의 모형을 보다 일반적이고 더 많이 설명했으면 하는 바람에 우악스럽게 영역을 확장한 것도 사실이다. 이것은 분명 과오이다. 다만 모형이라는 특수성, 즉 모형이 딱 맞지 않고 대체로 맞는다면 (물론 그 맞는 부분에 있어서만) 모형을 무조건 폐기해야 하는 것은 아니다.

이 책이 주장하는 부분들, 신랄하게 비판하는 부분들, 그리고 무엇보다도 '지속 가능한 성장'이라는 레토릭 자체가 가진 허구적 탈성장 등 고개가 끄떡여지는 부분이 많다. 다만, 그것이 어떤 세상인지 그려지지가 않는다. 싫으면 안 하면 그만, 잘못된 것이니 하지 말아야 한다, 이런 문제가 아니다.

어떤 모습이든 간에 인간은 디딜 땅이 있어야 한다. 지금 이 땅이 문제가 있다면, 어떤 땅으로 이주해야 할지 그 모습이 나와야 하는데 잘 모르겠다. 마치 자본주의를 반대해야 하는데 과연 자본주의라는 것이 반대할 수 있는 존재인지 상상이 되지 않는 것처럼 말이다.

## 5. 비문학 : 비판적 서평

### 역시나 명확하게 풀리지 않는, 자유란 과연 무엇인가
### 《자유란 무엇인가》

1. '자유'라는 말이 지닌 깊이와 무게는 인간사의 그 무엇과 비교해도 모자람이 없다. 이 책이 지금 이 시점에 한국 사회에 나온 이유는 무엇인가. 에드워드 카의 《역사란 무엇인가》가 역사학 줄기의 큰 매듭이었고 마이클 샌델의 《정의란 무엇인가》가 한국 사회 기저에 깔린 이타성을 발견할 수 있는 기회였다면, 이 책은 우리에게 어떤 의미를 주는 것일까. 왜 저자는 이 책을 집필했고 출판사는 그 원고를 무려 2년이나 묵힌 뒤에야 이 책을 세상에 내놓았을까.

2. 이제 우리는 자유에 관한 담론을 시작할 때가 되었다. 진보-보수의 프레임에 갇혀 보수 진영의 꽃놀이패로 전락한 자유를 복권할 때가 되었다. 자유를 정치 용어로 소모시켜 자유가 그 본래의 의미를 잃은 채 식상한 수사가 되어 버린 것은 부정할 수 없는 역사의 퇴보이다. 자유를 해방시켜 그것을 우리의 일상과 생활 습관, 보통의 상식 속에서 손쉽게 발견할 수 있어야 한다. 그래, 그런데, 별안간 그 자유란 것이, 도대체 무엇이란 말이냐.

저자의 저술 행적은 화려하다. 법학박사이며《법은 무죄인가》로 한국백상출판문화상을 받았다. 그 이후 마르틴 부버, 자본, 플라톤, 민주주의, 한나 아렌트, 토크빌, 윌리엄 모리스, 아나키즘, 에드워드 사이드에 관한 책을 집필하였다. 그리고 많은 사람이 읽어 보았을 만한 대중적인 책들, 존 스튜어트 밀의《자유론》, 토마스 모어의《유토피아》, 마하트마 간디의《간디 자서전》등을 번역하였다. 이런 저자가 말하는 자유란 정답에 가깝지 않을까, 이런 기대감으로 책을 읽게 되었다.

3. 이 책의 머리말을 요약해 본다.

지금 우리 사회는 자유를 마음껏 돈을 벌고 쓰는 것으로 잘못 인식하고 있다. 경제 제일 주의에 세뇌된 것이다. 욕망을 버리자는 것, 무소유는 야만적 소유를 숨기기 위한 기망의 교리에 불과하다. 중요한 것은 절제다. 그리고 더욱더 잘 살아야 한다는 무한 욕망으로 인한 우리의 삶은 야만으로 치닫고 있다. 인간은 서로가 서로를 떠나 살아갈 수 없는 상관적인 존재이고 이타적인 존재이다. 이 평범한 진리를 실천하지 못한 인간의 역사 속에 자유는 일부의 특권이었다. 이것을 이제 우리 모두에게 확대시켜야 한다. 상관 자유를 이뤄 내야 한다.

'상관 자유'는 이 책의 가장 핵심이 되는 용어다. 책의 부제 역시 '공존을 위한 상관 자유를 찾아서'다. 저자는 자유는 물론이고 타인과의 상관성을 끊임없이 강조한다. 이 점에서 분명히 드러나는 저자의 인간관은, 홉스의 '만인의 만인에 대한 투쟁', 성악설적 인간관과 상반된다.

저자는 믿음과 신뢰 같은 추상적인 단어를 자주 사용한다. 결국 타인과의 관계를 중시하는 것이다. 그런 생각들은 조화, 타협, 협력 등의 말로도 표현되고 있으며 그다지 독창적이지도 않으며, 오랫동안 이어져 내려온 이러한 일련의 사상 흐름에 대한 변주에 불과한 것이다. 왜 상관주의라는 새로운 용어를 만들어 붙임으로써, 가뜩이나 용어가 넘쳐 나는 철학책에 밀어 넣어야 했는지. 예수의 '사랑', 공자의 '인', 석가모니의 '자비', 소크라테스의 "너 자신을 알라!", 데카르트의 '코키토' 등 철학자들이 가진 대표 철학 용어 브랜드가 있다. 저자 역시 본인의 철학 브랜드를 만들기 위해 의식적으로 만든 것이 아닌가, 이런 의심도 들었다.

저자는 은둔하며 사는 자유인을 자유인이라 말하지 않는다. 홀로 살아가는 것은 자유가 지닌 상관성을 부정했기 때문이다. 즉, 저자의 자유에는 반드시 타인이 들어 있다. 타인과의 관계성이 이미 자유 안에 있는 것이다. 이렇게 볼 때, 자유라는 말이 개인주의로 변질되고 현대로 와서는 권리를 주장하는 것과도 유착되어 통상 '개인'적 속성만 부각되고 있으니 여기에 관계성을 강조하여 굳이 '상관 자유'라 칭한 것으로 이해된다.

4. 저자는 인간은 본래 자유로운 존재였다고 말한다. 자유롭고 평등한 모계 사회를 유지한 채 살아갔다. 그러다 기원전 4천 년경 부계 사회로 전환된 뒤 가부장적 형태가 나타나고 이때 부터 소수 특권이 시작되었다는 것이다. 저자는 서양 철학자 들을 특권층을 위한 철학, 욕망을 강조한 철학자들로 규정한 다. 그 전통을 이어 오는 현대 철학자들, 또 그 서양 철학자들 을 섬기는 우리 사회도 기가 차다고 말한다. 서양 철학의 기원 인 소크라테스, 플라톤의 철학의 면면을 살펴보면 저자의 말 에 일리가 있다. 그들은 민주주의를 상당히 증오했다. 인간을 금, 은, 철로 나눈 아이디어, 철인 통치라는 아이디어만 봐도 그렇다. 아테네의 직접 민주정을 거부한 것도 그러하다.

저자는 상관주의와 대립되는 개념으로 고립주의를 말한다. 고 립주의는 혈연, 지연, 학연, 가족 등의 우연한 관계로 인한 집 단 이기주의 형태라고 규정한다. 그런데 여기에 문제점이 있 다. 저자에 따르면 인간사에 자유는 원시 시대, 역사 이전의 시 대인 부계 사회 이전에만 존재했다. 그 이후 단 한 번도 자유란 없었다. 저자가 말하는 자유라는 것이 너무 이루기 어려운 꿈 아닌가. 적어도 지금으로부터 6천 년 전에나 있던 자유를 현대 사회에서 복원할 수 있다는 말인가. 또, 진정한 자유가 있다던 모계 사회를 보자. 그 모계 사회에 과연 진정한 자유가 있었다 고 확신할 수 있는가? 저자는 상관주의와 대비되는 고립주의 를 말했다. 그 고립주의란 혈연 등 우연적 관계를 지닌 집단 이기주의라고 했는데, 모계 사회라는 말 자체에 이미 혈연성과 집단성이 나타나 있다. 어떻게 모계 사회를 진정한 자유 사회였다고 말할 수 있는가.

5. 자유에 대한 글이다 보니 역시 2011년 아랍의 봄이 언급되어 있다. 독재 정치로 억압된 국민들이 자유를 요구하며 혁명을 외쳤던 것이다. 책 후반부에는 자유라는 것이 '생사를 건 뜨거운 실존의 문제이고 그것은 되풀이되는 저항 투쟁의 실천적 강조라는 역사적 진실을 새삼스레 일깨워 주었다.'고 감동을 소감한다. 빵이 없어서 프랑스 혁명이 일어났고, 민족적 탄압에 항거하여 3·1 만세 운동이 일어났으며, 제국주의의 탄압에 항거해 간디의 비폭력 저항 운동이 있어났다. 이집트 혁명 역시 그것이 저항 투쟁인 점은 확실하나 이집트 국민도 프랑스나 한국이나 인도처럼, 지금 당장 살기 위해 한 것이지 무슨 거창한 이데올로기를 주장하기 위해 한 것이 아니다. 형이상학적 용어들로 역사를 서술하는, 다분히 심리적으로 도취된 느낌이다.

이슬람교에 관한 오해를 풀겠다며 쓴 부분에서는 냉정함을 잃어버린다. 냉정함을 잃었다는 것은 곧 공정함을 잃고 편벽하게 되었다는 것을 의미한다. 이슬람 과격파의 폭력을 서양 제국주의에 대한 대응이라고 말한다. 인민의 자유를 지키기 위한 자위 전쟁이었고 고대 종교처럼 악에 대해 그것에 상응

한 보복 조치였다고 말한다. 여기에서 이슬람과 개신교를 비교한다.

우선 이슬람이 개신교보다 조금이라도 나은 점이 있다면 그것을 서술한다. 오늘날 나타나는 처형을 보면 도무지 이해할 수 없는 소리지만, 무함마드의 말을 빌려 이슬람교가 다른 종교에 조금 더 관용적이었다고 말한다. 뭐 그때 당시에는 그랬을 수도 있다고 치자. 그런데 이슬람교가 지닌 단점이 있다면 그것은 다른 종교도 마찬가지 아니냐는 식으로 말한다. 또 무슬림 대부분은 일부일처제를 지키고 일부다처제는 매우 예외적인 때만 인정된다고 하였는데, 마치 일부다처제에 대한 비판을 미리 방어하는 차원에서 말한 듯하다. 일부일처제든 일부다처제든 그것은 문화적 차원에서 다뤄질 문제이지 무엇이 맞고 틀리고의 문제가 아니다. 저자가 일부일처제가 선이고 일부다처제는 잘못된 것으로 생각하고 있음이 은연 중에 나타난 부분이다.

6. 서양 사상을 비판하는 부분에서는 정신과 육체를 분리하는 아이디어를 나치스와 같은 전체주의로까지 확대 해석한다. 이러한 정신과 육체의 분리는 다른 문화에서는 인정되지 않는다고 못 박는다. 그리고 서양의 법에 의한 지배에 대해서도 비서양 문화에서는 인간을 법의 대상으로 보지 않았다고 말한다. 둘 다 틀린 말이다. 정신과 육체의 분리는 인류사에서 예외적

으로 서양에서만 생겨난 것이 아니고 오히려 보편적인 아이디어에 가깝다.

《주역》만 보더라도 정신과 육체를 분리하여 표현한다. 동양에도 혼, 령, 얼이라는 말이 있고 죽으면 혼령이 빠져 나온다고 표현한다. 적어도 사후 세계가 존재하는 문화에는 육체가 아닌 다른 영역이 따로 존재하는 것이다. 역사 이전의 시대에도 초자연적인 것을 숭배한 것이 정설이며, 그것에는 반드시 인간의 혼령이 포함되어 있다. 또, 동양에는 상앙, 한비자, 이사 등 법가들이 있었고 그들의 사상이 유가를 압도했던 시대도 있었다.

7. 인간이라면 누구나 다양한 사고방식을 가질 수 있기 때문에 사회주의적으로도 생각할 수 있다. 그 생각 역시 인간이 갖는 하나의 사고방식일 뿐인데 그것을 법으로 금지한다는 것 자체가 있을 수 없는 일이니 국가보안법은 법이 아니라 폭력이며, 따라서 국가보안법을 반대한다고 말한다. 나는 여기에 의문을 더한다. 국가보안법의 전문을 보면, 국가의 안전을 위태롭게 하는 반국가 활동을 규제하고 국가 안정, 국민 생존, 자유 확보를 목적으로 하는 것이 국가보안법이다. 법 해석을 적용할 때에도 목적 달성을 위해 필요한 최소 한도에 그쳐야 하며 확대 해석하거나 국민의 기본적 인권을 부당하게 제한해서는 아니 된다고 되어 있다. 앞부분은 법의 취지이며 뒷부분은 이 법의

부당한 행사를 제한한 것이다.

저자가 국가보안법을 반대할 수는 있으나 반대한다는 근거가 취약하다. 군사 독재가 끝난 이후 한국 사회에서 사회주의를 머릿속으로 생각했다고 해서 국가보안법으로 처벌받는 예가 있었나 싶다. 국가보안법은 분단 상황 때문에 생긴 기형적인 법이다. 권력자의 농간으로 정적들을 탄압하는 도구가 되기도 했다. 그러나 그것이 법의 취지에 부당함을 나타내지는 않는다. 국가보안법은 여전히 뜨거운 감자다. 저자가 국가보안법을 '반대'한다고 말을 하려면, 조금 더 논거가 필요했다. 국가보안법의 부당함을 쓰기엔 책의 방향이 틀어질 수도 있겠다는 생각이 들었다면 굳이 왜 건드렸는지 모르겠다. 단 8줄로 국가보안법을 반대한다고 언급만 하고 지나가면 이런 역효과가 나타난다.


8. 책 후반부에는 윤치호를 끌어와 논리를 보강한다. 윤치호는 친일파로서, 엘리트(친일파) - 미개인(일반 백성)이라는 구도로 지배를 정당화하였고 불평등을 주장했다고 말한다. 이 부분도 약간 불편하다. 조선은 이미 양반 - 평민으로 구분된 계급 사회였다. 조선 지식인 중 어느 누구도 계급제를 혁파하자고 말한 자가 없다. 즉, 윤치호가 아니어도, 일제에게 침략당하지 않았어도 조선은 이미 양반에 의한 지배가 정당하였고 불평등한 사회였다는 것이다. 여기에 반민족주의자인 윤치호를

끼워 넣어 마치 그 전에는 자유로운 사회였는데 역적 윤치호가 그것을 뒤엎고 불평등한 것을 주장했다, 라는 식으로 오해를 불러일으킨다. 윤치호가 지닌 부정적인 이미지를 이용하여 저자 본인의 논리를 강화시켰다는 혐의가 있다.

9. 이 책은 적어도 200자 원고지 1000매는 되어 보인다. 저자가 말하는 자유란 것이 너무도 오래된 것이어서 그 자유가 현대에 발생한다면 과연 사회가 어떤 모습일지 도무지 상상조차 할 수가 없다. 저자는 줄기차게 우리 사회는 자유가 없다, 어서 상관 자유를 되찾자, 라고 말하지만 정작 그 실행 방법이 기술된 것은 없다. 무려 6천 년 전에나 있었던 그 자유를 찾을 방법이, 315쪽을 다 읽었는데도, 없는 것이다. 찾다 찾다 딱 하나 발견했다. 지구 민주주의를 해야 한다면서 '시민적, 경제적, 사회적 자유를 포함하는 새로운 자유의 국제법을 만들어야 한다.'라고 말한 부분이다.

이 부분도 참 애매하여 이것을 실행 방법이라고 말할 수 있을지는 모르겠다. 시민적, 경제적, 사회적 자유를 포함하는 것은 무엇이며, 새로운 자유의 국제법은 도대체 무엇이란 말인가. 저자는 세계가 보편의 법에 의해 지배된다는 생각이 기독교적인 것이라며 비판한 바 있다. 프랑스의 부르카 금지법은 부당하다고 말하면서, 민주주의란 끝없이 검토하면서 변화를 추구하며 살아가는 것이라고 말한다. 즉, 법은 상황에 따라 변해야 한다는 것이다. 저자가 바라보는 법에 대한 시선이 일정하지가 않다. 법이 그나마 대안인데, 법에 대한 시대를 부정한다. 그렇다면 간신히 찾아낸 단 하나의 대안도 결국 빈껍데기다.

저자의 말에 의하면, 이 책은 저자가 출판사에 보낸 원고의 절반에도 못 미친다고 한다. 출판된 책은 서론 부분이며 구체적인 자유의 실제 모습과 대안들은 뒷부분에 있다고 한다. 출판사가 《자유란 무엇인가》란 제목으로 출간한 것을 보면, 이 책의 반응을 보고 후속편을 낼지 말지 정하겠다는 의중 같다. 이렇게 단행본으로 서론만 출간해 버리면, 책을 읽었는데 오히려 읽지 않은 것만 못하는 상황이 발생한다. 저자의 집필 이력, 번역 이력 등을 볼 때 많이 실망스럽다. 모쪼록 후속편이 나와 실추된 명예를 회복하길 바란다.

10. '자유'라는 주제와 함께 읽을 만한 책들이 있다. 첫 번째가 존 스튜어트 밀의 《자유론》이다.

밀은 《자유론》에서 소수 독재자의 자유보다는 다수의 자유를 주장하지만, 사실 그 자유란 것이 피지배층 모두를 말하지 않는다. 플라톤적 아이디어를 차용하자면, 황금 인간의 지배보다는 은 인간의 지배를 원한 것이다. 청동 인간은 밀의 자유론에서도 배제된다. 우리가 생각하는 민주정은 가장 범위가 넓은 다수이고, 밀이 자유론에서 말하는 바는 조금 더 엘리트적인 귀족정이며, 플라톤이 말하는 바는 단 한 명의 참주정이다.

밀의 자유론이 독재를 공격하기에는 더없이 좋은 친구이나 민주정을 관철시키기엔 위험한 방해꾼인 것이다.

밀은 대중의 지배를 혐오하는데, 대중을 불신하기 때문이다. 마키아벨리가 군주론에서 민중을 불신한 것과 대동소이하다. 밀이 《자유론》을 집필하며 공격 타깃으로 삼은 것은 사실 소수 지배자가 아니라 다수 대중이다. 대중으로부터의 자유가 곧 자유론이다. 다수결에 의한 결정이 과연 올바른 것인가? 그것은 획일주의이며 국가주의일 수도 있고 전체주의, 집단주의와도 맞닿아 있다는 주장이다. 이것은 역사적으로도 여러 차례 증명되었다. 한국의 군사 독재도 국민 투표로 이루어진 것이며 러시아도 그러하고 북한도 (공식적으로는) 그렇다. 히틀러나 무솔리니도 국민의 절대적 지지를 받았다. 대중이 소수의 지배에 정당성을 부여한 것이다.

두 번째는 월터 리프먼이 집필한 《여론》이다. 이 책은 지금 보아도 시대를 건너뛰어 사회를 관통하는 통찰력이 시의적절하다. 월터 리프먼은 대중의 생각이라는 것, 여론은 쉽게 영향을 받으며 따라서 계획적으로 방향을 바꿀 수도 있다고 말한다. 다시 말해, 여론은 지배층의 입맛대로 조작이 가능하다는 것이다. 책에는 여론이 얼마나 허망한 것인지, 그것이 진실과 얼마나 동떨어질 수 있는지에 관해 논리적으로 설명한다. 리프먼은 민주적 이론의 가정이 과연 지켜지고 있는지 의문을 품는다.

밀은 대중의 무지를, 리프먼은 여론 통제로 인한 민의 왜곡을 말한다. 그러나 사실, 대중에 의해 나타나는 결과들을 반드시 지배층의 조작 따위로만 볼 수는 없다. 그것이 사실은 대중이 원하는 바, 곧 민의 그 자체였을 수도 있다. 국민들이 언론에 사기당해 보수 정권을 탄생시켰다, 라는 식의 주장은 사실 진보층의 성급한 자기 변호일지도 모른다. 사실은 국민이 그저 보수 정권을 원하는 것일 수도 있다.

마지막으로 자유에 관한 논의에 빠질 수 없는 책이 에리히 프롬의 《자유로부터의 도피》다. 이 책은 위의 두 책들과 논의하는 구조가 다르다. 인간을 여러 집단으로 구분지어 누구의 자유를 어떻게 할 것인가가 아니라 인간과 자유를 양단에 놓고 풀어 쓰기 때문이다. 가장 원론적인 분석이기도 하다. 이 책에서는 자유를 스스로 포기하는 인간상이 그려진다.

참고 도서: 《자유란 무엇인가》(박홍규, 문학동네), 《자유론》(존 스튜어트 밀, 박홍규, 문예출판사), 《여론》(월터 리프먼, 이충훈, 까치), 《자유로부터의 도피》(에리히 프롬, 원창화, 홍신문화사)

# 대화하기

## 생각과 말과 사람

독서 모임은 사람이 모이는 자리입니다. 대체로 자기 주관이 뚜렷하고 말이 많은 사람이 모이지요. 이런 이유로 독서 모임에서 감정싸움이 일어나는 경우가 종종 발생합니다. 독서를 즐긴다는 행위 자체에 기본적으로 내 생각과 다른 생각을 수용하는 자세가 갖춰졌다고 볼 수 있는데, 어째서 감정싸움이 벌어지는 것일까요? 독서깨나 했다는 사람들이 도대체 왜 이러는 것일까요? 이 원인 중 하나가 우리의 말하기 습관 때문입니다.

'말은 그 사람의 됨됨이다.'라는 식의 격언을 들어 보았을 것입니다. 이 말은 반은 맞고 반은 틀립니다. 이 말을 옳다고 여기는 것에서부터 우리의 비극이 시작됩니다.

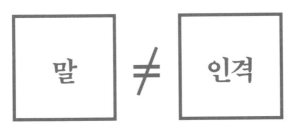

　사람과 이 사람의 생각과 이 사람의 말에 관해 생각해 봅시다. 한 인간의 총체적인(경험, 특징, 가치관 등) 인격에서 생각이 만들어지고, 생각을 한 이후에 말을 내뱉습니다. 사람은 말을 함으로써 의사소통을 합니다. 한 사람이 지닌 생각은 이 사람이 하는 말로써 다른 사람에게 전달됩니다. 생각이 우리의 일상 언어로 전환될 때 과연 아무런 의미 감소 없이 100% 온전하게 말로 표현될 수 있을까요? 불가능합니다. 100만큼의 의미를 가진 생각이 말로 변할 때는 반드시 어느 정도는 의미가 감소합니다. 또, 경우에 따라서는 의미의 변화도 발생합니다(말하는 사람의 의도와 다르게 표현되는 경우, 말하는 능력이 부족한 경우 등).

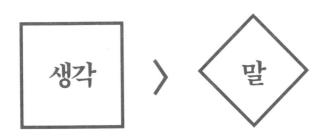

자신의 생각을 그대로 말로 표현하는 능력, 그대로 말로써 남에게 전달하는 능력, 내 의도대로 다른 사람의 행동을 이끌어 내는 능력은 사람마다 다릅니다. 즉, 사람마다 말하기 능력에 차이가 있습니다. 이것이 '말은 그 사람의 됨됨이다.'라는 격언이 틀린 첫 번째 이유입니다.

인간의 언어는 매우 유용하지만 근본적으로 불완전합니다. 이 불완전함 때문에 역사상 수많은 철학자, 수학자, 과학자가 완벽한 언어를 만들고자 집착했으며 아직까지는 성공하지 못했습니다. 아무리 인격이 훌륭한 사람이라도 그것을 말로써 100% 표현하지 못한다면, 그 됨됨이를 그대로 보일 수 없습니다.

어떤 '말'이 있을 때는 반드시 '말하는 자'와 '듣는 자'가 있습니다. 말하는 자의 한계는 바로 위 단락에서 이야기했습니다. 듣는 자에게도 말하는 자와 같은 한계가 존재합니다. 이 역시 언어가 불완전하기 때문입니다. 하지만 이보다 더 큰 문제는 '듣는 능력'입니다. 같은 말을 해도 우리는 누가 말하느냐에 따라 다르게 이해합니다. 그 사람에 관한 편견이 작용하기 때문입니다. 또, 사람마다 갖고 있는 생각과 경험, 현재의 처지가 다르기 때문에 똑같은 말을 들어도 다르게 이해합니다. 사람마다 각자의 안경을 쓰고 있는 셈입니다. 누구는 빨간 필터가 들어 있는 렌즈로 세상을 보고, 누구는 파란 필터가 들어 있는 렌즈로 세상을 봅니다. 이것이 위 격언이 틀렸다는 두 번째 이유입니다.

정리해 보면, 한 사람의 생각은 이 사람이 말할 때 한 번 의미가 감소하고, 이 말을 들을 때 다시 한번 의미가 왜곡됩니다. 하나의 생각은 의미의 감소와 왜곡의 프리즘을 통과하여 우리에게 전달됩니다. 이렇게 뒤틀어진 채 이해되는 것을 토대로 그 사람의 됨됨이를 알 수 있다고 감히 단언할 수 있을까요? 만약 우리가 어떤 사람의 입을 나쁘게 평가하고 있다면, 그 손가락질은 바로 자신의 귀를 가리키는 것일 수도 있다는 것을 알아야 합니다.

## 잘못된 말

우리가 이해하는 누군가에게서 '들리는 말'은 극단적으로 그가 '하고 있는 말'이 아닐 수도 있습니다. 내 귀라는 나만의 필터로 걸러져 들리기 때문입니다. 또, 그가 '하고 있는 말'은 그의 생각이 아닐 수도 있습니다. 그가 가진 입이 자기 생각을 온전히 표현해 내고 있지 못하기 때문입니다. 따라서 한 사람은 곧 그 사람이 내뱉는 말과 완전히 다른 존재입니다. 우리는 '사람=그가 내뱉는 말'이라는 이 황당한 등식을 깨부숴야 합니다.

우리는 자신의 생각이 충분히 전달되도록 말의 표현력을 길러야 하고, 제대로 알아들을 수 있는 귀의 순응력을 길러야 합니다. 그렇다면, 표현력이 뛰어난 어떤 사람이 말을 했고, 순응력이 뛰어난 내가 그의 말을 잘 이해했다고 가정해 봅시다. 그런데 아무리 들어도 그가 한 말이 온당하지 않을 때가 있겠지요. 이런 경우는, 변명의 여지없이 그가 틀린 것이 아닌가요?

아닙니다. 말은 틀릴 수 있습니다. 그러나 그 사람 자체가 틀리다고 단정할 수는 없습니다. 우리는 그의 말, 더 나아가 그의 생각을 비판할 수는 있습니다. 이것은 그 사람 자체를 비판하는 것과는 전혀 다른 맥락입니다. 우리는 흔히, '잘못된 말'을 하는 사람에 대해 "너의 말이 잘못되었다."라고 말하지 않고 "네가 잘못되었다."라고 말해 버립니다. 왜냐하면, '말이 곧 그 사람의 됨됨이'라는 '사람=말'이 인식 속에 박혀 있기 때문입니다.

만약 누군가로부터 내 생각이 잘못되었다는 비판을 받는다면, 자신의 생각을 변호하거나 그의 말을 받아들여 수정하거나 보완할 수 있습니다. 이것이 토론의 기본 전제입니다. 하지만 우리는 내 생각이 비판받는 것을 나 자신이 비판받는 것으로 받아들입니다. 자존심이 상하고 얼굴이 화끈거리며 상처를 받기도 하고 분노가 치밀어 오르기도 합니다. 자존감이 강한 사람은 감정적으로 대응하고 그렇지 못한 사람은 자신의 생각을 말로 표현하기를 두려워하게 됩니다. 또, 비판을 해야 하는 사람의 입장에서도 말을 완곡하게 표현할 수밖에 없습니다. '내가 저 사람의 생각을 비판하면 상처받지 않을까?' 하는 우려 때문에 어쩌면 비판하려는 것을 포기할 수도 있습니다.

'사람=말'이라는 등식은 이렇게 우리 사이에서 생각의 교환을 원천 봉쇄합니다. 참여자들이 이것을 이해하지 못한 상태에서 시작한 독서 모임은 애초에 파국의 씨앗을 품고 있는 셈입니다. 원활한 의견 교환이 억제되고 참여자들 사이의 감정싸움을 막을 도리가 없습니다.

한 사람의 인격과 그 사람의 말 또는 생각을 분리하세요. 내 생각과 말은 틀릴 수 있으며 틀렸다면 오히려 그것이 자기 발전의 기회입니다. 또, 누군가의 말에 비판점이 있다면 반드시 따져 묻고 지적해 주세요. 여러분이 그를 돕는 것입니다. 어느 누구도 상처받지 않고, 어느 누구도 상처 주고 있지 않습니다. 우리는 다만, 우리 모두를 위해 독서 모임을 하고 있을 뿐입니다. 이어지는 장은 '사람=말'에서 나타나는 구체적인 2가지 사례에 관한 내용입니다.

# 특히 해서는 안 될 2가지 표현

## 1. 상대방에 대한 단정적 표현

《체르노빌의 목소리》(스베틀라나 알렉시예비치)

질문 7: 우리나라의 원자력 기술은 세계적으로 인정받을 만큼 높은 수준입니다. (중략) 원자력은 국제적인 관점에서도 쉽게 포기할 수 없는 분야입니다. 탈핵·탈원전 정책에 관해 이야기해 봅시다.

> "우리나라의 원자력 기술이 수준급이라는 기사를 보긴 했지만 실제로 그런지는 잘 모르겠습니다. (중략) 수백 억, 수천 억에 이르는 이런 계약은 국가 간 계약으로 이루어지고 외교력이 결정적입니다. ○○님께서 원자력 덕분에 저렴한 전기료가 가능하다고 말씀하셨는데 근시안적인 판단입니다. 폐기물 처리 비용, 관리 비용이 포함되지 않았기 때문에 실제 비용은 훨씬 큽니다."

독서 모임에 참여하기 위해 대상 도서도 읽고 나름 자료도 찾아본 한 참여자의 발언입니다. 이 참여자는 자신의 생각을 여러 가지 근거를 들어 표현하고 있습니다. 하지만 발언 사이에 '근시안적인 판단' 같은 단정적인 말을 섞고 있다는 것이 이 참여자의 나쁜 습관입니다.

독서 모임에는 다양한 사람이 참여합니다. 서로에 관해 잘 알지 못하는 상태에서 너무 쉽게 누군가를 단정 지어서는 안 됩니다. "편협한 태도 아닌가요?", "이해가 부족한 것 같습니다.", "책을 제대로 읽지 않은 같은데요?"와 같은 발언은 상대방의 생각이나 아이디어를 비판하는 것이 아니라 그 사람 자체를 비난하고 있는 것입니다.

다른 주장에 대한 비판은 서로에게 꼭 필요한 일입니다. 누구의 생각과 해석이 더 옳은지를 따지는 것도 좋습니다. 생각의 우위를 점하는 방법은 허점을 파고드는 것이지 그 발언자를 망신 주는 것이 아닙니다.

## 2. 어디서 독심술학과라도 전공하셨나

《여자라서 행복하다는 거짓말》(신중선)

질문 2: 7살 때 정희는 성폭행을 당했지만 정희의 아버지와 마을 사람들은 범인을 찾지 않고 그저 쉬쉬하며 덮었습니다. (중략) 정희의 아버지와 마을 사람들은 왜 그렇게 밖에 대처하지 못했을까요?

"어린 여자아이가 성폭행을 당했다면 범인은 남성일 것입니다. (중략) 딸이 성폭행을 당했음에도 외면하는 아버지의 모습은 남성 우월이 자식보다 강하다는 것을 의미합니다."

↳ "제 생각은 조금 다릅니다. 딸을 위한 마음이었을 수도 있

습니다. 소문이 나면 오히려 피해자인 여성에게 더 큰 피해가 돌아갈 수 있습니다. 아버지는 아마도 이런 점 때문에 덮지 않았을까요?"

↪ "○○님이 남성이기 때문에 아버지를 옹호하시는 것 아닌가요?"

상대방을 '남성'이라는 틀에 가두어 그의 발언을 모두 '남성의 시각에서 나온 말'로 몰아가는 상황입니다. 마치 상대방의 마음을 읽어 내기라고 한 듯이 '당신이 남자라서 남성우호적인 발언을 하고 있다.'고 되받아치고 있습니다.

위 토론에서는 아버지의 행동에 관해 두 가지 해석이 나왔습니다. 이런 해석은 강력한 사회적 인식이 인간을 어떻게 타락시키고 있는지를 참여자들이 생각하게끔 유도합니다. 좀 더 깊이 있는 대화를 이어 갔다면 보다 다양한 의미를 찾을 수도 있었겠죠. 아쉬운 상황입니다.

'메시지를 공격하기보다 메신저를 공격하라.'는 정치 격언이 있습니다. 메신저를 도덕적, 지적으로 부족한 사람으로 만들어 그의 메시지를 부정하게 하라는 의미입니다. 메시지와 메신저는 다른 존재입니다. 가난한 사람이 내놓은 아이디어라 하더라도 그 아이디어까지 가난하지는 않습니다. 위 사례처럼 상대의 의도를 자기한테 유리하게 추정하는 것은 토론에 있어서 가장 비열한 태도입니다.

## 정리: 정합한 추정의 원칙

법정에는 '무죄 추정의 원칙'이 있습니다. 결정적인 증거나 자백이 나오지 않는 이상 혐의자를 우선 무죄로 추정한다는 원칙이죠. 독서 모임에서는 '정합한 추정의 원칙'이 있습니다. 상대방의 생각을 우선 적극적으로 정합하다고 해석하는 원칙입니다. 누군가 책에 명시된 서술과 다른 발언을 하더라도 "책을 제대로 읽지 않으셨군요.", "뭔가 착각하신 것 같은데."라고 말하기 전에 그의 발언에 새로운 해석이 있다고 여겨야 합니다.

《이솝 우화》에 나오는 〈바람과 해〉의 내용은 다들 알 것입니다. 나그네의 외투를 벗기기 위해 바람은 강제로 힘을 써서 벗기려 하고 해는 그를 따뜻하게 하여 스스로 옷을 벗도록 합니다. 바람이 패배한 것은 바람의 방법 자체가 잘못된 것이 아니라 그의 외투를 강제로 벗겨 낼 만큼의 힘이 없었기 때문입니다. 만약 바람에게 충분한 힘이 있었다면 바람과 해, 둘 다 성공했겠죠.

우리에게 나그네의 외투를 벗기기 위한 바람과 해, 이 두 가지 방법이 있다고 가정해 봅시다. 우리 중 누군가는 바람의 방법을 쓰자고 주장할 것이고 누군가는 해의 방법을 쓰자고 주장할 것입니다. 바람이든 해든 목적은 그들이 나그네의 외투를 벗기는 것입니다. 따뜻한 햇볕을 쓰는 것이 더 효과적이라고 말하는 사람은 그것이 바람보다 낫다고 판단한 것입니다. 그가 나그네를 사랑하는 태도를 갖고 있다며 넘겨짚어서는 안 됩니다. 반대로 바람을 쓴다 하더라도 그를 미워하는 것이라고 말할 수는 없습니다.

상대방을 '나그네를 사랑하는 자'로 만들거나 '나그네를 미워하는 자'로 만들어 버린다면 논점은 '지금 상황에서 어떤 방법이 더 효율적인가'가 아니라 '나그네를 사랑하고 있다(혹은 미워하고 있다) Vs. 아니다, 나는 사랑하는 것이 아니다(혹은 미워하는 것이 아니다)'로 바뀌어 버립니다.

누군가가 "아이들은 순수했습니다."라는 주장을 했다고 가정해 봅시다. 이 주장에는 어느 범주만큼의 아이들인지에 대한 표현이 빠져 있습니다. 아이들의 범위를 '모든 아이들'이라고 추정하면 그의 주장은 공격받을 여지가 큽니다. 이런 경우에는 그가 우선 정합적으로 판단했다고 추정하고, 책에 등장하는 'ㅇㅇ마을에 사는 아이들'로 한정시켜 이해해야 합니다(물론 말하는 사람이 자신의 말을 명확하게 표현하지 않은 것이 문제이긴 합니다).

정리하면, (악의적인) 의도 추정, 확대 해석, 축소 해석 등으로 상대방의 주장을 공격하는 것은 독서 모임에 임하는 올바른 태도가 아닙니다. 상대방의 말 표현이 다소 부족하더라도 그의 발언을 최대한 정합적으로 해석해 주고 그에게 확인하는 과정이 필요합니다.

## 원활한 토론을 위해 알아 두어야 할 4가지

독서 모임에서 토론이 막히는 경우가 종종 발생합니다. 대표적인 사례 4가지를 알아볼까요.

## 1. 해명하세요! → 입증의 책임은 가장 먼저 주장한 사람에게 있다

> A: "당신은 세금을 탈루했습니다. 해명하세요!"
>
> B: "아뇨, 저는 그런 적이 없습니다."
>
> A: "아니라는 것을 증명해 보세요."
>
> B: "제가 하지도 않았는데 왜 증명해야 하죠?"
>
> A: "그렇게 당당하다면 모든 계좌 내역을 공개하시던가요."

위와 같은 일을 겪는다면 억울할 것입니다. 입증할 책임은 가장 먼저 주장한 사람에게 있지만 '당당하다면'이라는 표현 때문에 그에 응하지 않으면 꼼짝없이 범죄자로 몰릴 형국입니다. 어이 없는 상황이지만 의외로 많은 사람이 '공개하지 않으면 당당하지 않은 것이므로 세금 탈루가 맞다.'라고 생각합니다.

> A: "저는 우리 사회에도 많은 뫼르소가 있다고 생각해요. 소시오패스도 뫼르소와 같은 부류로 묶일 수 있습니다."
>
> B: "재미있는 해석이네요. 어째서 그렇게 생각하시는 건가요?"
>
> A: "왜 아니라고 생각하시죠? 근거를 말씀해 주세요."

B는 대답할 필요가 없습니다. 독서 모임의 전체 맥락에서 볼 때 B가 대답하는 것이 오히려 비효율적입니다. 다만, 예외 상황

이 하나 있습니다.

> A(모임원): "니체가 나치스의 사상과 상당 부분 일치한다는 느
> 낌을 받았습니다. 이것이 오해라고 말씀하셨지만 나폴레옹에
> 대한 표현이나 금발 야수, 위버멘쉬에서 이런 느낌을 지울 수
> 가 없습니다."
> B(튜터): "왜 그렇게 생각하시는지 명확한 근거를 제시해 주
> 시겠어요?"

강독이나 세미나의 경우에 튜터와 튜터가 아닌 사람은 갖고
있는 사전 지식과 정보량의 차이가 존재합니다. 이런 경우에는
주장하는 사람(어떤 의혹을 제기하는 사람)에게 입증할 책임이 있
는 것이 아니라, 설명하고 이끌어 주는 사람이 그렇지 않다는 것
을 입증해야 합니다.

## 2. 무늬만 같아요 → 핵심 용어를 정의하라

> A: "조르바는 허울뿐인 사회적 구속에서 벗어나서 자기만의
> 신념을 갖고 용기 있게 살아가는 사람입니다. 저는 조르바라
> 는 인물에게서 이런 점을 배워야 한다고 생각합니다."
> B: "하지만 조르바는 국가에 봉사하며 사람을 무참히 살해합
> 니다. 이것 때문에 괴로워하기도 합니다. 조르바는 사회적 구
> 속에서 벗어난 것이 아니라 그 굴레에 갇혀 있으며, 왜곡된 자

아 상태로 살아가는 사람입니다."

똑같은 표기, 똑같은 발음을 한다고 해서 의미가 같은 것은 아닙니다. 위 토론에서 문제가 되는 것은 '조르바'입니다. 한쪽은 과거의 것을 모두 극복한 현재의 '늙은 조르바'를 토대로 주장하고 있고, 다른 한쪽은 과거의 조르바까지 포함한 '총체적인 조르바'를 토대로 주장하고 있습니다. 조르바에 관한 명확한 정의가 이루어지지 않는 이상 이 토론은 의미가 반감될 수밖에 없습니다.

차별을 어떻게 정의할 것인가, 평등, 역사, 인권, 정치, 자유 같은 개념어들은 이 독서 모임에서 어떻게 사용할 것인가를 본격적인 토론에 앞서 반드시 합의해야 합니다. 사회자는 독서 모임이 진행될 때 어떤 용어가 혼용되어 쓰이고 있는지에 관해 주의를 기울여야 합니다. 또한 필요할 때 개입하여 용어의 범위를 한정하는 것이 좋습니다.

## 3. 까마귀 날자 배 떨어졌다 → 그것이 원인이 맞는지 확인하라

자신의 생각이나 주장을 말할 때 그렇게 생각한 근거가 있어야 합니다. 근거는 원인이 되고, 주장은 결론으로 나타납니다. 근거가 잘못되었다는 것은 원인을 잘못 찾았다는 것을 의미합니다. 어떤 것이 다른 것의 원인이 되려면 다음 세 가지를 충족해야 합니다.

❶ 원인은 결과보다 시간상 앞서야 합니다. 만약 선후 관계를 파악할 수 없는 상황에서 함부로 원인을 지목하면 오류가 발생할 수 있습니다. 범죄율이 높은 A라는 도시에 인구수가 줄어들고 있습니다. '범죄율이 높기 때문에 인구가 적어졌다.'라는 주장을 할 수 있겠죠. 범죄율이 높아져서 인구가 감소한 것이 사실이려면, 범죄율이 높은 것이 시간상 앞에 배치되어야 합니다.

❷ 원인이 결과를 가져오는 필연성이 있어야 합니다. 《블링크》(말콤 글래드웰)라는 책에 이런 내용이 있습니다.

> "미국 인구 중 키가 6피트(182cm) 이상인 사람은 전체 남성의 14.5%다. 〈포춘〉 500대 기업 CEO 중에선 그 비율은 58%나 된다. 더욱 놀라운 건 전체 미국 인구 중 6피트 2인치(188cm) 이상의 키를 가진 사람은 3.9%이지만, CEO 그룹에선 3분의 1가량이나 된다는 사실이다."

마치 키 큰 사람이 CEO가 될 가능성이 높은 것처럼 보입니다. 사람들은 여기에 어떤 인과관계가 존재하는 것으로 만들고 싶어합니다. '키가 크면 사람들의 관심을 받을 가능성이 높아진다.'라든가 '키가 크면 다른 사람에게 위압감을 주기 때문에 리더십에 강점이 생긴다.' 등과 같이 이미 정해 놓은 결론에 그럴듯한 이유를 가져다 붙이는 경우가 발생합니다. 여성들이 입는 미니스커트 길이가 짧아질수록 경기가 좋아진다는 '미니스커트와 경제'에 대한 속설도 마찬가지입니다. 여기에도 그럴듯한 이유를 갖다 붙이지만 이 둘 사이에 필연적인 인과관계는 존재하지 않습니다.

❸ 어떤 결과에 관한 원인이 반드시 하나만 있다는 것은 1:1 대응일 때만 가능합니다. 다시 말해, 여러 가지 원인이 있는데 반드시 어떤 하나만을 원인으로 지목할 수 없는 경우가 많다는 의미이지요. '미세먼지는 중국 때문이다.'라는 주장은 국내 요인을 배제한 것이며, '미세먼지는 고등어구이 때문이다.'라는 주장은 외부 요인을 배제한 것입니다.

가장 많이 저지르는 실수는 인과관계와 상관관계를 혼동하는 것입니다. 롱코트가 많이 팔릴 때 목도리 판매량도 늘어납니다. 이것을 보고 '롱코트의 판매량(원인)이 높아질수록 목도리 판매량(결과)도 늘어난다.'라고 인과관계로 설명할 수는 없습니다. 롱코트 판매량과 목도리 판매량은 겨울이 되었기 때문에 늘어난 것입니다. 이 둘은 인과관계가 아니라 공통의 원인이 따로 있는 것입니다. 이 둘이 동시에 움직이니까 마치 인과관계가 있는 것처럼 느껴질 수는 있지만 전혀 그렇지가 않습니다.

## 4. 전문가가 이렇게 말했다니까 → 전문성을 따져 보라

유명한 사람의 말을 인용하여 자신의 근거로 활용하는 경우가 많습니다. 놀라운 일이지만, 유명한 사람의 말 한마디가 등장하는 순간 상대방은 입을 다물고 논의가 빠르게 정리됩니다. 과연 이것이 합당한 상황인지는 좀 따져 보아야 합니다. 전문가의 말을 빌려 와 근거로 사용하려면 다음의 것을 확인해야 합니다.

❶ '그 영역의 전문가인가'를 확인해야 합니다. 정신과 의사가 '조현병'을 이야기한 것이라면 인정되지만 '조선 역사'를 말한 것까지 인정할 필요는 없습니다.

❷ '인정받는 전문가인가'를 살펴보아야 합니다. 논문 표절을 했거나 대기업으로부터 연구비를 받아 우호적인 논문을 발표한 교수의 해당 발언은 신뢰할 이유가 없습니다. 물론 개인의 비리와 학문적 결과는 다를 수 있습니다. 하지만 전문가의 말이 신뢰받는 이유는 그가 전문가이기 때문입니다. 그가 전문가로서의 자격이 있는지를 따지는 것은 인신공격이 아닙니다.

❸ '인용하는 사람이 전문가의 말에 동의하고 있는가'를 알아봐야 합니다. "니체가 이렇게 말했습니다."라고 말했다면 내가 그의 말을 동의하며, 왜 동의하는지를 알려야 합니다. "니체가 말했는데 나도 이유는 모르겠어."라고 말한다면 이것은 자기 주장이나 근거가 될 수 없습니다.

❹ '전문가의 말에 의심할 부분은 없는가'를 따져 봐야 합니다. 전문가의 말이라고 무조건 믿지 마세요. 전문가의 말은 옳을 가능성이 높을 뿐입니다. 만약 참여자들이 전문가의 말에 대해 의구심을 품고 있다면 인용한 사람이 적극적으로 설명해야 할 의무가 있습니다. 전문가가 말한 것을 그대로 받아드린다면, 우리는 판단력을 기를 필요 없이 그들이 한 말만 따르면 됩니다. 또, 여러 전문가의 발언이 엇갈리는 경우도 있습니다. 누구의 말이 더 합당한지 판단해야 합니다. 있는 그대로 무조건 따라야 할 전문가의 말은 없습니다.

만약 이미 죽었거나 다른 나라 사람이라면 한 가지를 더 살펴보아야 합니다.

❺ 그 사람이 '지금, 여기, 우리 앞에 나타나서도 똑같이 말할 것인가'를 확인해야 하지요. 그가 살던 당시에 합당하다고 여겨졌던 말이 지금 우리에게도 똑같이 합당한가를 판단해 보는 것입니다. 신분 제도와 가부장적 체계가 공고하던 시기에 나왔던 "여자와 소인은 다루기 어렵다."라는 말을 지금도 합당하게 여겨야 할까요?

문학 작품을 다룰 때 간혹 작가의 인터뷰를 가져와 자기가 해석한 것의 근거로 활용하는 사람이 있습니다. 문학 작품에 있어 작가의 위상은 절대적으로 보이니까요. 하지만 작가의 말 역시 '하나의 해석'으로 보아야 합니다. 1부에서 보았듯, 작품은 작가의 종속물이 아니라 독립된 존재입니다. 부모가 본 아이와 친구가 본 아이는 평가가 다를 수 있습니다. 부모의 관점만 옳다고 말하기 어렵습니다. 아이가 태어나 사회로 나오는 순간, 부모 역시 그 아이가 관계를 맺는 수많은 타인 중 하나에 불과합니다.

통계 자료 인용도 마찬가지입니다. 숫자에는 객관성이 확보되어 있다고 믿지만 통계에도 허점이 많습니다. 문항을 만든 사람의 의도와 그 문항을 읽은 사람이 받아들이는 것이 다를 수 있습니다. 응답자마다 다르게 해석할 여지도 있습니다. 객관식 문항은 많은 사람의 생각을 제대로 담아낼 수 없습니다. 통계는 수백 명의 생각을 모두 담은 듯 보이지만 실제로는 단 한 명의 생각도 담고 있지 못합니다. 통계 자료는 질문의 형태가 얼마나

객관적인지, 답안의 형태는 어떠한지, 응답한 사람들의 성별·
연령별 비율은 어떠한지 등을 살펴볼 필요가 있습니다.

# 확장하기

## 독서 모임 그 이상을 위해

독서 모임은 참여자의 친밀감과 신뢰가 높아질수록 더 많은 효과를 얻을 수 있습니다. 또, 독서 모임을 단지 '독서'에만 초점을 맞출 필요는 없습니다. 출판 시장은 십수 년 동안 축소되고 있으며 독서 인구는 꾸준히 감소하고 있습니다. 여전히 책을 좋아하는 사람들은 함께 이야기를 나눌 독서 친구를 찾는 것도 어려운 상황입니다. 독서 모임에서 만난 사람은 여러분의 소울 파트너가 될 수 있으며 자신의 신념과 인생관을 만드는 데 결정적인 역할을 하는 동지입니다. 독서 경험을 통해 인생의 중요한 결단을 내리는 사람을 가끔 봅니다. 마음의 위안을 얻기도 하며 직업을 바꾸기도 하고 직장을 옮기기도 합니다. 이번 장에서 소개할 내용은 독서 모임 그 이상을 만들어 가는 방법입니다.

먼저, 소소한 일상을 공유하는 몇 가지 방법이 있습니다. 참여자들의 취향과 기호를 감안하여 작은 이벤트를 적극적으로 만듭니다. 맛집을 함께 가거나 보드 게임, 방 탈출 게임을 하기도 합니다. 독서와 연관된 영화를 함께 본 뒤 이야기를 나누는 독서 모임은 꽤 있는 편입니다. 독서 경험의 연장으로 박물관, 미술관, 음악회, 전시회를 함께 가는 즐기는 활동은 '읽는' 감각 외에 다른 감각을 활용하게끔 합니다.

## 다양한 행사 기획하기

### 1. 디베이팅 데이

독서 모임을 할 때 첨예하게 대립했던 논제들을 갖고 하루를 할애하여 그 논제를 집중 토론하는 행사입니다. 논제를 정하고 패널을 지정하는 것이 좋습니다.

#### – 열린 논제: 패널 토론

논제에는 문장에 따라 크게 두 가지 형태가 있습니다. 하나는 '왕따 문제를 해결하기 위한 방법은 무엇인가?', '선거 제도는 어떻게 바뀌는 것이 좋은가?'처럼 '열린 논제'가 있습니다. 이 논제 형태는 찬성과 반대로 나뉘지 않고 각자 자신이 옳다고 생각하는 어떤 '방법'을 제시해야 합니다. 풍부한 방법이 논의될 수 있다는 장점이 있지만 쟁점별로 명확하게 대립하여 선명한 토론을 이끌어 내기에는 한계가 있습니다. 주로 텔레비전에서 진행하는 '패널 토론'을 참고하여 기획하되 패널 외 참여자들도 발언할 수 있는 기회를 부여하는 것이 좋습니다.

### – 닫힌 논제: 디베이트

'왕따 문제는 가해자를 엄격하게 처벌해야 한다.', '선거 제도를 중선거구제로 바꿔야 한다.'처럼 하나의 안 자체를 제시하는 '닫힌 논제'가 있습니다. 이 논제는 찬성과 반대로 나뉠 수 있습니다. 찬성은 논제에 찬성하는 입장이며 논제 자체가 찬성 측의 방안입니다. 이때 반대는 두 가지 중 하나를 선택할 수 있습니다. 하나는 찬성 측 방안에 반대하는 것입니다. 찬성 측이 말하는 문제 의식 자체를 부정하면서 문제가 없으니 변화도 필요 없다는 입장입니다. 이 경우는 '변화(방안 A) Vs. 유지(反방안 A)'의 대립 구도가 형성됩니다. 다른 하나는 문제 인식에는 공감하지만 찬성 측의 방안에는 반대하는 것입니다. 반대 측은 자신만의 독자적인 새로운 방안을 제시할 필요가 있습니다. 이 경우는 '방안 A Vs. 방안 B'의 대립 구도가 형성됩니다. 이렇게 닫힌 논제로 토론하는 것을 '디베이트'라고 부릅니다.

디베이트에는 여러 가지 포맷이 있습니다. 보통 찬성과 반대가 2:2나 3:3으로 진행되며 동일한 발언 기회, 동일한 발언 시간 등이 부여됩니다.

## 2. 겹쳐 읽기 행사

이 행사는 2권 이상의 책을 동시에 진행하는 것입니다. 이 방법에도 두 가지 형태가 있습니다. 첫째, 이어지거나 비슷한 두 책을 읽는 것입니다. 《이방인》(알베르 카뮈)과 《뫼르소 살인 사건》(카멜 다우드) 조합, 《어린 왕자》(생텍쥐페리)와 《다시 만난 어린 왕자》(장 피에르 다비트) 조합 등이 있습니다. 본편과 속편의 주제의식은 어떻게 바뀌었는지, 두 작가는 어떤 차이가 있는지 등을 살펴볼 수 있습니다. 둘째, 상반된 주장을 하는 책을 읽는 것입니다. 《문명의 충돌》과 《문명의 대화》, 《만들어진 신》(리처드 도킨스)과 《현대 과학 종교 논쟁》(앨릭스 벤틀리) 등이 있습니다. 이 경우에는 두 책을 비교하고 대조해 보는 것도 좋지만 디베이트를 활용하여 '북 배틀'을 진행하는 것을 추천합니다. 패널을 두 팀으로 나누어 각각 하나의 책을 변호하도록 하는 것입니다. 책을 두 권이나 읽어야 하는 부담감이 있으므로, 한 권씩 미리 독서 모임을 통해 다룬 뒤 행사를 진행하면 보다 수월하게 준비할 수 있습니다.

## 3. 작가와의 만남

작가를 만날 수 있는 기회는 흔치 않습니다. 주로 대형 출판사 행사나 서점 행사, 도서관 초청 강연에서 작가를 보게 됩니다. 대부분 무료 강연이며 비교적 많은 작가가 참여한다는 점에서 장점이 있지만 작가와 보다 깊은 이야기를 나누거나 만나고 싶은 작가를 선정하지 못한다는 한계가 있습니다. 우리는 작가를 너무 멀리 있는 존재로 생각하는 경향이 있는데, 독서 모임에서 직접 접촉해서 작가 초청 행사를 만들 수도 있습니다.

(너무 유명한 작가는 쉽지 않겠지만) 독서 모임의 참여자가 10명 이상이라면 시도해 볼 만합니다. 작가 중에는 많은 액수의 초청료를 받지 않는 사람도 있습니다. 홍보 기간을 2~3주 잡고 외부 참여자들을 포함시키면 1인당 비용도 크지 않습니다. 작가 초청 행사는 단순히 작가의 강연을 일방적으로 듣는 것이 아닙니다. 여러분의 이야기하는 시간을 충분히 확보하세요. 여러분이 읽은 해석을 발표하고 그 해석에 관해 토론이나 디베이트를 하며 작가를 자연스럽게 토론 안으로 끌어들이세요. 3시간을 기획했다면 2시간은 이렇게 여러분들이 주도하고 나머지 1시간은 작가의 시간(강연, 혹은 질의응답)으로 활용하면 적당합니다.

## 4. 작품 기행

국내 소설을 읽었다면 문학 기행을 할 수도 있습니다. 굳이 멀리 갈 필요가 없습니다. 여러분의 생활권 내에서도 문학 기행이 가능합니다. 서울에 거주한다면, 배경이 서울인 소설을 읽고 함께 이동하면 됩니다. 소설이 아니라 지역을 다룬 비문학들도 가능합니다. 《서울, 젠트리피케이션》을 읽었다면 이 책에서 다루는 핫플레이스를 직접 탐방해 보는 것입니다. 책에서 말하는 것과 실상이 얼마나 같은지, 아니면 다른 점이 있는지를 확인하고 새로운 의미와 감각 경험을 얻어 낼 수 있습니다.

## 5. 연말 정산

한 해를 마무리하며 독서 모임을 정산하는 행사입니다. 당일만 기획해도 좋고, 인원에 따라 파티룸을 잡아 1박 2일로 진행해도 재미있습니다. 연말 정산 행사 내용에 북 배틀이나 디베이팅 데이를 포함할 수도 있습니다. 또, 한 해 동안 열심히 참여한 참여자나 특별한 공로(베스트 발제자, 베스트 질문자 등)가 있는 참여자에게 상장을 수여하는 것도 적극적인 참여를 유도하는 좋은 방법입니다.


## 프로젝트 진행하기

### 1. 독서 모임 보고서 발간
서기가 있다면 그동안 독서 모임의 결과물을 모아서 보고서 형태로 발간할 수 있습니다. 보도서 발간을 위해서는 매번 포멀 후기와 인포멀 후기를 꾸준히 축적해 놔야 합니다. 독서 모임 보고서는 축적된 자료를 모으는 작업만 하면 되기 때문에 큰 부담을 느낄 필요가 없습니다.

### 2. 독서 모임 문집 발간
독서 모임에서 글쓰기를 병행했다면 독서 모임 보고서보다 문집 출간이 효과적입니다. 문집은 보고서보다 한층 발전된 출판물입니다. 문집에는 독서 모임 후기 외에 참여자의 글이 수록됩니다. 문집 형태를 염두에 두었다면, 조금 더 욕심을 내서 단행본을 출판하는 것도 나쁘지 않습니다. 독서 모임에 관련된 책이 시중에 많이 나온 편이지만 이 책처럼 독서 모임을 설명하거나 주로 한 명이 주도하여 체계를 세운 책이 대부분입니다. 실제로 독서 모임을 운영하여 하나의 문집을 출간하는 '모범'을 보여준다면 더 많은 사람이 독서 모임의 의미를 알게 되고 더 많은 독서 모임이 탄생하는 데 도움이 될 것입니다.

### 3. 팟캐스트 작업

독서 모임에서 오가는 말들을 그대로 녹음하여 팟캐스트에 올리는 것도 가능합니다. 팟캐스트에 업로드하는 것에는 별도의 비용이 발생하지 않습니다. 다만 들을 만한 음질을 위해서는 마이크를 몇 개 구매해야 합니다. 패널 토론이나 디베이팅 데이는 팟캐스트 콘텐츠로 적합합니다. 청취자 입장에서는 쟁점이 명확하고 말하는 사람이 너무 많지 않아야 이해가 쉽기 때문입니다.

### 4. 다양한 기관 행사에 동참하기

독서와 관련된 기관은 생각보다 많습니다. 출판협회, 출판진흥원, 출판재단, 출판학회 등 출판 관련 기관들과 각종 도서관에서는 다양한 행사를 기획하는데 독서 모임을 지원하는 사업도 더러 있습니다. 최근에는 지자체에서도 적극적으로 인문학, 독서, 문화 등에 투자하는 편입니다. 행사에 참여하기 위해서는 정해진 양식에 맞게 서류를 작성해야 하고 요구하는 시기마다 보고서를 내야 하며, 비용에 대한 증빙도 준비해야 합니다. 지원하는 금액도 비교적 많지 않습니다. 하지만 이런 행사들은 3~6개월 정도로 단기간만 진행되므로 참여해서 경험과 추억을 만드는 일도 나쁘지 않습니다.

·

# 독서 훈련과
# 독서 커리큘럼

·
·
·

# 독서훈련

## 너무나 많은 책들

첫 번째 기술에서는 독서 방법을, 두 번째 기술에서는 독서 모임 운영법에 관해 알아보았습니다. 이번에는 보다 구체적인 내용으로서 독서 훈련법과 독서 커리큘럼에 관해 이야기하고자 합니다.

독서에 관한 조언 중에는 '무작정 닥치는 대로 읽으라.'는 말이 있습니다. 읽을 책이 몇 권 없던 시대라면 납득하겠지만 지금처럼 하루에도 수백 종의 책이 출간되는 세상에 아무 준비 없이 독서를 시작한다는 것은 지도 없이 망망대해를 항해하는 것과 같습니다. 현대 독자에게는 몇 가지 항해 기술과 지도를 그려 나갈 준비가 필요합니다.

글을 읽을 수 있는 능력과 책을 읽을 수 있는 능력에는 분명히 차이가 있습니다. 그렇기 때문에 글을 잘 읽어도 책을 읽는 것에는 어려움을 느끼는 사람이 존재합니다. 자본주의와 성과주의 사회에서 우리는 가시적인 성취나 금전적 이익에 도움이 되는 것만을 하도록 은연중에 강요받습니다. 독서는 확실히 어떤 가시적인 성취나 이익을 얻어 내려는 목적에는 제한적입니다. 여러분이 그럼에도 책을 읽어야겠다고 마음먹었다면 여러분이 비물질적이며 정신적인 향상을 도모한다는 것을 의미합니다. 앞에서도 이야기했듯, 독서는 '읽어 내는 것' 자체가 중요한 것이 아니라 정신적인 향상에 목적이 있습니다.

**대체로 대중 출판사는 작가에게 두 가지를 요구합니다.**
**첫째, 내용면에서 독자가 지금 관심을 가질 만한 것들**(지금 뜨고 있는 트렌드나 금전과 관련된 것들)**을 소재로 쓸 것.**
**둘째, 문장과 내용 수준은 평균적인 중학생이 충분히 읽을 만한 난이도로 쓸 것.**

실제로 요구 사항을 이행한 책들은 소기의 판매량을 달성합니다. 베스트셀러 대부분이 2~3시간 안에 충분히 읽어 낼 만한 수준으로 쓰여 있습니다. 필요에 따라 쉽게 쓰여야 하는 책이 있지만 불필요하게 많은 책이 읽기 쉬운 책을 지향하고 있습니다. '잘 읽히는 책'을 편안하게 읽어 내는 것은 독서의 본뜻일 수가 없습니다. 잘 읽히지 않는 책을 읽어 나가는 것, 책의 수준과 내 독서 수준의 간극을 좁혀 가는 것에서 극적인 향상이 일어납니다.

중학생 수준의 글에 길들여진 독자는 읽고 싶지만 읽을 수 없는 어려운 책을 구매할지언정 읽지는 못합니다. 2010년 6월에 출간된《정의란 무엇인가》(김영사)는 인문 분야 서적으로 8년 만에 베스트셀러에 올랐고 5년간 약 124만 부 가량 판매되었습니다. 하지만 구매량에 비해 완독률이 지극히 낮았다는 이유로 와이즈베리 출판사에서 재번역을 하여 내놓기도 했습니다. 새로 번역된《정의란 무엇인가》(와이즈베리)에는 몇 가지 해제가 붙어 있는데 그중 하나에는 고등학교의 한 교과목(윤리와 사상)을 공부한 뒤 읽어야 할 책이라고 명시했습니다.

스테디셀러, 혹은 고전이라고 말하는 책은 하나같이 중학생을 뛰어넘은 문장 수준으로 이루어져 있습니다. 만약 '잘 읽히는 책'을 적용한다면, 적어도 고전의 90%는 출판되지도 말아야 할 책입니다. 중학생 수준의 책에만 머물러 있는 독자가 각 대학이 권장하는 고전(가령, 서울대학교 학생들을 위한 권장 도서 100선)에 도전했다고 가정해 봅시다. 많은 책을 읽었기 때문에 고전도 쉽게 읽을 수 있을 것이라 착각하기 쉽습니다. 하지만 10페이지를 읽기도 전에 지치고 곧 포기하고 맙니다. 그런 뒤 '책이 너무 어렵다.', '나는 이런 책에는 맞지 않나 보다.'라는 식으로 판단하고 '고전은 읽을 수 없는 책'으로 규정해 버립니다.

## 공교육과 독서

독서에도 훈련이 필요합니다. 우리 교육 과정에서는 글을 잘 읽어 내는 훈련을 위주로 하며 알아서 독서할 것을 강요하지만(독서록 쓰기) 본격적인 독서 훈련을 실행하고 있지는 않습니다. 고등학교 과정에서는 수능에 나오는 지문 정도에 해당하는 수준의 글을 잘 읽고 파악하는 것에 그칩니다. 오히려 고등학교 교육이 실질적인 독서를 방해합니다. 수능에 맞춰진 주입식 교육과 학습량, 문제 풀이식 교육, 이 모든 것을 아우르는 입시 제도 때문입니다.

한국 사람 대부분은 고등학교 과정을 이수합니다. 우리 교육 과정이 완벽하지 못하며 여러 가지 단점이 있다는 사실은 누구나 알고 있습니다. 아무리 교육 과정이 부족하다 하더라도 적어도 평균적인 졸업생이라면 책을 읽을 수 있는 준비 단계까지는 충분히 이르도록 해야 할 텐데 그렇지 못한 것이 현실입니다. 만약 보통 한국인의 일생 중 책을 읽어야 하는 최적의 시기가 언제냐고 묻는다면 저는 별 고민 없이 고등학교 과정을 방금 마친 대학교 1학년 학생이라고 대답할 것입니다.

대학교에 입학하기 위해서는 대학수학능력시험에 응시해야 합니다. 대학수학능력시험은 대학에서 수학(修學)할 수 있는, 즉 대학교 수업을 제대로 따라갈 수 있는지를 평가하기 위한 시험입니다. 대학교에 '나는 대학 수업을 들을 만한 충분한 준비가 되어 있다.'는 사실을 증명하는 것입니다. 우리나라 학생 대부분은 수능 공부에 맞춰진 학사 일정을 따르고 있습니다.

아무리 좋아하는 음악이라도 단잠을 깨우는 알람 음악으로 맞춰져 있다면 그 음악을 좋아했던 감정을 오래 지속할 수 없을 것입니다. 수학능력시험에서 공부했던 내용들은 우리를 지독하게 괴롭혔던 지식들입니다. '대학에만 들어가면 교재와 교과서를 당장 버리고 다시는 볼 일이 없을 거야.'라고 마음먹었을지도 모릅니다. 하지만 그 지식을 결코 잊어서도 배제해서도 안 됩니다. 잊었다면 다시 봐야 합니다. 앞서 《정의란 무엇인가》에 관한 이야기를 하면서 고등학교 과목을 공부하고 읽어야 한다고 말한 해제를 떠올려 보세요. 고등학교 때 익힌 지식을 바탕으로 더 나은 독서 경험을 행할 수 있습니다.

시중에 나와 있는 많은 교양 도서들은 페이지 양에 비해 고등학교 한 교과목의 교과서 범주보다 전달하고 있는 지식의 양이 적은 편입니다. 우리는 이미 배웠던 지식과 교과목들을 잊은 채 교과서보다도 못한 책들을 읽고 있는 셈입니다. 우리 교육 과정의 각종 문제점과는 별개로, 고등학교 교과서에서 시작하는 독서 커리큘럼이 가장 효과적입니다.


## 옳은 책과 정합적인 책

좋은 책(특히 고전 도서)은 대체로 '옳은 말'을 합니다. 여기서 '옳다'라는 의미는 절대적인 진리를 말하는 것이 아니라 정합적으로 옳다는 뜻입니다. 다시, '정합적으로 옳다'라는 의미는 전제에서 도출한 결론이 논리적으로 합당함을 말합니다.

> **공통 전제 1: 물속에서 헤엄을 치는 동물은 어류다.**
> **공통 전제 2: 고래는 물속에서 헤엄을 치는 동물이다.**
> **A의 결론: 그러므로 고래는 어류다.**
> **B의 결론: 그러므로 고래는 포유류다.**

논픽션 책의 흐름은 위와 같은 작은 논리 조직들의 연속입니다. 위 사례에서 A와 B는 전제 두 가지를 공유하고 있지만 결론은 전혀 다릅니다. 결론만 놓고 보면 B가 옳고, A가 틀렸습니다. 하지만 A는 B보다 비교적 논리적 정합성을 갖춘 결론을 도출했고 B는 전제와 논리적으로 전혀 상관없는 결론을 내린 것입니다. B가 옳은 결론을 내렸지만 사실 '소가 뒷걸음치다가 쥐 잡은 격'입니다. 위 예시는 극단적인 경우이지만 B와 같이 논리적 구성이 엉성한 책이 의외로 많습니다.

'전제 → 결론'의 구조를 논증이라고 말합니다. 여기서 전제는 일종의 근거가 되고 결론은 주장이 됩니다. 전제에서 결론으로 이어지는 과정이 논리적으로 합당할 때 건전한 논증이라고 말할 수 있고, 이것을 정합적이라고 표현합니다. B는 정합적이지 않지만 결론은 맞았고, A는 정합적이지만 틀린 전제에서 시작해 결론이 틀린 것입니다. 즉, 전제가 거짓이라 하더라도 논증은 얼마든지 타당할 수 있습니다. 또, 전제가 훌륭하지만 정합성이 떨어져 결론이 틀린 경우도 있습니다.

어떤 책(특히 '지금 여기'에서 꽤 벗어난 시대와 지역에서 쓰인 고전 도서들)을 읽을 때 '결론이 옳은가'를 따지는 것보다 더 중요한 것은 '어떤 책의 논리적 구성이 더 합당한가'입니다.

추천 도서이지만 결론이 '지금, 여기, 우리'와 맞지 않는 책들도 대다수 있습니다. 한낱 범인에 불과한 우리도 알고 있지만 과거의 현인은 몰랐던 기초 상식도 상당하며, 사회 구조나 지배적인 정치 체제, 중요한 가치들이 많이 변했으니까요. 만약 결론만이 중요하다면 고전 도서 대부분은 그저 틀린 책일 뿐입니다. 전제와 전제의 유기적 관계, 이 관계에서 도출된 합당한 소결론, 이러한 전제-결론의 논리 링크가 다음 논리 링크로 이어지는 과정, 이 연속의 최종에 놓인 결론으로 이어지는 흐름이 합당하다면 그 책이야말로 '옳은' 말을 하는 책이며 추천 도서일 가능성이 높습니다. 오히려 논리적 구성이 엉망이고 결론만 맞는 책이야말로 읽지 말아야 할 책입니다.

문학을 제외한 대부분의 논픽션 도서는 연역적으로 구성됩니다. 작가는 책을 서론-본론-결론의 순서로 구성하겠지만, 책을 집필하기 이전에 그는 이미 자신만의 결론을 가지고 있어야만 합니다. 그래서 책의 숨겨진 이면에는 결론이 먼저 자리를 잡고 있으며 이 결론을 뒷받침하기 위해 전제들과 작은 결론들을 차곡차곡 쌓듯이 그린 설계도가 존재합니다.

독서를 할 때 1차적 목표는 책의 표면적 내용을 '이해'하는 것이며, 2차적 목표는 전제들과 결론을 따져보는 것입니다. 1차적 목표에 부응하는 독서가 수용하는 독서이며 2차적 목표에 진입하는 독서가 비판적 · 독창적 독서입니다. 2차적 목표에서 반드시 필요한 것이 좋은 책들을 진영으로 구분하는 훈련입니다.

## 책의 진영

$$A = 3 + 4 = 7$$
$$B = 4 + 3 = 7$$

수학의 세계에서 A와 B는 같습니다($A=3+4=7=4+3=B$). 하지만 인간의 세계에서는 다릅니다. 순서와 시간, 감정 등의 맥락이 함께 존재하기 때문입니다. '조삼모사(朝三暮四)'라는 고사성어는 이 둘을 같은 상황으로 표현하지만 불확실성 리스크(예상치 못한 일이 발생하여 약속된 나머지를 받지 못할 가능성)와 시간성을 고려할 때 4개를 먼저 받는 편이 대체로 유리합니다($B=4+3 \rangle A=3+4$). 이것을 전제와 결론으로 대입하면, 비록 결론이 같을지라도($A=7=B$) 그 앞의 전제가 다르면($A=3+4, B=4+3$) 두 가지 생각이 다를 수 있다($A \neq B$)는 것을 의미합니다.

예를 들어보겠습니다. 존 로크와 토마스 홉스는 대표적인 사회계약설 주창자입니다. 로크는 《통치론》이라는 책에서, 홉스는 《리바이어던》이라는 책에서 각각 사회계약설을 주장했습니다. 이 두 명의 사상가가 사회계약설을 통해 국가의 실체를 설명하는 방식은 매우 유사합니다. 하지만 이 둘은 전혀 다른 전제들을 기반으로 사회계약설을 만들어 냅니다.

로크는 인간의 합리성을 강조하고 홉스는 인간의 이기심을 강조합니다. 로크는 자연 상태(국가가 없는 상태)에서 다른 사람이 자신의 권리를 침해할 위험이 있다고 생각합니다. 인간은 특유의 합리적 판단으로 인해 개인의 자유와 생명, 재산을 보장하기 위해 국가(통치 권력)라는 실체를 계약을 통해 만들어 냈다고 말합니다. 그래서 정부의 제1 목적은 개인의 권리 보호입니다. 반면, 홉스는 자연 상태에서 인간 각자의 이기심 때문에 '만인에 대한 만인의 투쟁'이 일어난다고 생각합니다. 평화와 질서를 위해 절대적인 권력을 가진 정부(전제 왕정)가 필요하다고 말합니다.

이 둘은 서로 다른 전제에서 출발하여 사회계약설과 정부(통치 권력)를 설명했습니다. 하지만 중간에 같은 지점(사회 계약으로 인한 통치 권력의 정당성)에 도달했다고 하더라도 전제가 달라서 새로운 논리가 각각 다시 생성됩니다. 로크가 주장하는 정부는 국민의 권리를 위임받은 상태이므로 계약된 내용을 제대로 이행하지 못하는 상황이 된다면 국민은 언제든 정부에게 위임한 권리를 회수할 수 있습니다. 정부에 대한 권력 회수가 전제되어 있는 셈입니다.

로크와 달리 홉스가 말하는 정부는 국민의 권리를 양도받은 상태이므로 로크의 정부에 비해 훨씬 절대적이고 강력합니다. 따라서 홉스는 사회 계약이라는 형식으로 정부-국민을 계약 관계로 보았지만 이것을 민주공화정에 대한 옹호가 아니라 전제 왕정의 근거로 삼았습니다.

이번에는 동양에서 사례를 찾아보겠습니다. 맹자와 순자는 둘 다 '예(禮)'를 강조했습니다. 예를 행함으로써 인간은 그 이전보다 선한 존재가 되는 것입니다. 하지만 맹자는 성선설을, 순자는 성악설을 각각 전제했습니다. 맹자에게 '예'는 인간이 가진 선한 본성을 발현하는 행동이었습니다. 인간이 예에 맞춰 행동하는 것은 자연스럽고 또 선한 일입니다. 하지만 순자에게 '예'는 인간이 선하지 못하기 때문에 해야 하는 행동 규칙입니다. 인간이 예에 맞춰 행동하는 것은 악한 본성과 반대되는 훈련이어서 반자연적인 행동이며 선한 일입니다.

좋은 책, 읽어야 할 책은 건전한 논증으로 이루어진 정합적인 책입니다. 그러나 이 책들은 절대적인 진리를 알려 주는 것이 아니라 저마다의 전제에서 출발한 결론을 말할 뿐이며, 따라서 상대적인 진리를 알려 주고 있는 것입니다. 고전 도서가 지금까지 읽히는 이유는 그 책들이 시공을 초월하여 절대적으로 옳기 때문이 아니라 우리에게 아직도 정신적 자극을 주고 새로운 생각을 재생산하도록 돕기 때문입니다. 그 안에는 수많은 선조가 고민하고 얻은 다양한 진리가 담겨 있으며 이것들을 허투루 유실하지 않고 축적하고 전달하여 더 나은 인류가 되도록 도와줍니다. 책이 제 구실을 하고 있으며 인류가 독서를 꾸준히 하고 있다면, 21세기의 평균적인 인류는 적어도 20세기의 평균적인 인류보다 더 많은 진리를 체득하고 정신적으로 향상되어 있어야 하는 것이 당연합니다.

어렸을 적, 외국인이나 다른 인종을 접했을 때를 떠올려 봅시다. 어린아이들은 생김새만으로 한국인과 중국인, 일본인을 잘 구분하지 못합니다. TV나 영화로 백인이나 흑인이 등장하는 영상을 보았을 때는 등장인물들을 혼동하기도 합니다. 그들이 하는 말투나 행동을 보고 개개인의 개성을 인식할 때 비로소 그들을 분류해 낼 수 있습니다. 점차 경험이 쌓이면서 어른은 그들의 말이나 행동을 굳이 보지 않더라도 한국인과 중국인, 일본인을 생김새만으로 구분할 수 있습니다. 비슷해 보이던 존재를 구분 지어 이해하는 과정이 인식의 시작점입니다.

독서의 지도를 그린다는 것은 비슷해 보이거나 뚜렷한 개별성을 분간해 내지 못하던 책들을 분류하는 것에서 시작됩니다. 앞서 언급했듯 책은 대체로 옳지만, 각자의 책이 절대적으로 옳을 수는 없습니다. 책은 그것이 포함한 주제에 관해 우리를 생각하고 판단하게끔 하지만, 책의 궁극적인 목적은 독자들을 자신의 결론으로 설득하는 것입니다. 어떤 책을 한 권 읽고 그 책에 깊은 감명을 받는 사람이 있는 반면, 많은 책을 읽고 그것에서 취할 점과 비판할 점을 찾는 사람도 있습니다. 책은 독자를 자신의 생각에 종속시키려는 특성이 있지만, 독서는 책의 생각에 종속되는 것이 아닙니다.

책은 저마다 주옥 같은 명언과 통찰을 담고 있고, 나름의 논리적 전제와 결론이 있으며 그것에 따라 자신의 입장을 지니고 있습니다. 책 한 권은 분명 어떤 진영 안에 속해 있습니다. 교양서

가운데 어떤 책은 엄청난 수의 인용문을 페이지마다 나열하곤 합니다. 자신의 독서량을 과시하고 싶은 이런 책의 저자는 많은 책에서 명언만 찾아냈을 뿐 실제로 그것들을 이해하고 있을 가능성이 낮습니다. 책들의 진영을 구분하지 못한 것입니다. 가령 소크라테스의 말과 토마스 홉스의 말을 뚜렷한 경계 없이 같이 사용한다거나 마이클 샌델과 존 롤스를 한꺼번에 묶는 우를 범하는 것이지요. 이렇게 책들을 구분하여 인식하지 못하는 것은, 독립기념관에 일본 전범 기업에서 만든 스크린을 들여놓는 것과 같습니다. 독자들은 이 구분에 눈을 떠야 합니다.

## 진영을 나누는 방법

어떤 주장과 주장, 어떤 책과 책이 구분되는 지점은 대체로 아래 다섯 가지에 속합니다.

| 구분 | 사실에 관한 이해 (혹은 사실 인정) | 사실에 관한 태도 (혹은 해석) | 전제 (근거, 문제 인식) | 결론 (주장, 해결 방안) |
|---|---|---|---|---|
| 1 | X | | | |
| 2 | O | X | | |
| 3 | | | O | X |
| 4 | | | X | O |
| 5 | | | X | X |

(O: 일치, X: 불일치)

첫 번째 경우는, 어떤 사실이 존재했는지에 대한 입장이 다른 경우입니다. 예를 들면, 한국 고대사를 다룬 책 중에는 한사군(漢四郡)의 위치에 관한 사실 관계가 대립하는 경우가 많습니다. 한나라 무제가 고조선을 멸망시키고 옛 고조선 땅에 설치했던 이 4개의 행정 구역은 고조선의 영역을 결정짓는 중요한 근거가 됩니다. 우리나라에 남겨진 고대사 사료는 제한적이며 그나마도 중국의 입장에서 서술되었거나 북한에 있을 것으로 추정되기 때문에 다양한 서술이 존재합니다.

두 번째 경우는 사실은 인정하나 그것에 대한 태도(해석)가 다른 경우입니다. 프랑스 혁명을 다룬 책 가운데는 혁명을 긍정적으로 평가하는 책도 있고 부정적으로 평가하는 책도 있습니다. 이 둘은 적어도 프랑스 혁명 그 자체가 있었음을 의심하지는 않습니다. 또, 광해군의 외교 정책, 정조의 문화 정책, 흥선대원군의 쇄국 정책 등은 모두 사실로서 공유하지만 평가의 양상에서 책마다 다를 수 있습니다.

세 번째 경우는 전제(목적)는 같지만 결론(방법)이 다른 경우입니다. 독립운동가들이 식민지 조선에서 일제를 몰아내고 해방되어야 한다는 전제에는 동의했지만 그 방법에 관해 외교론, 무장 투쟁론, 실력 양성론 등으로 나뉘었던 것이 이 경우입니다.

네 번째 경우는 전제는 다르지만 결론이 같은 경우입니다. 인간의 선행을 공통으로 주장했지만, 인간의 타고난 선한 본성을 회복한다는 차원에서 말한 유교, 신의 자식으로서 인간이 부여받은 신의 목적에 따른다는 기독교, 자기 안의 불성(인간이라면 누구나 부처가 될 수 있다는 가능성)을 말한 불교는 각기 다른 전제에서 출발했습니다. 동물 보호라는 결론에는 동의하지만 칸트는 인간의 관점에서, 피터 싱어는 이익 평등의 관점에서, 레건은 동물의 도덕적 권리 관점에서 주장했습니다.

다섯 번째 경우는 전제와 결론이 모두 다른 경우입니다. 인간의 정신을 포함하며 모든 것은 물질로 이루어졌거나 거기에서 파생된 것으로 보는 유물론 혹은 과학주의와 인간의 이성과 정신은 별로도 존재한다고 전제하는 종교나 이성주의는 전제부터 다르며, 이 전제로부터 나타난 다양한 이슈에 관한 결론(유전자 복제, 생체 실험 등) 역시 다릅니다.


독서 지도를 그리기 위해서는 ❶ 큰 영역을 작은 영역으로 구분하고 ❷ 작은 영역에 있는 책을 분류해야 하며 ❸ 책을 분류할 때 무엇에서 차이가 발생하고 있는지를 판단하고 ❹ 그중에서 무엇을 기준으로 할지 결정해야 합니다. 예를 들어 '서양 철학'이라는 커다란 영역을 시대를 기준으로 '고대 서양 철학', '중세 서양 철학', '근대 서양 철학' 등으로 나누거나, 지역을 기준으로 '영미 철학', '유럽 대륙 철학' 등으로, 혹은 철학 분과를 기준으로 '형이상학', '윤리학', '정치 철학', '사회 철학' 등으로 나눌 수 있습니다. 물론 익숙해진 다음에는 이 기준들을 서열을 정리하여 순차적으로 나누어도 됩니다(시대→지역→분과). 어떤 테마(시간, 죽음, 자유, 이성 등)나 사회적 이슈(안락사, 빈부 격차 등)를 중심으로 나누는 것도 흥미로운 일입니다.

그런 뒤 그 영역에 놓인 책들을 비교하여 어디에서 차이가 나는지를 판단합니다. 그리고 차이를 가르는 다양한 기준 중에 무엇을 기준으로 할지 결정합니다. 가령, 정치 철학 영역에서 민주주의에 관한 태도를 기준으로 플라톤의 《국가》와 루소의 《사회계약설》을 나눌 수 있습니다. 여기에 홉스의 《리바이어던》, 로크의 《통치론》, 존 스튜어트 밀의 《자유론》 등을 추가하여 각 진영을 구축할 수 있습니다. 다른 예시로, '자유'라는 테마로 책의 진영을 나눌 때는 인간의 자유를 원천적으로 옹호한 장자의 《장자》와 인간의 자유에 적절한 제한이 필요하다는 토마스 홉스의 《리바이어던》, 적어도 특정한 시기(예외 상황)에는 자유를 제한할 수 있다고 말한 칼 슈미트의 《정치 신학》, 불안한 자유로움을 이야기한 샤르트르의 《실존주의는 휴머니즘이다》 등을 위치시켜 구분할 수 있습니다.

여러분이 직접 우리나라의 행정구역을 나눈다고 상상해 보세요. 자연적 지형(산맥, 강)을 기준으로 하거나 인위적 시설(도로, 블록), 혹은 같은 생활권이나 지역 문화권으로 나눌 수도 있습니다. 나누는 기준이 곧 여러분이 그리는 지도의 의미를 함축합니다.

믿을 만한 사람이 추천하는 책을 읽고, 이미 수많은 사람이 읽어 온 책을 읽는 것은 결코 나쁘다고 말할 수 없습니다. 하지만 자기의 분류 기준에 맞춰 읽는 것은 최소한의 독서 목적을 부여합니다. 하나의 진영에 속한 책을 읽다 보면, 독자는 자신도 모르게 설득되고 편협한 사고를 지니기 십상입니다. 마치 유튜브나 넷플릭스의 알고리즘처럼 대형 온라인 서점에서도 여러분이 이미 선택한 책과 같은 진영에 속한 책들만을 계속 추천해 줍니다. 책들을 진영으로 나누는 것은 필수적으로 대조되는 책을 보도록 유도합니다. 따라서 수많은 추천 도서를 하나하나 무차별적으로 읽는 것보다는 자신의 독서 지도를 만드는 게 훨씬 유익합니다.

## 교육 과정에서 시작하는 독서

독자를 어떤 주제로 끌어 들이려는 책은 입문 교양서입니다. 여러분이 우연히 입문 교양서를 읽었는데 그 주제에 흥미가 생겼고 그 주제에 관해 더 깊이 알고 싶다고 마음먹었다면 그 책은 자신의 역할을 충실히 해낸 것입니다. 만약 여러분이 이미 어떤 주제에 관심이 생겼다면 굳이 이런 입문 교양서를 더 읽을 필요가 없습니다. 곧바로 다음으로 넘어가야 합니다. 바로 아래에서 이야기할 조건 1과 조건 2를 충족하는 과정입니다.

어떤 책을 읽을 때 쉽게 지치고 지루함을 느끼는 이유는 스포츠나 영화를 볼 때 지루함을 느끼는 경우와 크게 다르지 않습니다. 스포츠 경기를 보거나 영화를 볼 때와 마찬가지로 책을 읽을 때 재미를 느낄 수 있는 4가지 조건은 다음과 같습니다.

### 조건 1: 그 분야의 정해진 용어와 규칙(rule)을 알고 있을 것

**조건 2: 배경지식이 충분할 것**

**조건 3: 자체적인 평가가 가능할 것**

**조건 4: 관점이나 지식의 재생산이 가능할 것**

용어와 규칙을 모른 채 스포츠 경기를 본다거나, 영화를 볼 때 등장인물들의 관계와 세계관 설정을 모른다고 상상해 보세요. 보험약관이나 전자기기 설명서를 읽는 것만큼이나 고역일 것입니다. 기본적인 용어를 모르고, 해당 분야에서 지배적인 규칙과 기초 전제들을 모르면 읽기도 어려울 뿐더러 읽더라도 습득할 수 있는 양에서 차이가 발생합니다. 더구나 그 매체가 집중력과 적극성을 요구하는 책일 경우 더욱 견디기 어려울 것입니다. 위에 나열한 조건 중 조건 1과 조건 2만 충족해도 독서는 매우 수월해집니다. 우리 교육 과정에서 첫째 조건과 둘째 조건은 크게 힘들지 않고 충족할 수 있습니다.

저는 이제부터 공교육 교과서(고등학교)에서 시작하는 독서 커리큘럼과 추천 도서를 소개하려 합니다. 교육 제도에 대한 불신과 입시 지옥에서 고통받았던 학창 시절의 기억 때문에 사람들 대부분이 쉽게 교과서를 지워 버립니다(물론, 뒤에서 다루겠지만 궁극적으로는 교과서를 찢어 버려야 합니다). 그런 다음, 교과서보다도 못한 수준의 교양 도서만 비용과 시간을 들여 끊임없이 읽죠. 하지만 교과서에서 시작한 독서에는 독보적인 이점이 몇 가지 있습니다.

첫째, 학창 시절에 공부해 놨던 지식들을 자연스럽게 연계하여 활용할 수 있다.

둘째, 한국에서 가장 공인되고 검증된 지식을 기반에 둘 수 있다.

셋째, 비용이 저렴하다.

넷째, 소요되는 시간이 적다.

다섯째, 보조 자료가 풍부하다.

공교육을 마친지 이미 10년, 20년이 지나 버린 독자도 많을 것입니다. 또, 비교적 최근에 공교육을 마친 분들도 있겠죠. 하지만 대학수학능력시험에서 탐구 과목을 2과목만 집중적으로 공부하기 때문에 모든 영역을 골고루 알고 있다고 말하기는 어렵습니다. 우리는 고등학교 과정을 통해 조건 1과 조건 2를 어렵지 않게 충족할 수 있습니다. 적어도 '하룻밤에 읽는 ○○' 시리즈, '청소년도 이해하는 ○○○' 식의 제목이 붙은 책들은 굳이 읽지 않고 넘어갈 수 있습니다. 물론 위 책들이 고등학교 교재의 범위보다 좁고 함량이 적은 것은 아닙니다. 하지만 고등학교 과정을 공부한 뒤에는 보다 전문적인 책을 읽어 낼 수 있기 때문에 대부분 건너뛰어도 무방합니다.

입시 교육에서는 국어, 영어, 수학이 강조되지만 독서 활동에 가장 주요한 것은 탐구 영역이며, 그중에서도 사회 탐구 영역이 중요합니다.

## 인문학·사회 과학 독서 훈련

사회 탐구 영역은 총 10개 과목으로 나뉘어 있는데 1차 과목과 2차 과목으로 분류할 수 있습니다. 1차 과목은 2차 과목의 선행 과정이며 진행 양상에 따라 3가지로 다시 분류됩니다.

❶ 안에서 밖으로 확장하는 과정: 한국사 → 동아시아사 → 세계사 / 한국 지리 → 세계 지리
❷ 넓은 범위에서 좁은 범위로 확장하는 과정: 사회 · 문화 → 법과 정치 / 사회 · 문화 → 경제
❸ 원론에서 응용으로 확장하는 과정: 윤리와 사상 → 생활과 윤리

교과서보다는 EBS 교재를 활용하는 편이 시간과 비용, 효율성 측면에서 유리합니다. EBS 교재는 기초 시리즈, 문제 풀이에 집중된 수능 완성 시리즈, 그 중간 단계인 수능 특강 시리즈 등이 있습니다. 기초 시리즈는 성인이 공부하기엔 너무 가벼운 감이 있으며, 우리는 수능 문제 풀이가 목적이 아니기 때문에 수능 완성 시리즈도 적합하지 않습니다. 성인이 하는 독서를 위한 공부라면 수능 특강 시리즈가 적당합니다.

EBS 교재가 효과적인 이유는, 우선 개조식(문장 형태가 아닌 단어와 요점만 나열)으로 서술되어 있으며 내가 어느 정도 이해하고 있는지를 알아볼 수 있는 문제를 제공한다는 점입니다. 물론 문

제를 풀면서 맞췄는지, 틀렸는지에 대한 여부가 중요한 것은 아닙니다. 우리는 수능 시험을 준비하는 것이 아니니까요. 다만, 문제를 풀면서 정답을 찾는 것보다 정답이 아닌 것들이 왜 정답이 아닌지를 체크해야 합니다. 마지막으로, EBS 교재는 무료 동영상 강의를 제공합니다.

대학 교수와는 달리 EBS 강사들은 철저하게 듣는 이들의 이해와 지식 전달을 목적으로 강의를 합니다. 만약 교재만으로 부족함을 느낀다면 강의를 듣는 것도 좋습니다. 같은 과목에 보통 2명의 강사가 각각 배정되며 각자의 스타일로 강의를 진행합니다. 문제 풀이에 집중하는 강의보다는 개념과 이해 위주로 하는 강의를 고르세요. 강의는 1.5배속으로 듣는 것이 효율적입니다. 무료 동영상 강의를 EBS 사이트에서 직접 재생해도 문제가 없지만 목소리가 뭉개지는 현상과 앞뒤로 재생 바를 옮길 때 끊기는 경우가 종종 나타납니다. 고화질로 다운로드 받는 것도 가능하니 되도록 다운로드를 활용하여 들으세요.

탐구 과목의 교재는 과목당 5~7천 원 수준입니다. 교재마다 15~20강으로 구성되어 있으며 과목마다 차이가 있지만 1강 당 30~50분 정도면 충분하며 하루에 2~3시간 정도 할애한다면 5일이면 1과목을 끝낼 수 있습니다.

**비용: 총 10과목, 과목당 5~7천 원**
**시간: 1과목당 하루 2~3시간, 5일**

각 과목의 개요와 다루는 주제는 아래와 같습니다.

[역사: 한국사, 동아시아사, 세계사]

| 과목 개요 | 관련 주제 |
|---|---|
| [한국사]<br>우선 연대별로 구분한 뒤, 주제별(정치, 경제, 사회, 문화 등)로 세분화<br><br>[동아시아사, 세계사]<br>전체적인 맥락 설명 이후 여러 나라의 역사를 겹치는 방식으로 진행 | [한국사]<br>역사관, 역사 교육, 한국 고대사 문제, 일본 역사 왜곡, 중국 동북 공정, 유럽 중심 주의, 조선 당쟁사, 임진왜란, 미시사, 일제 강점기, 해방 직후 한국, 6·25 전쟁, 한국 근현대사, 근대 국민 국가 등<br><br>[동아시아사]<br>동양사, 중국사, 일본사 등<br><br>[세계사]<br>세계사, 유럽사, 미국사, 아프리카사, 세계 근대사, 세계대전, 홀로코스트, 세계 미시사 등 |

[지리: 한국 지리, 세계 지리]

| 과목 개요 | 관련 주제 |
|---|---|
| 인문 지리와 자연 지리를 다루고 있으며 인문 지리 위주로 진행 | [인문 지리]<br>도시, 지방, 노인 문제, 청년 문제, 주거 환경, 생산과 소비 공간, 교통과 통신, 국토 발전, 지역 격차, 음식 문화, 지역 문화, 인구 성장, 도시화, 세계화, 에너지 자원, 환경 문제에 관한 세계적 대응 등<br><br>[자연 지리]<br>토양, 지질, 지형, 하천, 생태 환경, 자연재해, 기후, 자연 개발과 보존 |

[사회·문화]

| 과목 개요 | 관련 주제 |
|---|---|
| 개인과 사회를 중심에 놓고 문화와 일상생활을 다루고 있으며, 사회 갈등과 불평등 등 각종 사회 문제를 순차적으로 진행 | 인간에 관한 관점들과 그 관점에서 비롯된 다양한 사회관(사회 기능론, 사회 갈등론), 일탈 행동, 아노미 이론, 문화적 태도(자문화 중심주의, 문화 상대주의 등), 사회 불평등, 복지 제도, 가족주의, 교육 제도, 종교 문제, 대중 매체, 노동 문제, 세계화 등 |

| 과목 개요 | 관련 주제 |
|---|---|
| 기초적인 국내 법 지식(헌법, 민법, 형법, 사회법 등)과 국가 권력 장치들을 다루고 인권과 국제법으로 나아가는 방식 | 민주 정치의 기원과 발전, 법치주의, 우리나라 민주 정치의 흐름, 정부의 형태, 선거, 정당, 헌법, 기본권, 국내 국가 기관, 민법, 생활에 관계된 실정법, 형법, 범죄, 형사 절차, 사회법, 국제법, 인권, 국제 분쟁 등 |

| 과목 개요 | 관련 주제 |
|---|---|
| 일반적인 경제 기초에 관한 지식을 시작으로 하여 거시적 경제 요소 위주로 다룸 | 자본주의, 시장 효율성, 시장 실패, 정부 실패, 경제 성장, 실업, 인플레이션, 경제 정책, 무역 원리, 외환, 국제 경제, 금융 생활, 신용, 금융 상품, 개인 재무 계획 등 |

| 과목 개요 | 관련 주제 |
|---|---|
| 윤리의 의미에서 출발하여 동·서양 윤리 사상과 철학의 전개, 민주주의, 자본주의, 사회주의 등 거시적 사상들을 차례로 공부 | 다양한 유토피아 이론, 전통적 유교 사상(공자, 맹자, 순자 등), 조선의 유교 사상(조선 성리학, 실학, 위정척사 운동 등), 불교, 도교, 근현대 한국 종교 사상(동학, 원불교, 증산교 등), 서양 철학 일반, 고대 그리스 사상, 상대주의, 보편주의, 현실주의, 경험주의, 이성주의, 실존주의, 실용주의, 현대 윤리 사상(덕, 윤리, 배려), 정치사상(사회 계약론, 공동체주의, 민주주의, 사회주의 등), 사회 정의 등 |

| 과목 개요 | 관련 주제 |
|---|---|
| 〈윤리와 사상〉 과목을 기반으로 보다 구체적이고 현실적인 윤리 문제를 다룸 | 윤리적 접근법, 생명 과학 이슈, 성 윤리 이슈, 인간 관계 윤리, 과학 기술 이슈, 환경 윤리 이슈, 정보 사회 윤리, 인권, 정의, 평화, 직업 윤리, 다문화 사회의 윤리 등 |

위의 영역들만 공부해도 인문학, 사회 과학 부문의 다양한 책을 읽는 데 도움이 됩니다. 물론 모든 과목을 다 공부할 필요는 없습니다. 관심이 있는 과목만, 읽고 싶은 책이 있는 과목만을 봐도 무방합니다. 만약 여러분이 어떤 주제의 책을 수월하게 읽고 싶다면, 또 책을 읽다가 자주 막힌다면, EBS를 활용하여 딱 5일만 투자하면 큰 어려움 없이 독서를 할 수 있습니다. 시중에 나와 있는 (입문) 교양서들은 지식의 질과 양에서 고등학생 교과서보다 못한 경우가 허다합니다. 장담하건데, 분량에 비해 내용이 쉬운 교양서를 몇 권 구입하여 읽는 것보다 EBS 교재를 보는 것이 시간, 비용, 지식수준 면에서 훨씬 효과적입니다.

## 과학 독서 훈련

우리 교육 과정에서 과학 과목은 물리, 화학, 생물 과학, 지구 과학 4개 파트로 나뉘어 있으며, 각 파트별로 1단계, 2단계로 구분됩니다. 1단계는 기초 과정, 2단계는 심화 과정입니다. 과학은 인문학이나 사회 과학 부문보다 비교적 진입 장벽이 높은 편입니다. 세탁기를 작동시키고 스마트폰을 사용하는 방법을 아는 것과 그것의 원리를 아는 것은 다릅니다. 과학과 기술로 만들어진 전자 기기는 우리 눈에 예쁘고 깜찍한 다양한 버튼만 보여 주고 그 내부에서 작동되는 원리나 알고리즘은 감추어 놓습니다. 혹여 그 내부를 들여다보려는 사람이 있을까 봐 '전문가 외에 함부로 기기를 분해하지 마세요.'라는 경고성 메시지를 붙여 놓습니다.

우리 생활을 지배하는 과학주의는, 누구나 마음만 먹으면 과학에 접근할 수는 있지만 아무에게나 접근할 마음이 들도록 놔두지 않습니다. 과학이 너무 어려워 보인다는 두려움이 먼저 들기 때문이죠. 사실 우리 일상에서 활용 가능한 기초적인 과학 지식은 고등학교 과학 과목에서 폭넓게 다루고 있습니다. 복잡해 보이는 컴퓨터 내부도 조금만 공부하면 자주 발생하는 문제에 관한 각종 처치들(부품을 추가하거나, 갑자기 메모리칩이 빠져 있다거나 하는) 정도는 스스로 해결할 수 있을 만큼 간단한 편입니다. 건전지에 적힌 용량 수치나, 전선이나 전구에 적힌 저항 수치의 의미, 우리 집 총 전기 용량을 계산하는 방법은 실생활에서도 알아 두면 편리한 지식입니다. 병원에서 처방받은 감기약에 어떤 성분이 있으며, 같은 효과를 내지만 사람마다 부작용이 나타날 수 있는 약을 분류해 낼 수도 있습니다.

독서 애호가 중 과학 도서를 읽는 사람은 상대적으로 적은 편입니다. 과학 도서를 읽는 독자는 어느 정도의 과학 지식을 이미 충족하고 있는 경우가 많습니다. 과학 도서를 꺼리는 사람은 기초적인 과학 지식을 갖추고 책을 읽으면 어렵게 느껴지던 내용을 어느새 무리 없이 읽고 있다는 것을 깨닫게 될 것입니다. 기초 지식만 있으면 시중에서 구할 수 있는 도서들은 결코 어려운 내용이 아닙니다.

최근 들어 과학자가 썼고 과학을 다룬 듯이 보이지만 과학 주제가 아닌 도서가 자주 보입니다. 과학 분야가 비교적 많이 판매되지 않다 보니 어느 정도 대중적 인지도를 갖춘 과학자를 섭외하여 인문학적 주제와 엮는 기획물이죠. 서점에서는 이런 도서를 과학 도서 코너나 인문 도서 코너로 배치하지만 실제로는 과학도 인문학도 아닌 수필에 가깝습니다. 책의 저자가 자신이 전공한 분야가 아닌 분야를 다룬 책은 주의해야 합니다. 이도 저도 아닌 경우가 많습니다.

읽을 만한 과학 도서는 과학과 다른 분야에 엉거주춤 걸쳐 있는 책이 아니라 과학을 본격적으로 다루고 있는 책입니다. 이런 책들을 수월하게 읽으려면 반드시 과학적 기초 지식이 필요합니다. EBS 교재 중 물리1, 화학1, 생물1, 지구 과학1 정도만 공부해도 읽는 데 무리가 없습니다.

## 마지막 조언

### 첫째, 고전 도서를 대하는 태도

꼭 읽어야만 할 것 같은 기분이 드는 고전 도서 목록은 우리를 지치게 만들기도 합니다. 양도 어마어마하거니와 이 책들을 몇 페이지 읽다 보면 지금 상황과 도무지 맞지 않는 이야기를 할 때도 많아서 '이것을 굳이 읽어야 하나'라는 생각도 듭니다. 결론부터 이야기하면 모두 읽을 필요는 없습니다.

고전 도서를 대하는 태도에는 다음 네 가지가 있습니다.

| 수준 | 책의 의미만 | 결론까지 | 기본 아이디어까지 | 제대로 읽는다 |
|------|-----------|---------|----------------|-------------|
| 1 수준 | ○ | | | |
| 2 수준 | ○ | ○ | | |
| 3 수준 | ○ | ○ | ○ | |
| 4 수준 | ○ | ○ | ○ | ○ |

1 수준에서는 읽지는 않고 그 책이 갖는 의미만을 취합니다. 저자가 어느 시대를 배경으로 해서 어떤 문제의식으로 그 책을 썼으며 이 책이 역사적으로 어떤 의미를 지니는지를 아는 것입니다. 책 자체보다는 포괄적인 배경지식만을 취하는 방식입니다. '애덤 스미스의《국부론》은 자본주의가 시작되던 시기에 '경제학'이라는 새로운 학문을 연 저작이며 당시 지배적이었던 '중상주의'를 종식하고, 19세기 유럽의 새로운 시대정신을 대표했다.' 정도로 아는 것입니다. 포털 사이트에서 제공하는 책의 기본 정보나 출판사 서평 정도만 읽어도 알 수 있습니다.

2 수준에서는 1 수준을 포함하여 책의 결론까지만 취하는 방식입니다. 《국부론》은 개인의 자유로운 경제 활동을 보장할 때 개인과 사회의 전체 부가 증가한다. '보이지 않는 손'이 작동하기 때문이다.'라는 결론을 추가합니다. 이 결론을 기반으로 '정부의 시장 개입을 제한해야 한다.'라는 추가적인 결론을 얻을 수 있습니다. 2 수준은 기존 독자들이 써 놓은 서평 몇 개만 참고하

면 됩니다.

2 수준은 근거에 대한 이해 없이 결론만을 취하기 때문에 '사상누각'이라는 찝찝함을 견디지 못하는 독자들도 있습니다. 3 수준에서는 2 수준에서 얻어진 결론이 도대체 어떤 논리 구조로 이어져 있는지까지 살펴봅니다. 앞서 이야기한 논증까지 알아보는 것입니다. 애덤 스미스는 자본주의의 창시자로 여겨지고 현실 자본주의는 비인간적인 행태를 종종 방관하기 때문에 애덤 스미스 역시 냉철한 실리주의자로 오해할 수 있습니다. 하지만 그는 《국부론》을 집필하기 전 《도덕감정론》이라는 윤리 저서를 쓴 윤리 학자였습니다. 애덤 스미스가 인간의 이기심을 긍정하는 이유는 그의 연구에 기반하여 인간에 대한 낙관적 태도를 견지하고 있기 때문입니다. 낙관적인 인간관을 지니고 있기 때문에 인간의 이기심 역시 선악의 기준을 벗어나 있는 것입니다. 애덤 스미스는 공정함을 방해하는 행위들만 정부에서 단속하면 인간은 자유로운 경제 활동을 할 것이며, 이 경제 활동이 결국 개인의 부와 사회적 부를 모두 증대해 줄 것이라고 예측합니다. 결국 그의 경제론은 인간관을 기반으로 도출된 것입니다. 1 수준과 2 수준은 겉핥기식으로만 책을 대하는 것인 반면, 3 수준은 책을 읽지 않았어도 '읽은 척'할 수 있는 단계입니다. 꼼꼼하게 작성된 서평과 책의 요약본, 조금 더 부지런하다면 논문 몇 편을 읽어 보면 취할 수 있습니다.

4 수준은 제대로 읽는 것입니다. 3 수준은 적어도 하나의 논증 형식을 갖추고 있기 때문에 대체로 완결성을 지니며 마치

책 한 권을 다 읽었다는 느낌을 줍니다. 그러나 실제로 읽어 보면 3 수준에서 말하지 않은 다양한 논의점을 발견할 수 있습니다. 애덤 스미스가 그 시대를 풍미하던 중상주의의 모순점을 어떻게 논파하는지, 물건의 값어치가 당시에는 어떤 식으로 결정되었고 그것이 얼마나 비현실적인 방법이었는지, 그의 결론에 어떤 예외 사항이 있는지 등을 폭넓게 알게 됩니다.

1000페이지, 많게는 1500페이지도 넘는 고전 도서 목록의 모든 책을 굳이 다 읽을 필요는 없습니다. 저술 당시 유행하던 다양한 육종 이야기가 책 앞부분에 잔뜩 쓰인 찰스 다윈의《종의 기원》, 내용에 비해 읽는 데 시간이 많이 소요되는 알렉시스 토크빌의《미국의 민주주의》와 같은 책들은 3 수준으로도 충분할 수 있습니다(물론 읽는 것이 더 좋겠죠). 많은 고전 도서는 지금도 다양한 책에서 인용되고 또 파생됩니다. 읽지 못한다면 최소한 3 수준 정도로 알아두는 것까지는 필요합니다.

## 둘째, 교육 과정 독서 훈련의 4가지 주의점

앞에서 이야기한 교육 과정에서 시작하는 독서에도 주의 사항이 있습니다.

첫째, 문제 풀이에 부담을 갖거나 집착하지 마세요. 간혹 학창 시절을 떠올리며 정답을 맞추는 것에 신경을 과도하게 쓰는 경우가 있는데 이렇게 문제를 풀면서 스트레스를 받는 것은 역효과를 냅니다. 이 독서 훈련의 핵심은 조건 1과 조건 2의 충족, 즉 독서에 활용할 용어와 배경 지식을 확충하는 것입니다. 또, 교재에 포함된 문제는 객관식 문항인데, 보기 5개 중 4개기 오답입니다. 정답 1개를 찾는 것보다 오답 4개를 더 집중해서 보는 것이 이익입니다. 정답을 찾는 요령은 절대 중요한 것이 아닙니다. 문제는 풀어 보는 것이 좋습니다. 'A에 대해 B가 펼칠 반론으로 적당한 것은?'과 같은 형태의 문제가 자주 나오는데 이런 문제를 풀다 보면 A와 B의 선명한 대척점을 알기 쉽습니다.

둘째, 교육 과정이 모든 영역을 아우르고 있지는 않습니다. 언어학, 미학, 심리학 등 근대에 탄생한 세부적인 학문 분과에 대해서는 큰 언급이 없습니다. 하지만 교과 과정에서 이 학문의 기반이 되는 중심 내용은 충분히 설명하고 있습니다. 여러분이 향후 독서 경험을 통해 빈 공간을 보충해 나간다는 생각으로 독서하면 도움이 될 것입니다.

셋째, 최신 학문의 발견과 경향에 취약합니다. 공인된 지식의 단점이기도 합니다. 충분히 검증한 뒤에야 교과서에 오를 수 있기 때문에 새로운 발견에 따라 기존 지식의 기반이 흔들리는 고대사나 최첨단의 과학적 성과, 또 아직 평가가 덜 이루어진 현대사에 관해서는 부실한 편입니다.

넷째, (가장 중요한 것은) 앞서 이야기했듯 궁극적으로 교과서를 찢어야 한다는 것입니다. 교과서의 지식은 여러분이 독서 경험을 하면서 수정하고 보완해 나가야 합니다. 교과서의 틀린 부분, 실제와 다른 부분을 찾아 공인되지 않은 자신만의 새로운 관점을 만들어야 합니다. 교과서를 뛰어넘어 여러분만의 독서 바이블을 창조하는 것입니다.

### 셋째, 역사와 제곱을 읽을 것

종종 '○○에 관해 더 읽어 보려 하는데, 무엇부터 해야 하나요?'라는 질문을 받을 때가 있습니다. 1번은 그 주제에 관한 역사를 읽는 것입니다. 역사에는 인간의 손과 숨이 묻어 있습니다. 어떤 주제든 그것의 역사를 보면 자연스럽게 과학, 철학, 종교, 사회 등 그것에 얽힌 다양한 것을 알게 됩니다. 저는 여행을 갈 때도 그 지역의 역사에 관해 공부를 합니다. 여행지의 맛집을 알아 두는 것도 필요하겠지만 역사를 알면 그들의 생활 풍습이나 건물 양식, 음식의 기원, 축제의 의미 등을 두루 알 수 있습니다. 박물관이나 미술관을 들를 때도 큰 도움이 됩니다.

어느 정도 독서 경험이 쌓였다면 그 주제의 제곱을 읽어 보세요. 제곱의 독서라는 것은, 철학의 철학, 역사의 역사, 과학의 과학 이런 식으로 그 주제를 그 주제로 바라보는 관점을 말합니다. 우선, 그 말의 뜻부터 고민해 보아야 합니다. 철학의 철학이란 무엇을 의미하는 것일까, 과학의 과학이란 무엇일까. 보통 철학의 역사, 역사의 철학, 과학의 철학 등을 다룬 책은 많아도 그 주제를 이렇게 더 파고드는 책은 드뭅니다. 철학 자체를 철학적으로 사유해 보거나 역사 자체의 역사를 들여다보는 것은 기존에 알지 못했던 허점이나 반성, 그 학문이나 주제의 정체성을 깨닫게 도와줍니다. 간혹 그 학문 자체에 의문을 가지도록 합니다. 가령, 철학이 전혀 철학적이지 않으며, 과학이 전혀 과학적이지 않다는 회의감이 생기는 경우가 있습니다. 이것은 매우 근본적인 질문인데 어느 누구도 쉽게 정답을 말하기 어렵습니다.

또, 제곱의 독서는 가지고 있는 독서 경험과 깊이가 크면 클수록 효과적인 방법입니다. 2의 제곱은 4이지만 5의 제곱이 25인 것처럼 말이죠.

## 넷째, 이런 제목의 책은 주의할 것

### 1. '하룻밤에 ○○하는 ~', '한 권으로 ○○하는' 등의 제목

어떤 주제를 단권으로 축약해 놓은 책입니다. 책을 읽는 목적에 따라 유용할 수는 있습니다. 만약 어떤 주제에 관해 간단하게라도 알고 싶거나 더 깊은 내용의 책을 읽기 위해 빠르게 배경지식 정도만 알고 싶은 경우에 이런 책을 읽습니다. 내용이 너무 방대한 주제라면 입문용으로 읽기에 적합한 경우도 있습니다.

다만 이런 책으로 한 주제를 읽은 뒤 그 주제에 관해 많이 알고 있다고 착각하는 사람이 있습니다. 또, 이런 제목으로 쓰인 책 중에서는 정말로 이 책만 읽으면 된다는 식으로 말하는 경우도 있습니다. 주제가 매우 제한적이거나 범위가 좁은 경우에는 가능합니다. 하지만 대체로 한 권으로 끝낼 수 있는 주제는 흔치 않습니다. 이런 책은 읽더라도 주마간산으로 넘겼다는 사실을 꼭 기억해야 합니다.

영화를 보거나 드라마를 보기 전에 누군가 줄거리만 적어 놓은 것을 읽는다고 생각해 보세요. 그 영화를 실제로는 볼 생각이 없어서 내용만이라도 알려고 읽을 수는 있습니다. 하지만 그 영화를 제대로 즐기려면 스포일러는 보지 않는 편이 낫습니다. 여러분이 책을 읽는 목적에 관해 생각해 보고, 이런 종류의 책을 선택할지 말지를 결정해야 합니다. 한편, '처음 읽는 ○○○', '○○○의 첫걸음' 등의 책들은 위에 언급한 책들과 다릅니다. 이 책들은 입문용 도서임을 분명하게 밝히고 있으니까요.

## 2. '○○ 인문학', '인문학 ○○' 등의 제목

교양 도서 중에는 인문학적 요소가 들어가지 않은 책보다 들어간 책이 훨씬 많습니다. 하지만 된장찌개를 끓이면서 대파를 썰어 넣었으니 '대파찌개'라고 부르지는 않습니다. 굳이 인문학이라는 제목으로 책을 출간한다면 그럴 만한 합당한 이유가 있어야 합니다.

스티브 잡스가 아이폰을 내놓으며 그의 창의력에 관심이 모아졌고, 그가 평소 인문학에 관심이 많았다고 말하자 그때부터 '인문학=성공의 열쇠'라는 등식이 만들어졌습니다. 인문학은 너나없이 꼭 읽어야 하는 분야가 되었고 자기 계발서 시장이 포화상태에 이르자 너도나도 인문학을 제목에 욱여넣는 유행이 발생했습니다. 온라인 서점 검색창에 '인문학'이라는 키워드를 넣으면 수많은 책이 쏟아져 나옵니다.

만약 여러분이 진심으로 인문학에 관심이 있다면 제목에 인문학이 있는 책 대부분을 의심하고 걸러야 합니다. 실제로는 게살이 거의 들어있지 않은 어육 간식이 '맛살'로 알려진 것처럼 인문학의 '향'만 첨가된 책이 부지기수입니다.

### 3. '위로의 ○○', '위로하는 ○○' 등의 제목

우리에게는 때때로 위로가 필요한 경우가 생깁니다. 위로를 받는다는 것은 구조상 필연적으로 '내'가 아닌 상대(타인이든 책이든)가 주체이며 '나'는 객체가 됩니다. 위로는 나의 아픔을 희석시켜 줍니다. 하지만 위로가 그 아픔을 딛고 나를 더 나아가게 하는지, 아니면 그것에 길들여지게 하는지를 잘 판단해 보아야 합니다. 만약 여러분이 위로의 책을 한두 권이 아닌 세 권 이상 읽었다면 길들여져 있을 가능성이 높습니다.

위로는 감정적 마사지와 같습니다. 마사지는 분명 내 몸을 대상으로 이루어지지만 내가 몸을 움직이는 것이 아닙니다. 누군가가 침대에 누워 있는 내 다리를 붙잡고 움직여 준다 하더라도 내 힘이 들어가지 않는 이상 운동이 될 수 없습니다. 마사지에 적응하고 길들여지면 내 몸의 자생력은 그만큼 훼손됩니다. 마사지는 늘 적당한 선에서 끝내야 합니다. 그 이유는 마사지가 아픈 몸을 더 아프지 않게 하기 위함이지 건강해지기 위해 하는 것이 아니기 때문입니다.


### 4. '성공하는 ○○', '○○하라' 등의 제목

성공을 이야기 하는 책은 반드시 그 책에 등장하는 '성공한 자'와 그것을 읽고 있는 '나'와의 유사 관계가 얼마나 있는지를 보고 읽어야 합니다. 이것은 일종의 유비 추리입니다.

신약을 개발할 때는 대체로 생쥐를 대상으로 임상 실험을 합니다. 쥐를 활용하는 이유는 인간에게 직접 실험할 수 없기 때문이기도 하지만 많은 동물 중 쥐가 인간과 유사성을 지니고 있기 때문입니다. 인간과 쥐는 면역 체계가 비슷하고, 유전체가 대체로 똑같으며, 체온도 같고, 체내 구조도 비슷합니다. 그래서 개발 중인 신약이 쥐에게서 효과가 나타난다면 인간에게도 그 효과가 나타날 것이라고 잠정적으로 전제하는 것입니다. 하지만 모든 것이 똑같다고 하더라도 그 약의 효과 여부까지 똑같을 것이라고는 결코 장담할 수 없습니다.

유비 추리는 비슷한 점이 많으면 많을수록 개연성이 높아집니다. 유비 추리의 설득력은 결국 두 존재(혹은 사건)의 유사성이 얼마나 충분한지에 달려 있습니다. 성공의 원칙도 마찬가지입니다. 여러분이 읽고 있는 성공 사례의 주인공과 여러분의 공간적 배경, 시대적 배경, 인간관계, 자금력, 사회적 풍토 등 외부 요인과 성격, 능력, 인성 등 내부 요인이 얼마나 비슷한지를 살펴보아야 합니다. 물론 이런 책들 대부분이 외부 환경이나 주인공에 관한 세세한 묘사를 거의 하지 않습니다. 외부 환경은 거의 무시하다시피하고 성공한 영웅의 행위와 결과에 주력합니다. 이들이 멋지게 성공했다는 스토리를 부각시키는 편이 책을 판매하는 데 도움이 될 테니까요.

이런 류의 책에서 말하는 성공의 원칙은 확실한 것이 아니라 단지 성공에 관한 개연성이 높을 뿐입니다. 개연성은 유사성에서 확보됩니다. 우리와 도무지 비슷하기 어려운 토마스, 윌리엄, 제리 등이 등장하는 외국 작가의 성공 도서들은 이런 점에서 개연성을 얻기에 상대적으로 불리합니다.

# 독서 커리큘럼

## 추천 도서 목록

이 추천 도서 목록이 여러분에게 그저 수많은 독서 목록 중 하나로 추가되지는 않을까 고민입니다. 제가 그간 읽어 온 책들 중 고른 것이나 한 개인의 도서 목록인 만큼 여러분이 절대적으로 읽어야 할 책은 아니며 주관적인 생각이 반영되어 있다는 점 역시 부정하기 어렵습니다.

목록은 교과 과정 과목에 맞춰 크게 〈문학〉, 〈역사〉, 〈철학〉, 〈과학〉 등 총 9개의 영역으로 나눴고 나름의 기준으로 정한 난이도(1~5)를 표시하였습니다(책 이름/저자(역자)/출판사/발행 연도/난이도). 비교적 범주가 넓거나 출간된 작품 수가 많은 〈문학〉, 〈역사〉, 〈철학〉, 〈과학〉 4개 영역에는 각 10종, 이어서 〈지리〉, 〈사회 문화〉, 〈법과 정치〉, 〈경제〉, 〈수학〉 영역에는 각 5종의 도서가 포함되어 있습니다.


## 문학

문학 전반에 관한 입론서를 시작으로 단편 소설, 성장 소설, 독특한 구성이 있는 소설, 세계 명작 소설, 잡지 순서로 이어집니다. 소설은 세계 문학 위주로 포함하였습니다.

**《풍성한 삶을 위한 문학의 역사》 / 존 서덜랜드(이강선) / 에코리브르 / 2016 / 3**
－ 이 책은 기본적으로 문학사를 개관하고 있습니다. 그러면서 문학 읽기에 관한 조언을 덧붙이는데 많은 문학을 접하는 것보다 좋은 문학을 여러 번 읽는 것을 강조합니다. '다시 읽기는 문학이 제공하는 커다란 즐거움'임을 말하며 어떤 상황, 어떤 연령에 읽느냐에 따라 다르게 읽을 수 있다는 것을 알려 줍니다. 이 책은 신화와 문학의 관계에 대한 설명에서 출발합니다. 후반부에는 현대의 베스트셀러 시스템과 문학상에 대해서 비판적인 어조로 서술하지요. 마지막 대목에서는 독서 모임을 긍정하는데 그 이유가 문학 읽기에 생생한 즐거움을 제공해 주기 때문입니다. 저자는 독서 모임이 없다면 문학 자체가 사라질 것이라고 문학의 미래를 예견하면서 글을 끝맺습니다. 문학 읽기에 관한 좋은 입문서입니다.

**《비평 이론의 모든 것》/ 로이스 타이슨(윤동구) / 앨피 / 2012 / 4**

　- 무려 950페이지에 달하는 비평 교재입니다. 이 책은 《위대한 개츠비》를 교보재로 활용하며 11가지 비평 방법에 따라 하나의 텍스트가 어떻게 읽힐 수 있는지를 설명합니다. 이 책을 읽으려면 반드시 《위대한 개츠비》(F. 스콧 피츠제럴드) 독서를 선행해야 합니다. 이 책을 추천하는 이유는 여러분이 문학 비평가가 되었으면 하는 마음에서가 아닙니다. 다만 이 책을 통해 문학을 읽는 다양한 틀이 있음을 알아 두기를 바라서입니다. 너무 급하게 읽을 필요는 없고 처음부터 끝까지 정독할 필요도 없습니다. 문학을 읽다가 한 번씩 이 책을 열어 새롭게 감상하는 방법을 적용해 보세요. 《위대한 개츠비》는 국내에서 다양한 번역본이 출간되어 있습니다. 판본들의 번역을 비교하자면, 열린책들과 민음사의 번역은 지금의 언어 감각보다는 예스러운 느낌이 나는 편입니다. 보통 한자어가 많거나 문장이 길거나 영문법 참고서에서 보았을 문어적 표현이 많을 경우 이런 느낌이 납니다. 세종미디어와 문예출판사 판본의 번역은 이보다 매끄럽습니다. 윤색 작업에 더 신경을 썼을 것이라 예상합니다. 홍익출판사 판본은 문장의 맛이 느껴지지 않는 편이고, 을유문화사는 가장 적극적으로 번역을 했는데 느낌을 살리기 위해 문장을 도치시킨 흔적도 보입니다. 문학동네의 번역은 간결하고 리듬감이 느껴집니다.

**《시론》/ 박현수 / 예옥 / 2011 / 4**

　- 곧장 시집을 읽는 것도 나쁘지 않지만 대체로 준비 없이 시

집을 마주하면 막막해지기 십상입니다. 시를 하나의 공이라고 가정하면, 누군가는 그냥 앞에 공을 놓고, 누군가는 거울로 둘러싸인 공간에 공을 넣은 뒤 형태를 살핍니다. 또 누군가는 발로 차 보기도 하고 누군가는 빛을 쏘아 그 안을 들여다보기도 합니다. 시는 나에게 다양한 감상 도구(감상의 틀)가 있을 때 더 많이 즐길 수 있습니다. 이 책은 시에 관한 이론을 다룹니다. 이 책 외에도 같은 목적으로 집필된 책들이 있는데 이 책이 편집과 구성이 좋아 보입니다. 그림과 도표를 적절히 사용하고 있고 각 장마다 생각해 볼 문제가 첨부되어 있는 것이 장점입니다.

**《대성당》 / 레이먼드 카버(김연수) / 문학동네 / 2014 / 3**

   – 영화 〈버드맨〉을 보셨나요? 주인공 마이크가 연극 무대에서 거짓 술잔을 집어 던지며 "카버는 술 없이 소설을 쓰지 않았다고!"라며 소리치는 장면이 나옵니다. 이 대사 속의 카버가 이 책의 저자 레이먼드 카버입니다.

   이 단편집은 정말이지 단편 소설이 지닌 힘을 강력하게 표출하고 있습니다. 작품 하나하나에서 빠져나오기 힘들 정도로 강한 여운을 줍니다. 이 소설집 속 단편은 모두 보통 사람이 보통의 인생을 살아가며 느끼는 외로움과 고독감, 인간보다 강한 상황과 상황보다 나약한 인간, 타인의 위로와 관계에 대해 말하고 있습니다. 이 소설집에서 〈별것 아닌 것 같지만, 도움이 되는〉, 〈열〉, 〈대성당〉이 훌륭하다고 생각합니다. 이 세 소설은 타인으로부터의 위로를 담담하게 표현하고 있습니다. 일반 사람들의 일상에서 뚝 잘라 낸 일상의 단편을 제시하고 있습니다. 이 책은 소설가 김연수가 번역했고 그가 쓴 해설이 원문 뒤에 붙어 있는데 해설 역시 매우 훌륭합니다.

### 《데미안》 / 헤르만 헤세(안인희) / 문학동네 / 2013 / 3

— 이 작품은 민음사와 문학동네를 비롯하여 국내 30여 출판사에서 번역하여 출간했습니다. 어느 출판사의 번역이 특별하게 우월하다고 느껴지는 못했습니다. 대체로 번역은 뒤에 나온 판본일수록 앞서 출간된 번역에 빚을 지고 있습니다. 그래서 같은 작품이라면 최근의 것을 먼저 살펴보는 게 좋습니다. 보통 원문 뒤에 해제나 해설이 따르는데 작품의 해제는 번역가가 쓴 것이 많습니다. 작품의 내적인 요소에 집중하는 해설도 있고 외적인 요소를 함께 설명하는 해설도 있으며 번역 과정을 이야기하는 경우도 있습니다. 문학동네의 해설이 작품 내외의 전반적인 내용을 충실하게 다루고 있습니다. 세계 문학의 경우 대체로 해설이 딸려 있는데 구입하는 책이 아니더라도 다른 판본의 해설은 참고하는 것이 좋습니다. 물론 그 전에 원문을 읽어야겠죠. 이 작품은 전반부는 스토리 위주로 진행되며 비교적 쉽게 읽히지만 후반부는 주인공의 심리 상태나 사변적인 내용이 전개되어 드문드문 멈춰 서야 할 지점이 있습니다. 대표적인 성장 소설로서 학교에서 선생님들이 자주 추천하는 책입니다.

**《호밀밭의 파수꾼》/ 제롬 데이비드 샐린저(공경희) / 민음사 / 2001 / 3**

　- 이 책은 주인공 홀든 콜필드가 병원에서 자신이 과거에 겪은 이야기를 누군가에게 말하는 형식으로 서술됩니다. 주인공의 말투가 작품 분위기 자체를 형성하고 있습니다. 이 책 역시 여러 출판사에서 출간했는데, 번역을 비교하면, 문학사상사는 콜필드가 '너'에게 들려주는 형식(해체)으로 번역했습니다. 마치 옆에 앉아 이야기를 들려주듯 말입니다. 문장이 대체로 낡은 느낌입니다. 현암사는 어른에게 들려주는 듯 경어를 씁니다. 콜필드가 '중2병'에 어린 뫼르소라고 할 만큼 '시니컬함'의 대명사와 같은 성격인데 공손함이 느껴지는 해요체는 다소 이질적으로 읽힙니다. 문예출판사와 민음사는 독백을 하듯 번역했는데 전자가 보다 문어체가 가깝습니다. 저는 민음사 번역이 가장 낫다고 생각합니다.

　이 책은 사실 굵직한 스토리는 없습니다. 주인공이 크리스마스 직전에 퇴학을 당해 2박 3일간 뉴욕 거리를 방황하는 내용입니다. 만나고 싶은 사람은 만나지 못하고 이렇게 저렇게 헤매다가 뜻하지 않는 인물과 생각하지 못한 상황을 접하는 그런 이야기입니다. 주인공이 혼자 떠들어서 일까요? 책의 구성이 다른 소설에 비해 긴밀하게 짜여 있지도 않으며 속어도 많이 포함되어 있어서 이 책을 혹평하는 평론가도 있습니다. 하지만 이 작품이 엄청난 인기를 누렸고 지금도 많이 읽히는 이유는 16살 아이의 성장담을 훌륭하게 표현하고 있기 때문입니다.

**《자기 앞의 생》/ 로맹 가리(용경식) / 문학동네 / 2018 / 3**

- 소설 자체도 훌륭하지만 소설 외적인 스토리도 하나의 영화 같은 작품입니다. 작가 로맹 가리가 에밀 아자르라는 가명을 사용해 발표한 작품이며 한 명의 작가에 두 번 수여될 수 없는 콩쿠르 상을 두 번 수여받도록 한 전무후무한 작품이기도 합니다.

주인공 모모가 속한 아이의 세계는《데미안》에서 싱클레어가 머물러 있던 아이의 세계와 전혀 다릅니다. 모모는 타의로 성장을 저지당한 상태이며 10살 아이가 한순간에 14살 아이로 변하는 과정에서 급속한 성장이 발생합니다. 이런 점에서 이 작품도 성장 소설로 읽을 수 있습니다.

이 책의 원제는 '여생', 즉 '남아 있는 생'입니다. '자기 앞의 생'이라는 한국어판 제목과는 상당히 다른 의미를 지니는 데 보는 시각에 따라 정반대의 제목으로 읽힐 수도 있습니다. 하지만 두 제목이 모두 어울리는 작품입니다. 어떤 제목으로 읽느냐에 따라 감상의 포인트가 달라질 수 있습니다.《자기 앞의 생》을 '여생'으로 읽어 본 뒤 어떤 차이가 있으며 어떤 제목이 더 어울리는지에 관해 토론해 보는 것도 좋은 독서가 될 듯합니다.

**《나의 투쟁》(전 3권) / 칼 오베 크나우스고르(손화수) / 한길사 / 2016 / 3**

- 히틀러의 책 제목으로 더 유명한《나의 투쟁》입니다(출판사에서 이 책의 출간 기념회를 할 때 히틀러의 자서전과 동일한 제목이라서 잘못 온 사람이 더러 있다고 합니다). 이 작품은 작가가 실제 자신

의 지금 시점을 서술하고 있습니다. 작가가 등장하는 소설도 있고 작가가 자신의 과거를 회상하며 쓴 소설도 있지만 마치 관찰 예능처럼, 작가 스스로 영화 〈트루먼 쇼〉의 트루먼이 되는 경우는 전무후무합니다. 이 소설은 노르웨이 소설가 칼 오베가 발표한 작품이며 전체 인구가 500만 명인 노르웨이에서 50만 부가 팔렸을 정도로 자국에서 엄청난 성공을 거두었습니다. 또, 독일, 미국, 이탈리아에서 좋은 평가를 받았습니다.

　1권은 2부로 구성되어 있으며 유년기와 아버지의 죽음을 다루고 있습니다. 특히 아버지의 죽음은 칼 오베가 이 책을 쓰게 된 계기가 되었습니다. 2권은(국내판 2권, 3권) 1권 출간 이후 시기(30대 초중반)에 해당하며 가족과 사랑, 육아 내용을 다루고 있습니다. 3권은 다시 유년기 이야기, 4권은 20대 이야기, 5권은 그의 작가론, 6권은 그의 문학론을 주제로 서술되었습니다. 평론가들은 이 중 5권을 최고로 꼽습니다.

　이 소설은 앞서 언급한 대로 SNS처럼 실시간 기록물과 같은 독보적인 특징과 더불어, 인물이나 배경에 관한 묘사가 거의 없고 담백하며 볼륨은 두껍지만 밀도가 낮아 술술 읽히는 편입니다. 주변 인물들(실시간 실존 인물들)을 자신의 눈에 비친 그대로 노출해서 소송을 당하기도 했습니다. 어쩌면 이 작품은 소설이 아닐 수도 있습니다. 문학성과 문학, 문학과 소설의 경계는 무엇인지 고민에 빠지게 합니다. '내가 왜 굳이 시간과 돈을 들여 어떤 사람의 일상을 읽어야 하지?' 하는 물음이 들기도 합니다. 현대 사회에서 파편화된 개인이 누군가의 삶을 깊숙이 들여다보는 일은 매우 드뭅니다. 그것은 내 부모나 내 아이, 내 가족도 마찬가지입니다. 현대 사회의 개인은 함께 있되 함께하지 않으며, 함께하되 고독합니다. 그런데 이 책을 읽으면 생면부지 제3자가 바로 내 옆에 앉아 숨을 쉬고 살갗이 서로 부딪히는 경험을 하게 됩니다. 바로 이 점이 인기의 비결이며 사람들의 마음을 울렸을 것이라 생각됩니다.

왜 작가는 이렇게까지 지독하게 쓸까요? 이것이 어떤 의미를 줄까요? 독자 여러분의 해석에 맡기겠습니다.

### 《이방인》 / 알베르 카뮈(이정서) / 세움 / 2014 / 3

- '오늘 엄마가 죽었다.'라는 첫 문장으로 많은 사람에게 알려진 작품입니다. 이 소설은 국내에 있는 수많은 출판사에서 번역했지만 독보적인 위상을 가진 판본은 김화영 번역가의 책이었습니다. 김화영의 번역본은 1987년 민음사에서 출간한 바 있는데, 2015년 새롭게 번역한 뒤 책세상에서 다시 출간됩니다. 확신할 수는 없지만 28년 만에 김화영 번역가가 새롭게 번역하고 출판사까지 옮기게 된 계기는 2014년 새움 출판사에서 출간한 이정서 번역가의 《이방인》 덕분일 것입니다. 이정서는 자신의 《이방인》에서 기존 번역, 특히 김화영의 번역(민음사 판본)이 잘못되었음을 구체적으로 밝히고 있습니다.

이 작품은 주인공 뫼르소의 1인칭 시점으로 진행되며 스토리 자체보다는 그의 성격, 말투, 생각 등이 작품에 절대적인 영향을 끼칩니다. 그래서 뫼르소라는 인물을 어떻게 받아들일 것인가가 중요합니다. 두《이방인》은 이 점에서 매우 다릅니다. 만약 여러분이 이 작품을 읽었다면 이정서의《이방인》을 다시 읽어 볼 필요가 있습니다. 2015년 김화영 판본은 이정서 판본에서 지적한 부분을 수용한 곳이 많은데 오히려 어색해진 문장이 눈에 띕니다.

이 책과 더불어 꼭 추천하고 싶은 책이《뫼르소 살인사건》(카멜 다우드(조현실), 문예출판사, 2017)입니다.《이방인》그 자체만으로도 실존 소설, 부조리 소설, 재판 소설 등 다양한 관점에서 읽을 수 있습니다. 그러나 이 책을 함께 읽는 순간 전혀 새롭게 감상할 수 있습니다.《뫼르소 살인사건》은 뫼르소에게 죽임을 당한 아랍인의 가족에 대한 이야기입니다. 이 작품은 특히 우리나라 사람에게 더 의미가 있습니다.《이방인》의 뫼르소가 사회의 희생양이었다면《뫼르소 살인사건》의 뫼르소는 일제 강점기의 일본 청년으로 비유할 수 있습니다. 식민지 조선의 해변가에서 일본 청년(뫼르소)이 조선인 청년(아랍인)을 '햇빛에 눈이 부셔서' 총을 쏴 죽인 것으로 은유되기 때문입니다.

## 잡지

〈창작과 비평〉(창작과 비평사, 1966년 창간, 계간지)은 한국의 대표적인 문학 잡지 중 하나입니다. 이 잡지는 문학(창작) 파트와 비문학 파트로 나뉘는데 문학 파트에서는 시, 소설, 평론 등을 싣고 있습니다. 비문학 파트에서는 문학을 소재로 한 문제들을 다루면서도 다양한 현실 문제들을 적극적으로 다룹니다.

반면, 〈현대문학〉(현대문학, 1955년 창간, 월간지)은 시와 소설 위주로 문학 작품만을 수록하고 있습니다. 이 잡지는 국내 문예지로는 가장 오래 출간되고 있습니다. 〈월간문학〉(월간문학사, 1968년 창간, 월간지)은 한국문인협의의 기관지이며 정부의 재정 지원을 받아 창간된 잡지입니다. 이 잡지도 문학 작품 위주로 구성하는데 시, 소설과 더불어 수필까지 포함하여 발간하고 있습니다.

〈문학사상〉(문학사상사, 1972년 창간, 월간지)은 〈창작과 비평〉보다 비문학의 비중이 높은 편입니다. 다만 〈창작과 비평〉처럼 현실 문제가 아닌 문학에 대한 논평이나 대담, 기획을 주로 편성하고 있습니다.

〈문학동네〉(문학동네, 1994년 창간, 계간지)는 젊은 작가들을 중심으로 지면을 꾸미고 있다는 것이 장점입니다. 창간호부터 꾸준하게 젊은 작가들의 작품을 소개하였고, 지금은 내로라하는 중견 작가들의 친정과도 같은 잡지가 되었습니다. 2010년부터는 '젊은 작가상'을 제정하여 비교적 신인(등단 10년 이내의 작가)들의 작품을 일반 독자에게 알리고 있습니다. 특히 수상작 작품집을 출간한 뒤 1년간 반값 이하로 시중에 공급합니다. 김중혁, 김애란, 손보미, 황정은 등 인지도를 갖춘 작가들이 모두 이 상을 거쳤습니다.

## 역사

인간의 모든 학문은 인간을 닮아 있으며 비교적 불멸하는 것입니다. 시간의 흐름에 따라, 상황의 변화에 따라 학문 역시 변하고 발전합니다. 따라서 역사가 포함되어 있지 않은 인간의 학문은 없을 것입니다.

### 〈아틀라스 ○○사〉 시리즈 / 사계절 / 3

– 교과 과정 직후 읽어 볼 만한 책입니다. 분량이 적은 편(약 200페이지)이지만 판형이 크며 본문 종이가 두꺼운 편이라 볼륨은 적당합니다. 사진과 도판, 자료들을 충실히 담고 있으며 출판사에서 직접 만든 이미지도 많습니다. 〈한국사〉, 〈동아시아사〉, 〈세계사〉를 공부한 다음에 읽으면 역사를 보다 풍성하게 이해할 수 있습니다. 비슷한 시리즈로는 휴머니스트 출판사의 〈살아 있는 ○○사 교과서〉 시리즈가 있습니다. 집필한 전국 역사 교사들의 열정과 노고가 느껴지는 성실한 역사 도서입니다. 대안 교과서로 기획되었으며 공교육의 역사 수업 시수를 반영하고 있습니다.

### 《한국사》(전 53권) / 국사편찬위원회 / 국사편찬위원회 / 2013 / 4

– 공인된 한국 역사입니다. 시중에서 구입할 수 있으나 굳이 구입하지 않아도 읽을 수 있는 책입니다. 이 시리즈는 총 3종류가 있습니다. 1974년부터 1984년까지 11년 동안 전 23권으로

출간된 《한국사》, 이후 2002년 전 53권으로 개편되어 탐구당에서 보급한 《신편 한국사》, 그리고 현재의 국사편찬위원회에서 출판한 시리즈입니다. 대형 도서관에서 접할 수 있으며, 국사편찬위원회에서 운영 중인 한국사데이터베이스(http://db.history.go.kr/)에서 전문을 모두 무료로 열람할 수 있습니다. 흠이 있다면 민족주의적인 시각이 배어 나온다는 것인데 국책연구기관에서 출간한 책으로서 이해될 만한 수준입니다. 한자리에 앉아서 처음부터 끝까지 읽어 나가기는 쉽지 않고 목적에 맞게 발췌독하는 편이 효율적입니다. 표나 자료들을 보면 국사 교과서의 확장판 같다는 느낌을 받습니다. 공인 자격 '한국사능력시험'도 국사편찬위원회에서 주관하고 있으니 혹시 준비하는 독자가 있다면 이 책을 통독해 보세요.

**《21세기 역사학 길잡이》 / 한국사학사학회 / 경인문화사 / 2008 / 3**

 - 한국에서 쓰인 대표적인 역사학 입문서로서 폭넓고 다양한 역사 이론을 소개하고 있습니다. 대학교에서 역사학과 전공 과목이나 역사학 관련 교양 과목 교재로 사용하기도 합니다. 각 장마다 권장 도서 목록도 제시하고 있습니다. 제작상의 소소한 단점도 있습니다. 판형이 비교적 큰 것은 교재라는 점에서 이해할 만하지만 필기를 해야 할 도서임에도 굳이 코팅지에 인쇄하여 필기할 때 불편함이 있으며 무엇보다 무겁습니다. 또, 2008년 출간된 책치고는 편집이 세련되지 못하고 소제목과 인용문의 폰트가 이질적입니다.

**《역사란 무엇인가》 / E. H. 카(김택현) / 까치글방 / 1997(개역판 2016) / 4**

　- '역사'하면 빼놓을 수 없는 책이지만 완독한 사람은 드문 편입니다. 사실로서의 역사가 아닌 역사의 '변동성'에 방점을 찍은 역작입니다. 비교적 최근에 표지가 바뀐 개역판이 나왔습니다. 이 책은 역사 관련 도서에서 빈번하게 인용되고 또 비판도 되는 책입니다. 앞으로 역사 도서를 계속 읽을 것이라면 조금 어렵더라도 완독하세요.

　이 책에 이어서 읽어 볼 만한 책이 두 권 있는데, 우선 문학과 지성사에서 출간한 《내일을 위한 역사학 강의》(김기봉, 2018)는 《역사란 무엇인가》를 재검토하고 앞으로 역사가 가야 할 길을 이야기합니다. 냉전 시대에 쓰인 《역사란 무엇인가》가 오늘날을 사는 우리에게 있는 그대로 읽히기는 어려울 것입니다. 《역사란 무엇인가》에 대한 비판이라기보다는 새로운 방향성을 찾으려는 시도로 저술되었습니다. 판형도 작고, 읽는데 크게 어려움은 없습니다. 푸른역사에서 출간한 《굿바이 E. H. 카》(데이비드 캐너다인(문화사학회), 2005)는 제목만 보면 카에 대한 비판서로 보이지만 《내일을 위한 역사학 강의》와 비슷한 문제의식에서 출발합니다. 2001년 영국 런던역사회 심포지움에 참석했던 역사학자 9명의 발표를 엮었습니다. 논문보다 덜 딱딱한 어조로 서술되어 있습니다. 이 역사학자들은 각각 역사학의 분과인 사회사, 정치사, 종교사, 문화사 등을 전공했습니다. 책의 구성은 카의 역사적 영향력과 재해석을 시작으로 순차적으로 세부 분과의 이야기가 각각 1장씩 이어집니다.

**《사이비 역사의 탄생》 / 로널드 프리츠(이광일) / 이론과 실천 / 2010 / 4**

- 원제는 '만들어진(혹은 날조된) 지식'입니다. 한국어판 제목은 '역사'와 '탄생'을 부각하고 있는데 책 내용을 보면 잘못된 지식(거짓 역사, 속임수 과학, 사이비 종교)의 탄생에 초점을 맞추기 보다는 이것이 왜 잘못된 것인지를 비판하고 잘못된 지식이 어떤 악영향을 미치고 있는지를 말합니다. 사이비 과학은 미신과 결합하고 이런 것은 주로 통속 소설이나 상업 영화의 소재로 다뤄지며 대중에게 흥미로운 이야깃거리로 접근하는데, 이렇게 과학의 탈을 쓴 거짓이 전염병처럼 퍼져서 부작용을 만들어 낸다는 내용입니다. 따라서 '사이비 역사'에서 떠올려야 할 것은 역사 수정주의(조선총독부의 조선사 왜곡, 홀로코스트 부정 등)와 인종 차별, 백인 우월주의 등입니다.

**《원시 전쟁》 / 로렌스 H. 킬리(김성남) / 수막새 / 2014 / 3**

- '평화로운 원시 시대'라는 신화를 가감 없이 깨뜨리는 책입니다. 국가와 문명 이전의 상태, 즉 자연 상태에서의 인간의 모습이 어떠했는지 논쟁을 벌인 대표적인 두 학자는 토마스 홉스와 장 자크 루소입니다. 저자는 루소의 이론을 정면으로 반박하고 홉스의 통찰에 힘을 싣고 있습니다. 다양한 자료를 제시하며 현재보다 끔찍했던 역사 이전을 묘사합니다. 전체 분량의 약 80%에 도달할 때 나타나는 저자의 결론이 눈에 띕니다. 총 512페이지로 분량은 꽤 있는 편이지만 판형이 작고 가벼운 종이로 출간하여 묵직하지는 않습니다. 이 책과 겹쳐 읽을 만한 책은 토

러스북에서 출간한《숲속의 평등》(크리스토퍼 보엠(김성동), 2017)
입니다. 앞의 책과 정반대의 제목이죠? 원시 인류는 평등주의를
실현하려 했고 그 유전자가 우리에게 이어져 있다고 말합니다.
하지만 조금 더 깊이 읽어 보면《원시 전쟁》과 비슷한 점도 보입
니다. 등장하는 학자도 많고 글자 수가 많아《원시 전쟁》보다는
조금 천천히 읽히는 편입니다. 이 두 책이 어떻게 대조되고 또 어
떤 점에서 공통분모를 갖는지는 직접 읽어 보세요.

**《욕망 너머의 한국 고대사》/ 젊은역사학자모임 / 새해문집 / 2018 / 3**

　－ 고대사는 민족의 정체성과 맞닿는 부분이기 때문에 자칫
'국뽕'으로 증폭될 여지가 큽니다. 이 책은 고대사 자체를 말하
기보다는 (이들이 보기에) 사이비 고대사 주장들이 어째서 사이비
인지를 제시하고 비판하는 데 중점을 두고 있습니다. 내용이 어
렵지 않고 컬러 인쇄에 사진, 지도, 도표가 많이 포함되어 있어
읽는 데 큰 어려움은 없습니다. 이 책과 정면 배치되는 책은 여
러 종이 있는데 최근에 만권당에서 출간한《동아시아 고대사 쟁
점》(이덕일, 2019)이 있습니다.《욕망 너머의 한국 고대사》와 정면
대비되는 부분은 '한사군이 한반도 영역에 존재했느냐 아니냐'
입니다. 이 책은 한사군 문제와 더불어 '임나(任那)'가 가야라는
주장에 관해 비판하고 있습니다. 눈치를 챘겠지만, 고대사 영역
을 다루는 책들은 진영 경계가 뚜렷한 편입니다. 강단 사학(주류
사학)과 재야 사학(비주류 사학) 진영으로 나뉘며 강단 사학 쪽에
서는 역사비평사, 서해문집 등의 출판사에서 책을 내고 재야 사

학 쪽에는 만권당 등에서 책을 출간합니다. 고대사를 다룬 책을 읽을 때는 주의를 기울여야 합니다. 다만, 같은 진영 안에서도 다른 의견이 있을 수 있습니다. 대체로 재야 사학 쪽에서는 상대를 친일 사관으로 치부하며 친일 對 독립 구도로 만들려 하고, 강단 사학 쪽에서는 상대를 사이비 역사로 치부하며 거짓 對 실증 구도로 만들려 합니다. 책에 다소 감정이 묻어나 있는데 이런 부분을 주의하여 논증만을 취해야 합니다.

### 《한국 현대사의 비극》 / 김재명 / 선인 / 2003 / 4

　- 일제 강점기 상황에서 여러 갈래의 독립운동이 각기 심화되었고 이들은 조국 해방이라는 기치 아래 모였으나 해방 뒤 한국에서 다시 좌·우로 나뉘었습니다. 이러한 좌·우 구도 속에서 중간 지대에서 좌·우 갈등을 해소하는 한편 남·북의 분단에도 끝까지 저항했던 중간파가 있었습니다. 역사의 변방에 밀려나 있던 인물들을 재조명하는 책입니다. 다른 책에서 잘 다루지 않은 부분이라 읽을 만한 가치가 있습니다. 이 책보다 조금 더 넓은 범위를 읽고 싶다면 《지배자의 국가 민중의 국가》(서중석, 돌배개, 2010)가 있습니다. 이 책은 1910년부터 2010년까지 100년을 다루고 있습니다. 이 책에서는 단순히 역사를 순차적으로 나열한다기보다는 다양한 역사 주체들이 원했던 국가의 모습이 무엇이었는지를 중심으로 풀어 갑니다. '일제'가 원했던 국가의 모습, '민주화 세력'이 원했던 국가의 모습 등 국가관과 국가관의 교차가 이루어지고 자연스럽게 대비됩니다.

《어제의 세계》 / 슈테판 츠바이크(곽복록) / 지식공작소 / 1995 (개정판 2014) / 5

- 어둡고 침침하며 참담한 느낌을 지울 수 없는 책입니다. 이 책을 폈을 때 가장 먼저 독자를 반기는 것은 저자의 유서입니다. 저자는 이 책의 원고를 출판사에 보내고 곧바로 자살을 했습니다. 저자가 도대체 왜 자살을 하게 되었는지, 그의 전 생애를 물들인 고민은 무엇이었는지를 따라가다 보면 그 무거운 짐을 함께 지고 있다는 기분이 듭니다.

저자는 소설가로 활동하였으며 이 책은 제1차 세계대전을 중심으로 서술한 회고록입니다. 이 책이 말하는 어제의 세계란 전쟁 이전의 즐거웠던 과거(저자는 이 시대를 '안정의 황금시대'라고 말합니다)입니다. 어제가 지나고 맞이한 오늘의 세계란, 인간의 이성이 패배하고 야만성이 승리한 세계를 말합니다. 저자는 자살하던 1942년까지의 20세기를 적나라하게 기록하고 있습니다. 내용의 난이도는 높은 편이지만 소설가의 면모를 느낄 수 있을 만큼 문장이 훌륭합니다.

## 잡지

〈내일을 여는 역사〉(내일을여는역사재단 · 민족문제연구소, 2000년 창간, 계간지)는 2000년에 창간된 역사 주제 대중 잡지입니다. 창간 이후 2006년에 문화체육관광부 재단법인으로 내일을여는역사재단이 출범되었고 2016년부터 민족문제연구소와 함께 공동 발행을 해 오고 있습니다. 내일을여는역사재단은 함세웅 신부가 이사장이며 민족문제연구소는 친일 문제 연구가 임종국 박사의 유지를 받들어 설립된 단체입니다. 발행 주체들을 보고 대강의 논지 흐름을 추측해 볼 수 있습니다. 역사 대중 잡지 중에서 읽기 편한 편이지만 어느 정도의 사전 지식과 비판하고 의심할 수 있는 기본을 갖춘 뒤에 읽어야 이해하기가 쉽습니다.

비교가 될 만한 잡지로는 〈역사비평〉(역사문제연구소, 1987년 창간(무크지) → 1988년 계간지)이 있습니다. 창간된 시기(87항쟁)를 보면 어떤 문제의식으로 창간되었을지 가늠할 것입니다. 창간 초기에는 反독재·反정부적 논조가 강하게 실렸으나 그 이후 대중 잡지에 충실한 모습입니다. 〈내일을 여는 역사〉가 '친일'과 '민족'에 방점이 찍혀 있다면 〈역사비평〉은 '(역사문제연구소가 판단하는) 유사 역사 특히 고대사'와 전면전을 벌이는 모습입니다. 논문 형식으로 채워져 있어서 딱딱하고 익숙하지 않으면 읽기 어려울 수도 있습니다.

〈문화재사랑〉(문화재청, 2004년 창간, 월간지)은 문화재청에서 발행하는 무료 잡지입니다. 관공서에서 무료 배포하는 팸플릿 정도로 생각할 수도 있지만 내용이 꽤 알찬 편입니다. 구독은 문화재청에서 할 수 있으며 종이책뿐만 아니라 웹진이나 PDF로 볼 수도 있습니다.

# 철학

이 꼭지에는 1차 도서가 많이 포함되어 있어서 읽기가 어려울 수도 있습니다. 난이도 2~3인 도서부터 읽는 것도 쉽게 접근하는 방법입니다.

### 《서양 철학사》 / 버트런드 러셀(서상복) / 을유문화사 / 2009 / 5

- 많은 사람이 철학 입문서라고 생각하지만, 이 책은 결단코 입문서가 아닙니다. 만약 이 책이 입문서라면, 이 입문서를 읽기 위해 더 많은 입문서의 입문서를 읽어야 하는 일이 벌어집니다. 이 책은 학문으로서의 철학을 공부하기 위해서 반드시 넘어야 할 첫 번째 고개이며 처음 만나는 중간 보스급 도서입니다. 교과 과정을 꼼꼼하게 공부했다면 어렵더라도 도전해야 합니다. 이해가 되지 않는 부분은 그냥 읽고 넘어가세요. 나중에 다시 읽으면 됩니다. 러셀은 확신에 찬 어조로 수많은 철학자를 소개하고 그들의 사상을 축약하여 설명하며 더러는 평가합니다. 러셀은 분명 그 스스로가 철학자이기 때문에 숲 안에서 숲을 보고 있다는 느낌도 듭니다. 그래서 러셀의 입장에 반대되는 경우나 그의 철학적 전제에서는 도저히 받아들이기 힘든 철학자(니체)를 거침없이 비판하기도 합니다. 또, 러셀이 살아 있을 당시까지만 서술되어 있기 때문에 현대 철학자들에 관한 내용은 없습니다.

이 책이 부담스럽다면 유유출판사의 《철학으로서의 철학사》(훌리안 마리아스(강유원, 박수민), 2016)부터 읽는 것도 좋습니다. 이 책은 고대 그리스부터 현대(1940년)까지의 철학 역사를 통시적으로 설명하고 있습니다. 많이 알려진 책은 아니지만 추천하기에 모자람이 없는 책입니다.

위 두 책에서 비교적 빈약한 근현대 철학은 《20세기 서양 철학의 흐름》(크리스티앙 들라캉파뉴(조현진, 유서연), 이제이북스, 2006)으로 채울 수 있습니다. 이 책의 놀라운 점은 스토리텔링입니다. 단순히 철학자의 사상을 나열한 것도 아니고 철학의 역사를 서술한 것도 아닙니다. 마치 드라마를 보는 것처럼 철학자들이 등장인물로 출연하고 그들의 일대기가 펼쳐지며 자연스럽게 그들의 생각과 사상, 사건들이 이어집니다. (결국 모두 실패했지만) 철학을 끝내려 했던 세 가지 시도를 다룬 1장도 흥미로운 구성이고 세계대전 직전의 철학, 아우슈비츠가 파생한 철학, 냉전의 철학, 가장 최근의 철학까지 역사의 흐름 속에서 접할 수 있습니다. 그 어떤 책보다 생생하게 철학자를 만날 수 있습니다.

**《현대 철학 아는 척하기》 / 이병창 / 팬덤북스 / 2016 / 4**

- 이 책도 러셀의 《서양 철학사》에 빠져 있는 현대 철학 부분을 보충하기에 좋은 책입니다. 제목만 보면 내용이 쉬울 것 같지만 전혀 그렇지 않습니다. 정말 책 한 권 안에 한 문장 한 문장을 꾹꾹 눌러 담은 느낌입니다. 이미 압축할 대로 압축해서 더 요약하기 어려우며 한 문장이라도 빠지면 문단이 무너질 것 같은 느낌이 들 정도입니다. 특정 철학이 탄생한 배경을 짚어 주고 역사적 맥락에서 철학을 바라보도록 도와주는 것이 이 책의 장점

중 하나입니다. 이 책에서는 예술도 다루고 있으며 이런 이유로 철학과 예술의 연결을 자연스럽게 이해할 수 있습니다. 반드시 《서양 철학사》를 먼저 읽어야 할 필요는 없고 이 책부터 읽는 것도 좋습니다.

이 책을 읽었다면 바다출판사에서 출간한 《현대 철학 강의》(로저 스크루턴(주대중), 2017)에 도전해 보세요. 이 책은 철학자 중심으로 서술된 책이 아니라 철학적 개념이나 테마를 한 챕터씩 나누어 목차를 꾸린 책입니다. '철학의 철학'에 대해 직접 언급하는 책이기도 합니다. 이 목록에서 제시한 책 중 가장 어려운 편에 속하므로 《서양 철학사》와 《현대 철학 아는 척하기》두 권 정도는 읽은 뒤에 시도해 보세요.

### 《한국 철학사》 / 전호근 / 메멘토 / 2018 / 3

- 기본적인 구성은 《서양 철학사》와 비슷합니다. 시대 순으로 철학의 역사를 서술하되 철학자 중심으로 풀어 갑니다. 하지만 러셀이 쓴 《서양 철학사》 수준의 밀도는 아닙니다. 쉽게 읽히는 장점이 있지만 다소 밋밋하게 느낄 수도 있습니다. 한국 철학을 종합하여 한 권의 단행본으로 냈다는 것 자체가 큰 성과이며 우리에게 고마운 책입니다.

또, 이 책을 교재로 하여 K-MOOC(http://www.kmooc.kr/)에서 무료 강의를 제공하고 있습니다(2018년 2학기 경희대학교). MOOC(대규모 무료 온라인 교육 과정)는 대학의 고급 교육을 일반인에게 공개하자는 취지로 창안되었으며 스탠퍼드대학교, 하버드대학교, MIT대학교 등 해외의 유명 대학에서 먼저 시작되었습니다. 우리나라에서는 2015년 처음 개설되었고 서울대학교, 카이스트 등 국내 대학들이 참여하고 있습니다.

### 《침묵의 종교, 유교》 / 가지 노부유키(이근우) / 경당 / 2002 / 4

– 처음 제목을 보고 '아직도 유학을 종교로 보는 사람이 있단 말이야?'라고 생각하였습니다. 저자는 이 의문에 대한 세세한 반론과 근거를 제시하고 있습니다. 저자의 논조를 따라가다가 고민에 빠지기도 하고 다른 책도 읽었던 기억이 있습니다. 우리는 스스로 유교 국가라고 말하면서도(좋든 싫든) 유교가 어떤 세계관을 갖고 있는지에 관해서는 무지합니다. 물론 종교를 어떻게 규정하느냐의 문제가 남아 있지만 이 책은 유교에 관한 인식을 한층 넓혀 주는 좋은 책입니다.

이와 대비하여 불교를 읽어 보면 더 좋을 것입니다. 경서원에서 출간한 《불교의 본질》(나카무라 하지메(양정규), 1998)은 초기 불교의 모습을 쉽게 설명하고 있습니다. 우리는 종교를 서양(기독교)의 개념으로 받아들이고 있습니다. 유교는 물론 불교도 기독교가 가진 종교의 성질을 지니고 있지 않습니다. 불교에는 절대적인 신이 없습니다. 사람에게는 누구나 부처가 될 수 있는 가능성이 있습니다. 이것을 기독교적으로 바라보면 인간이면 누구나 예수가 될 수 있다고 말하는 것과 같습니다. 인간 누구나 될 수 있는 신은 기독교적인 관점에서 볼 때 신성 모독과 같습니다. 이런 점에서 현대의 현실 불교는 개념의 혼동을 줍니다.

오늘날 불교에서는 여러 신적 존재가 있고 그들이 소원을 들어주니까요. 이 책은 원시 불교를 다루고 있는데, 우리의 소원을 들어주는 부처가 아니라 인간으로서 존재했던 부처와 그의 사상을 알려 줍니다.

**《인간 본성에 관한 10가지 철학적 성찰》 / 로저 트리그(최용철) /**
**자작나무 / 2000 / 3**

　- 모든 인문학의 시작점은 '인간'이며 철학 역시 마찬가지입니다. 이 세계에서 인간의 위상이 어디인지를 따지는 것이 형이상학이며, 인간의 본성이 어떠한지를 전제하고 이것을 기반으로 한 것이 종교, 정치학, 윤리학 등입니다. 가령, 인간을 신성(신을 본떠 만든 피조물)을 지닌 존재로 규정해야 기독교적 윤리가 만들어지고, 인간을 불성(부처가 될 수 있는 가능성)을 지닌 존재로 규정해야 불교적 세계관이 가능해집니다. 인간을 이기적 동물로 규정하면 홉스나 순자의 사상이, 인간을 본성적으로 선한 존재로 규정하면 소크라테스나 공자의 사상이 탄생하는 것입니다. 이 책은 인간 본성을 다룬 10명의 철학자와 그들의 사상을 다루고 있습니다. 비슷한 책으로는 갈라파고스 출판사에서 출간한 《인간의 본성에 관한 10가지 이론》(레슬리 스티븐슨, 데이비드 L. 헤이버먼(박중서), 2006)이 있습니다. 위 책이 근대 철학자 10명의 인간 본성에 대한 성찰과 이것을 기반으로 펼친 세계관이나 정치철학을 다루고 있는 반면, 이 책은 비단 철학자에 국한하지 않고 종교나 이론을 전면에 내세우고 있습니다. 그래서 홉스, 흄, 다

원 순으로 진행되는 전자와 달리 유교, 힌두교, 성서, 플라톤 같은 식으로 구성되어 있습니다. 인간 본성을 폭넓게 다루고 있습니다. 두 책을 함께 읽어 보세요.

**《정의란 무엇인가》 / 마이클 샌델(김명철) / 와이즈베리 / 2014 / 3**

 - 2010년 김영사에서 출간되어 큰 인기를 끌었던 책이며 2014년에 출판사를 옮겨 새로운 번역으로 재출간되었습니다. 이 책은 전체가 질문 덩어리입니다. 질문을 던지는 제목의 책은 보통 내용 안에서 해답을 내놓는데, 이 책은 내용 안에서 질문들이 더 분화되고 변주됩니다. 이 책은 분명 어려운 책입니다. 만약 어려움을 느끼는 이유가 책 내용 자체라면 독서를 멈추고 먼저 철학적 지식을 확충하는 것(〈윤리와 사상〉이나 〈생활과 윤리〉를 공부)이 필요합니다. 이 책이 어려운 이유는 질문에 대한 나만의 대답을 쉽게 만들어 낼 수 없기 때문입니다. 질문에 대한 대답을 생각하느라 독서 흐름이 뚝뚝 끊어진다면 제대로 읽고 있는 것입니다.

 이 책과 더불어 소개하고 싶은 책이 두 권 더 있습니다.《마이클 샌델의 정의론, 무엇이 문제인가》(박정순, 철학과현실사, 2016)는《정의란 무엇인가》를 비판하는 내용이지만 사실《정의란 무엇인가》의 해제에 더 가깝습니다.《정의란 무엇인가》를 비판하는 것은 어려운 일인데 그 이유는 마이클 샌델이 책에서 '정의란 무엇인가'에 관한 대답을 하지 않기 때문입니다. 그래서 그가 지닌 정의에 관한 주장과 근거는 부득이 다른 저서들과 강의 내용을 참고할 수밖에 없습니다.《정의란 무엇인가》에 관한 한층 깊은 이야기에 빠져들 수 있습니다.

다른 한 권은《정의란 무엇인가는 틀렸다》(이한, 미지북스, 2012) 입니다.《철인왕은 없다》를 집필한 저자의 작품입니다. 이 책은《정의란 무엇인가》를 제대로 저격하고 있습니다. 이 책은 샌델 개인의 사상보다 이 책의 잘못된 부분을 집중적으로 파헤칩니다.《보수와 진보의 12가지 이념》을 미리 읽었다면 더 쉽게 독서할 수 있습니다.

《정의란 무엇인가》에서 집중 공격을 받고 있는 철학이 공리주의입니다. 책세상에서 출간한 문고판《공리주의》(존 스튜어트 밀(서병훈), 2018)를 읽으면서 독자 스스로 샌델의 비판이 적절한지 판단해 보세요. 공리주의의 주창자인 벤담은 밀의 스승이면서 밀 아버지의 친구였습니다. 밀은 스승의 공리주의를 이었으나 초기의 공리주의를 보다 세련되게 발전시켰습니다. 밀의 공리주의는 벤담의 것에 비해 쾌락의 질이라는 개념을 추가시켰지만 크게 보면 별다른 차이가 아닙니다. 같은 선상에서 이해하는 것이 오히려 낫습니다. 공리주의는 낡은 것으로 치부되는 경향이 있지만 여전히 일상생활에서 강력한 힘을 발휘합니다.

**《소크라테스의 변명》/ 플라톤(황문수) / 문예출판사 / 1999 / 3**

－ 이 작품은 예전부터 '소크라테스의 변명'으로 번역하는 경우가 많은데 사실 '변론'이 더 적절한 표현(번역)입니다. 최근에는 출판사들이 '소크라테스의 변론'이라는 제목으로 출간하고

있습니다. 문예출판사에서 출간한 이 책에는 〈변론〉을 포함하여 플라톤이 지은 4대 대화편이 수록되어 있습니다. 〈변론〉은 기원전 399년, 소크라테스가 법정에서 한 자기 변론의 기록입니다. 변명이 아니라 변론이고, 변론이라기보다는 설법에 가깝습니다. 소크라테스가 자기 인생 전체에 대한 설법을 하고 있습니다. 당시 28세였던 플라톤이 직접 보고 들은 바를 기록한 것입니다. 소크라테스적 자세를 비판하는 대표적인 철학 원전에는 《도덕의 계보학》(프리드리히 니체 (홍성광), 연암서가, 2011)이 있습니다. 이 책은 도덕의 기원을 추적하고 있습니다. 니체가 찾은 '현재 도덕의 기원'은 그 이전에 있던 도덕을 거꾸로 뒤집어 버린 변종입니다. 우리의 도덕은 노예들의 도덕, 즉 선악으로 갈라 더 유약할수록 선한 것으로 칭송받는 노예 도덕이라고 칭합니다. 그는 다시금 도덕의 서판을 깨뜨리고 원래의 도덕을 회복할 것을 말합니다. 니체 전집을 출간한 책세상 출판사에서 낸 판본 (《선악의 저편, 도덕의 계보》)도 있는데 《선악의 저편》과 함께 읽을 것이라면 책세상 판본을 선택하는 것이 좋습니다. 원문은 200여 페이지로 길지 않습니다.

### 《노자》 / 노자 (이강수) / 길 / 2007 / 4

- 노장 사상 연구자가 번역한 책입니다. 해제가 앞에 배치되어 있고 뒤이어 원문과 번역이 실려 있습니다. 자구 풀이에 집중한 책입니다. 원문 그대로의 맛을 느낄 수 있습니다. 강연 스타일로 저술된 책에는 《노자 타설》(전 2권)(남회근 (설순남), 부키,

2013)이 있습니다. 원문보다는 내용 풀이에 방점을 찍고 있습니다.

《노자》는 많은 사상과 어울립니다. 거의 동류로 인정되는《장자》와 묶이기도 하고 불교와 함께 거론되기도 합니다. 또, 서양 철학자 데리다와 하이데거의 사상과도 연관성이 있습니다. 불교적 해석으로 출간된 책으로는《사유하는 도덕경》(김형효, 소나무, 2004)이 있습니다. 본문에서 한 번 더 나아간 해석이기 때문에 다양한 생각을 하도록 유도하며 어조가 친절한 편입니다. 페이지는 묵직하지만 원문을 읽을 때보다 더 쉽게 읽을 수 있습니다. 조선 시대 철학자 율곡 이이가《노자》를 유교적으로 풀이한 《순언》(이이(조기영), 지식을만드는지식, 2010)도 있습니다. 이 책은 《노자》 원문을 완전히 다룬 것이 아니라 요약하여 유교와 결합하였습니다. '무위자연'을 말하는 노자와 적극적인 현실 참여를 말하는 유교와의 만남이 궁금하다면 읽어 보세요.

### 《논어 한글 역주》(전 3권) / 공자(김용옥) / 통나무 / 2008 / 4

─《논어》를 아는 사람은 많아도 직접 읽은 사람은 드뭅니다. 《논어》 읽기를 방해하는 요소에는 '한문'에 대한 두려움, '전통'에 대한 선입견과 비등하게 서술 형식의 어려움이 있습니다. 《논어》는 플라톤의 저작처럼 대화를 기록한 것입니다. 그래서 작중 등장인물은 자신의 상황에 맞게 대화를 할 뿐입니다. 저자가 자신의 생각을 정리하며 줄글을 쓴 책이라면 상황과 개념에 대한 설명을 착실하게 했을 테지만《논어》는 그런 설명을 따

로 하지 않습니다. 그들의 대화 중에 사주 등장하는 제3자나 국가, 사건, 문헌 기록, 시구 등은 처음 읽는 사람에겐 여간 귀찮고 난감한 것이 아닐 수 없습니다. 《논어 한글 역주》는 이런 부분에 관한 설명을 재미있는 어조로 풀어냅니다.

만약 단순히 《논어》 원문의 한글 번역이 필요하다면 '한국고전번역원'이 운영하고 있는 '한국고전번역DB(http://db.itkc.or.kr/)'에서 검색할 수 있습니다. 《논어》, 《대학》, 《중용》, 《맹자》를 비롯하여 한문 고전이 다수 번역되어 있습니다.

조선 시대의 《논어》는 성리학적 《논어》였고 그것이 주자가 정리한 《논어집주》입니다. 한문 공부에 관심이 있다면 《논어집주》(성백효, 한국인문고전연구소, 1992(개정판 2017))를 보십시오. 《논어집주》는 주자의 시각에서 '성인'으로서의 공자를 묘사합니다. 《논어 한글 역주》는 '성'을 배제하고 한 인간으로서의 공자를 그리되 교육자이며 훌륭한 인격을 지닌 현인으로 바라봅니다. 《논어역평》(전 2권)(조명화, 현암사, 2017)은 공자를 정치권력을 갈망하는 인간으로 평가합니다. 시기적으로 《논어집주》가 먼저이고 《논어 한글 역주》가 그 다음, 《논어역평》이 가장 최근입니다. 뒤에 나온 책이 앞 책의 관점이나 해석을 비판하는 부분도 있으니 좋은 참고가 될 것입니다.

김용옥이 역주한 《대학·학기 한글 역주》(통나무, 2009)도 함께 읽어 볼 만합니다. 저자는 《대학》이라는 문헌이 어떻게 지금의 위상을 갖게 되었으며 역대 주석가들이 《대학》을 어떻게 바라보았는지에 관해 설명합니다. 대체로 《대학》이라는 이름으로 출간된 책들은 조선 시대의 성리학적《대학》, 즉 주자가 새로 편집한《대학집주》를 따릅니다. 이 책은《대학》이《예기》에서 독립하기 전의 원본 상태의《대학》을 번역했습니다. 이와 비슷한 문제의식에서 원본《대학》이 출간된 바 있습니다. 2004년에 씨앗을뿌리는사람들 출판사에서 출간했다가 2014년에 출판사를 옮겨 재출간한《대학 강의》(전 2권)(남회근(설순남), 부키, 2014)입니다. 이 책은 저자의 강연을 옮긴 구성이며 자구에 관한 분석보다는 사례 중심으로 서술되어 있습니다. 저는 동양 고전 중에서《대학》을 좋아하는데, 짧으면서도 여백이 많아 읽을 때마다 새롭게 읽히는 재미가 있습니다.《논어》와《주역》을 읽기 전에 분량이 적은《대학》으로 동양 고전에 입문하는 것도 좋을 듯합니다.

## 잡지

〈뉴 필로소퍼〉(바다출판사, 한국어판 2018년 창간, 계간지)는 일상생활에서 읽는 철학 교양 잡지를 표방하고 있습니다. 디자인은 세련된 편이고 수록된 글은 가벼운 어조로 쓰여 있습니다. 하지만 초심자에게 그다지 친절한 편은 아닙니다.

〈기독교 사상〉(대한기독교서회, 1957년 창간, 월간지)은 제목 그대로 기독교의 사상을 다룬 잡지인데 종교 전도서나 QT의 성격이 아닌 철학적 관점이 깊게 배어나는 잡지입니다. 철학 초심자나 비기독교인이 읽기에는 어렵습니다. 물론 둘 모두에 해당

할 때는 더욱 어렵겠지요. 신학뿐만 아니라 서평이나 현실 이슈를 다루기도 합니다. 비주류 신학자나 교회 주의를 비판하는 신학자에 관한 글을 싣기도 합니다. 기독교에 관한 인식을 바꾸는 중요한 계기가 될 수 있으며 보다 근원적인 기독교 사상을 접할 수 있는 잡지입니다. 실제 기독교 내에서의 위상이 어떤지는 모르겠지만 사회적 평가는 대체로 좋은 편입니다.

## 과학

어쩌면 과학이야말로 현대인에게 가장 필요한 지식일지도 모릅니다. 과학은 다른 영역보다 확실히 눈에 띄게 발전하고 있습니다. 과학은 오늘날 다른 영역으로 확장되고 있습니다.

**《문제적 과학책》/ 수잔 와이즈 바우어(김승진) / 월북 / 2016 / 3**
  - 과학 저술의 흐름으로 본 과학사입니다. 분량에 비해 다루고 있는 책이 많아 각 원전에 대한 분량은 적은 편입니다. 이 책에 등장하는 원전은 무려 36종이며 생물과 우주 분야까지 아우르고 있습니다. 그렇다고 책을 단순히 나열하는 것이 아니라 과학 발달사의 흐름 사이에 책이 징검다리처럼 놓여 있는 구성입니다. 과학 독서에 대한 대중의 막연한 두려움 때문에 분절된 과학 상식을 다루는 교양서가 대부분인데 그런 점에서 이 책은 확실히 과학의 흐름을 알려 주는 데 좋은 역할을 하고 있습니다.

《세상을 바꾼 과학 논쟁》/ 강윤재 / 궁리 / 2011 / 3

 - 논쟁에 집중하면 양쪽의 논리를 대비하여 볼 수 있기 때문에 어떤 주제를 이해하는 데 효과적입니다. 이 책은 채 300페이지도 안 되는 분량이지만 과학에 관한 14가지 주제의 논쟁을 소개하고 있습니다. 논쟁으로 과학사를 서술한다는 기획은 훌륭하지만 앞부분보다는 7부부터 읽을 만합니다. '뉴턴이 천재인가 아닌가', '천재는 사회가 만드는 것인가' 같은 질문은 이질적입니다. 생활과 윤리를 공부했다면 익숙하게 느껴질 부분이 더러 있습니다. 과학, 특히 기술 부분에 초점이 맞춰진 느낌이며 과학과 사회의 관계에 관해 고민할 수 있는 계기가 될 것입니다.

 좀 더 짜임새 있는 책으로는 반니에서 출간한《과학은 논쟁이다》(이강영 외, 2017)가 있습니다. 이 책은 카오스재단에서 진행한 국내 유명 과학자들의 토론을 글로 옮긴 것입니다. 토론의 형태를 보이고 있지만 대중 강연의 일환으로 기획된 것으로 생각됩니다. 과학자간의 대화라면 생략해도 될 용어나 개념을 친절하게 설명하고 있습니다. 이 책은 분량이 적은 편인데 무려 8가지 주제를 다루고 있습니다. 실제로 몇몇 파트는 부실하다고 느껴지는 부분도 있습니다. 하지만 비교적 최신 논쟁을 엿볼 수 있고 다른 책에서 다루지 않은 과학 주제를 다루어서 신선합니다. 처음 읽을 책으로는 약간 어려울 수 있습니다. 과학 관련 잡지를 6개월 정도 구독했다면 읽는 데 큰 무리는 없을 것입니다.

 위 책들이 주로 과학 안의 논쟁이었다면 알마에서 출간한《현대 과학 · 종교 논쟁》(메리 미드글리 외(오수원), 2012)은 종교와의 논쟁을 다루고 있습니다. 과학과 종교는 앙숙처럼 보이는데, 실상 과학은 기세등등한 공격수로 일관하고 종교(대체로 기독교)는 방어하느라 전전긍긍합니다. 이 책은 과학과 종교의 논쟁을 다루고 있는데 수많은 저자가 참여하고 있습니다. 전반적으로는 과학이 벌이는 종교에 대한 공격에 무리가 있으며, 과학과 종교는 각각 담당하고 있는 영역이 존재하므로 공존해야 한다는 논조입니다. 이런 태도를 평화주의로 보아야 할지 종교 옹호론으로 보아야 할지는 스스로 판단해 보세요.

**《과학의 망상》/ 루퍼트 셸드레이크(하창수) / 김영사 / 2016 / 4**

　– 과학자에 의한 과학 비판서입니다. 어쩌면 이 책이야말로 과학의 자정 작용을 그 자체로 입증하고 있는 것일지도 모릅니다. 저자는 현대 과학이 일종의 매너리즘에 빠져 있으며 모순점에서 헤어나지 못하고 있음을 비판합니다. 현대 과학이 지닌 10가지 고정 관념을 내부에서 고발합니다. '자연은 기계적인가?'에서는 과학적 세계관을 꼬집고 '물질은 의식이 없는가?'에서는 유물론적 관점을 고찰합니다. 또, '정신은 뇌 안에 얽매여 있는가?'와 '초자연적 현상은 환각일까?' 부분은 일반적으로 생각하는 과학과 과학이 바라보는 미신의 경계에서 과학을 도발합니다. 과학이 지배하고 있는 현대 사회에서 꼭 읽어 보아야 할 책입니다.

**《하이젠베르크의 양자 역학》 / 이옥수, 정윤채 / 작은길 / 2016 / 4**

- 양자 역학은 상대성 이론과 함께 현대 물리학의 양대 축입니다. 또, 과학주의는 현대 사회 전반에 퍼져 있습니다. 영화에서도 상대성 이론과 양자 역학이 자주 등장합니다. 〈그래비티〉와 같은 본격 과학 영화뿐만 아니라 〈어벤져스 워: 엔드게임〉에서도 양자 세계가 등장(물론 이 경우에는 만화 원작이 있습니다)합니다. 양자 역학에 관한 기본 지식은 우리가 세계를 대하는 데 풍부한 시각을 제공합니다. 이 책은 양자 역학의 창시자 중 한 명인 하이젠베르크의 일생을 다루고 있습니다. 이 책은 만화로 그려졌지만 양자 역학을 다루고 있기 때문에 과학에 문외한인 독자에게 결코 쉬운 내용이 아닙니다. 하지만 어려운 이론을 그림으로 시각화하여 설명하고, 과학자 개인에 대한 일화, 다양한 역사적 인물을 소개하고 있기 때문에 양자 역학을 이해하는 쉬운 길 중 하나임에는 틀림이 없습니다.

**《로봇의 부상》 / 마틴 포드(이창희) / 세종서적 / 2016 / 3**

- 알파고 등장 직후 인공 지능을 다룬 책이 유행처럼 출간되었습니다. 이 책도 그 시점에 출간되었는데 같은 시기에 나온 책 중에서 장점이 많습니다. 인공 지능의 발전이 가져오고 있는 사회적 변화들을 제시하고 있으며 특히 경제적 부문에 집중하고 있습니다. 장담하건데 마땅한 대안 없이 막연한 불안감만 증폭시키는 강연을 듣느니 이 책 한 권을 읽는 편이 낫습니다. 책 후반부에 저자가 내놓은 해결책은 조만간 커다란 사회적 이슈가

될 것입니다.

　김영사에서 출간한 《인류의 미래》(미치오 카쿠(박병철), 2019)는 보다 희망적인 미래를 보여 줍니다. 이 책은 지구를 떠나 다른 행성으로 이주하는 계획을 기획 수준이 아닌 실제 단계로 상정합니다. 구체적인 화성 이주 계획을 담고 있습니다. 기계 육체를 지닌 인간에 관한 이야기도 합니다. 지구를 떠난 인간이 인간일 수 있을까, 유기적 육체가 아닌 기계화된 육체를 가진 인간이 인간일 수 있을까, 하는 고민이 들게 하는 책입니다. 내용과 어조는 대체로 경쾌하고 낙관적입니다.

**《도덕적 동물》 / 로버트 라이트(박영준) / 사이언스북스 / 2003 / 4**

　– 이 책은 다윈을 서술의 중심에 놓고 있기 때문에 다윈 평전으로 읽히기도 합니다. 다윈주의로 다윈의 삶을 분석하는 구조입니다. 저자는 진화론이 살아 있는 모든 것의 본질을 설명할 수 있다고 생각합니다. 저자와 다윈의 차이점은, 다윈은 결정적인 순간에 망설였고 저자는 기어이 이 생각을 밀어붙입니다. 논증의 사례는 역시나 다윈입니다. '진화 심리학은 인간의 행동, 선과 악, 사랑과 증오, 탐욕을 비롯한 내적 심리 상태를 완벽하게 설명할 수 있는 가장 확실한 방법임을 자처한다.'라는 문장에서 이 책의 입장을 단적으로 확인할 수 있습니다. 이 책의 시작, 중간, 끝은 모두 '다윈'입니다. 다윈의 진화론이 이 책에서 얼마나 절대적인지를 알 수 있습니다.

　이 책과 함께 읽을 만한 책으로는 이데아에서 출간한 《도덕의 기원》(마이클 토마셀로(유강은), 이데아, 2018)이 있습니다. 저자는 영장류학자로서 다른 동물과 달리 인간만이 도덕을 갖게 되었는지를 진화론의 흐름에 맞춰 설명합니다. 이 책은 현재 우리가 어떻게 도덕을 더 확충해 나가야 하는지 같은 조언보다는 도덕의 기원에 철저하게 집중되어 있습니다. 가독성이 떨어지는 편이지만 중간중간 내용을 요약해 주는 부분이 따로 있으므로 이곳에 들렀을 때는 잠시 생각을 정리해 보는 것이 좋습니다.

이 책들과 비슷한 맥락에서 집필된 《도덕의 궤적》(마이클 셔머(김명주), 바다출판사, 2018)도 읽어 볼 만합니다. 마이클 셔머는 리처드 도킨스와 함께 현대를 대표하는 무신론자입니다. 이 책은 과학이 도덕의 진보를 이끌어 가는 원동력이었고 앞으로도 그럴 것이라고 말합니다. 저자는 이 책을 통해 두 가지 성과를 도모하는데 첫째는 과학의 영역을 확장시켜 그 위상을 제고하는 것이고 둘째는 종교를 더욱더 구석으로 몰아내는 것입니다. 과학을 이성과 엮음으로써 종교를 반이성으로 옭아맵니다. 위 책이 도덕의 기원을 다루는 반면, 이 책은 도덕이 어떤 추이를 거쳐 지금에 이르렀는지를 설명합니다. 저자에 따르면 과학이 발전한 만큼 도덕도 발전한 것이며, 과학이 발전할수록 인간의 도덕성 역시 향상될 것이리 예견합니다.

**《만들어진 신》 / 리처드 도킨스(이한음) / 김영사 / 2007 / 4**
  ‑ 진화 생물학자 리처드 도킨스가 신에 가려진 인간 본연의 힘을 살핀다는 명분으로 쓴 책인데 사실 주된 서술 소재는 종교

와 신입니다. 공격적인 어조가 눈에 띄는데 이 책의 원제는 '신 망상'입니다. 이 책과 더불어 읽어 볼 책이 몇 권 있습니다.

첫째, 《물리학의 세계에 신의 공간은 없다》(빅터 J. 스텐저(김미선), 서커스, 2010)는 물리학을 이용하여 지적 설계론을 반박하는 내용입니다. 《만들어진 신》이 인간과 신의 관계에 주목하고 있다면 이 책은 우주와 신의 관계를 서술합니다. 이 책의 뒤표지에는 '리처드 도킨스가 지구에서 신을 몰아냈다면, 이 책은 우주에서 신을 몰아냈다.'라고 자평합니다.

둘째, 기독교적 신 관점을 정면으로 저격한 책으로는 《우주에는 신이 없다》(데이비드 밀스(권혁), 돋을새김, 2010)가 있습니다. 우주의 아름다움은 지적 설계로 설명되는 것이 아니라 신이 없이도 충분히 설명될 수 있음을 밝히고 있습니다.

셋째 《다시 만들어진 신》(스튜어트 카우프만(김명남), 사이언스북스, 2012)은 제목만 보면 마치 《만들어진 신》의 속편처럼 느껴집니다. 하지만 '만들어진 신'이라는 조어 자체가 한국 출판사의 창작이듯 이 책의 한국어판 제목 역시 출판사의 창작입니다. 두 책 사이에 직접적인 관계는 전혀 없습니다. 이 책의 원제는 '신성의 재발명'입니다. '다시 만들어진 신'이라는 제목은 다소 부적절해 보이는데, 이 책은 '신을 우리의 필요에 의해 다시 만들어 내자.'는 어감이지 '이미 다시 만들어져 있는 신'을 말하는 것이 아니기 때문입니다. 위에 소개한 일련의 책들을 읽어 나가면, 한편으로는 무신론에 관한 이해가 깊어지면서도 다른 한편으로는 상당한 반론도 떠오르게 됩니다. 무신론에 국한되는 것이 아니라 인간 본성과 우주에 관한 이해도 풍성해질 것이라 확신합니다.

마지막으로《도킨스의 망상》(알리스터 맥그라스 외(전성민), 살림, 2008)은 도킨스의 주장을 반박하고 있습니다. 도킨스의 것에 비해 양적으로 빈약해 보이지만 이 책은 몇 가지 생각할 만한 질문과 반론을 제시합니다. 저자는 무신론의 다양한 주장과 근거를 반박하는 것이 아니라 오로지 리처드 도킨스 개인의 생각에 맞춰서 서술합니다. 어려운 이론을 설명하거나 추상적인 개념을 끌어들이지 않아서 비교적 쉽게 읽을 수 있습니다.

**《스키너의 심리 상자 열기》/ 로렌 슬레이터(조증열) / 에코의서재 / 2005 / 3**
   – 인간의 심리를 과학적으로 분석한 근대 심리학자와 정신의학자들의 10가지 실험을 다룬 책입니다. 그중 제목과 첫 장을 장식하고 있는 인물이 스키너입니다. 스키너는 대표적인 행동심리학자로서 자신에게 충분한 여건만 주어진다면 어느 인간이든 마음을 조종할 수 있다고 말합니다. 일련의 실험들로 인해 심리학적 깊이가 풍성해진 것은 사실입니다. 이론적인 내용보다는 이야기들이 많이 나와서 재미있게 읽을 수 있는 책입니다. 이 책과 정반대의 제목을 가진 책이 있는데 세창미디어에서 출간한《스키너의 심리 상자 닫기》(김태형, 2007)입니다. 이 책은《스키너의 심리 상자 열기》에서 소개된 실험 10가지를 하나하나 평가하고 반박하고 있습니다. 두 책을 읽으면 행동심리학에 대한 이해를 포함하여 인간 본성과 인간의 마음에 대해 보다 많은

고민을 하게 될 것입니다.

한편, 심리학을 경계하는 태도를 보여 주는《심리학에 속지마라》(스티브 이안(손희주), 부키, 2014)도 함께 읽으면 좋습니다. 현대 사회는 심리 환원 주의 경향이 있습니다. 사람의 행동을 심리적으로 설명하는 것이 그럴듯해 보이기 때문입니다. 이 책은 심리 환원 주의에 힘입어 우리의 일상까지 간섭하려고 하는 심리학을 경계하고 있습니다. 저자가 책에서 제시하는 사례들은 어디선가 본 듯한 착각이 들 만큼 현실적인 개연성을 확보하고 있습니다. 자신의 내면을 첨예하게 들여다볼수록, 행복해지려고 발버둥 칠수록 더 불행해진다는 역설적 상황은 주변에서 흔히 찾아볼 수 있습니다. 이런 발버둥이 자신을 더욱 병들게 합니다. 자아 성찰에 심취하고 심리학에 의지하는 태도가 판단력을 둔하게 만드는 것이지요. 심리학에서 제시하는 유혹적인 구호에 대해서도 비판합니다. 나쁜 습관 버리자, 자기에게 화내지 말자 같은 과다한 조언은 삶의 만족도를 떨어뜨립니다. 사소한 심리 문제에서도 '나는 정상일까'라는 질문을 자연스레 던지고 문제시하게 되지요. 끊임없이 자아를 주시하고 자기 상태를 심리적 기준에 맞춰 측정하다 보면 일상의 문제가 더 고통스러워지는데, 문제가 없어도 있어 보이고 작은 문제가 더 커 보이기 때문입니다. 심리학 혹은 심리학적 자기 계발서에 불편함을 느낀 독자라면 꼭 읽어야 하는 책입니다.

《나는 뇌입니다》 / 캐서린 러브데이(김성훈) / 행성B / 2016 / 3

- 뇌에 관해 설명문 형식으로 쓰인 책입니다. 뇌의 작동, 스트레스, 기억, 감정 등 뇌와 관련한 다양한 주제를 장별로 나누어 설명하고 있습니다. 올컬러판으로 다채로운 사진과 도표가 독자의 이해를 도와줍니다. 다만, 한국어판 제목이 책의 내용을 다소 오해하게끔 합니다. 제목과 달리 저자는 이 책에서 '뇌=자아'라고 주장하지 않으며 이런 논의에는 오히려 윤리적 함축이 담길 수밖에 없다고 말하고 있습니다. 보다 적극적으로 '뇌=자아'임을 주장하는 책으로는 열린책들에서 출간한 《우리는 우리 뇌다》(디크 스왑(신순림), 2015)가 있습니다. 이 책은 《나는 뇌입니다》가 머뭇거리며 유보했던 주장, 즉 우리의 뇌는 단지 장기 중 하나가 아니라 그 자체가 곧 우리 자신이라고 확신합니다. 뇌의 성질을 알아낸 뒤 여기에 무엇인가를 조작하여 좋은 방향으로 이끌 수 있다면 인간 자체의 진보를 가져올 수도 있습니다. 이 책은 인간의 다양한 행동과 감정을 뇌의 관점에서 분석합니다. 출생과 죽음, 사랑과 중독, 의식과 환각, 도덕과 종교, 영혼과 심장, 자유의지와 망각 등 흥미로운 소재들이 펼쳐집니다. 분량은 약 600페이지이며 어려운 과학 용어나 이론이 많이 나오는 책은 아닙니다.

위 책들과 대치되는 책으로는 열린책들에서 출간한 《나는 뇌가 아니다》(마르쿠스 가브리엘(전대호), 2018)가 있습니다. '우리 시대의 도발적인 요구 중 하나는 인간상의 과학화다. 인간이 무엇인지에 대한 객관적 지식에 마침내 도달하고자 한다.'라며 책을 시작합니다. 이 책은 사실 철학 도서입니다. 하지만 저자가 과학 주의를 강하게 부정하고 있기 때문에 이쪽 테마로 자리를 옮겼습니다. 이 책은《우리는 우리 뇌다》라는 식의 주장을 비판하고 있는데, 이 두 책이 같은 출판사에서 출간된 점이 이채롭습니다.

리처드 도킨스, 대니얼 데닛 등 무신론자들이 과학과 종교 중 하나를 골라야 한다고 강요하지만 완벽하게 정합적인 세계상은 존재하지 않습니다. 저자는 과학이 계몽주의와 동일하지 않은 것처럼 종교는 미신과 동일하지 않다고 말합니다. 과학은 마치 종교가 아닌 영역에는 자신밖에 없다고 여기는 듯합니다. 즉, 종교가 틀렸다면 곧 우리가 맞다는 식입니다. 저자는 이러한 과학 주의, 자연주의적 의식 철학(신경 중심 주의, 즉 인간을 뇌 자체로 보는 관점)을 거부하며 정신 철학을 구축하지만 그렇다고 종교적 세계상을 말하는 것 역시 아닙니다.

인간이 자기 인식을 새로 등장한 자연 과학 분과(뇌 과학이나 심리 과학 등)에 위임해야 한다는 생각 자체가 하나의 이데올로기입니다. 이것은 특히 인간의 자유라는 개념을 퇴출시키려 애씁니다. 그 이데올로기를 옹호하려면 인간의 자유가 아예 없는 것이 최선이니까요. 신경 중심 주의의 대표적인 예가 위에서 소개한《우리는 우리 뇌다》입니다. 뇌 과학은 뇌의 작동 방식에 관한 연구일 뿐입니다. 뇌가 있어야 우리가 존재하는 것은 맞지만 뇌가 곧 우리와 동일하다는 결론은 어불성설입니다. 흥미로운 책이지만 과학과 철학 양쪽에 걸쳐 있기 때문에 읽기에 상당히 많은 열정이 필요합니다.

## 잡지

　성인이 읽어 볼 만한 과학 잡지는 〈뉴턴〉(뉴턴코리아, 1985년 창간, 월간지)과 〈스켑틱〉(바다출판사, 2015년 창간, 계간지)이 있습니다. 〈뉴턴〉은 과학 지식과 최신 과학 뉴스를 제공하는데 세계적인 과학 단체(NASA 등)로 부터 받은 사진, 자체적으로 만든 일러스트 등 삽화의 비주얼이 뛰어난 잡지입니다. 글보다 이미지 위주라서 처음 접할 때는 조금 어려운 감이 있으나 국내외적으로 좋은 평가를 받고 있습니다.

　〈뉴턴〉이 순수 과학과 과학 내적인 부분에 집중한다면 〈스켑틱〉은 과학 그 자체보다는 다른 영역과의 관계, 응용과학에 더 관심이 많은 잡지입니다. 마이클 셔머, 리처드 도킨스 등 집필진만 봐도 무신론적 · 反종교적 성향이 드러나는데 거의 매 호에 이런 주제로 칼럼을 싣고 있습니다.


## 지리

　지리 분야를 넓게 보면 국제 경제나 세계 환경까지 포함되고, 국내에 한정하면 사회 문제를 다루게 됩니다. 목록은 인문 지리를 중심으로 구성하였습니다.

**《(고등학교) 지리부도》 / 이영민 외 / 천재교육 / 2017 / 2**

- 교과서의 일종으로 한국 지리와 세계 지리를 공부할 때 필요한 지도, 도표, 통계 등을 모아 놓은 책입니다. 대체로 1부는 일반 지도, 2부는 주제 지도로 구성되어 있고 부록으로 활동지와 통계 자료가 수록되어 있습니다. 여러 출판사에서 출간했는데 내용은 대체로 대동소이합니다.

만약 방 안에 적절한 벽면 공간이 있다면 세계 지도 한 장을 붙여 놓는 것은 어떤가요? 지구본보다 지도가 유용합니다. 지도가 정확한 면적을 보여 주지는 못하지만 한눈에 세계를 볼 수 있다는 장점이 있습니다. 세계 지도에는 여러 가지 판본이 있는데 다양한 인류 통계학적 정보를 담고 있는 지도를 고르세요. 위에서 소개한 〈아틀라스 ○○사〉 시리즈에서 해당 국가의 지도를 제공하는 경우도 있습니다.

**《인문 지리학의 시선》/ 전종한 외 / 사회평론 / 2005(개정판 2017) / 3**

- 자연 지리가 아닌 인문 지리가 무엇인지, 지리를 자연적 존재가 아닌 인문의 영역에서 어떻게 풀어내는지를 잘 보여 주는 책입니다. 인문 지리학의 입문용 책으로 대학에서 교재로 사용하는 책입니다. 한국 지리의 후반 파트를 공부했다면 익숙한 내용이 등장하여 반가울 것입니다.

**《도시는 무엇으로 사는가》 / 유현준 / 을유문화사 / 2015 / 3**

- 베스트셀러 목록에 오랫동안 머물러 있던 책입니다. 현대인 대부분이 몸담고 있는 도시에 관한 다양한 인문학적 질문을

담고 있습니다. 어조도 부드럽고 대중의 눈높이를 의식해서 쉽게 쓰려 했다는 것도 느껴집니다. 이 책과 함께 읽을 만한 책은 글담 출판사에서 출간한《도시에 산다는 것에 대하여》(마즈다 아들리(이지혜), 2018)입니다. 종종 도시를 '필요악'으로 여기는 사람이 있습니다. 이 책은 도시가 지닌 각종 문제점에 관해서 어느 정도 인정하면서도 도시에 대해 우호적인 시각은 유지합니다.《도시는 무엇으로 사는가》는 개별 도시와 도시들을 살펴봄으로써 도시라는 범주가 갖는 특징을 알려 주며 방점이 '도시'에 찍혀 있습니다.《도시에 산다는 것에 대하여》는 '도시에 사는 사람'이 도시에서 어떻게 살아가야 하는지를 생각하도록 도와줍니다. '더 나은 도시'는 어떤 모습이어야 할까 고민해 보려면 두 책을 모두 읽어 보는 것이 좋습니다.

**《지방 식민지 독립 선언》 / 강준만 / 개마고원 / 2015 / 3**

　- 오래전부터 지방 차별 문제를 이야기해 온 강준만 교수의 책입니다. 전작《지방은 식민지다》(2008)에서 '내부식민지론'을 주장했고 교육 분산과 실질적인 지방 자치라는 처방을 내린 바 있습니다. 이 책은 다시 한번 지방이 어떻게 서울의 식민지로 전락하게 되었는지를 분석하여 설명합니다. 강준만 교수의 다른 저작들도 그러하듯 엄청난 자료량이 돋보입니다. 이 책과 함께 읽을 만한 책은《지방 분권이 지방을 망친다》(마강래, 개마고원, 2018)입니다.《지방 식민지 독립 선언》과 결이 다른 책(대체로 상반된 입장)입니다. 같은 출판사에서 두 종류의 대안이 출간된 특

이한 경우입니다. 이 책은 오히려 '지방 분권'이 지방을 더 망가
뜨릴 것이라고 주장합니다. 논조가 강하고 확신에 차 있습니다.
문제 인식은 사실 두 책이 동일합니다. 다만 위 책이 지방 분권
으로 해결책을 제시했다면(우리가 상식적으로 알고 있는 해법), 이
책은 지방 도시 중에 거점을 만들어 국토를 유기적으로 해야 한
다는 해법을 내놓습니다.

### 《왜 지금 지리학인가》 / 하름 데 블레이(유나영) / 사회평론 / 2015 / 3

  - 외교적 분쟁과 무력 충돌에서 지리가 얼마나 중요한 역할
을 하는지를 여실히 보여 줍니다. 하지만 이 책은 보다 미국적
인 시각에서 저술되었습니다. 미국이 했던 전략적 실수도 언급
하고 그것이 지리에 대한 무지에서 비롯되었음을 고발합니다.
지금이라도 관료들이 지리적 관점을 키워야 한다고 말합니다.
책의 전반부는 지리에 대한 통시적 이야기가 나오고, 후반부에
는 중국·유럽·러시아·아프리카 대륙을 각 장별로 서술합니
다. 이렇게 시의적인 내용을 담고 있는 책은 국제적 변화가 급
격하게 일어난다면 1~2년만 지나도 가치가 일정 부분 훼손됩
니다. 만약 이 분야에 더 관심이 있는 독자는 비슷한 책으로 2년
뒤에 나온《지리의 복수》(로버트 D.카플란(이순호), 미지북스, 2017)
를 읽어 보세요.《지리의 복수》는 보다 외교적인 부분을 강조했
고《왜 지금 지리학인가》는 앞부분에 지리에 대한 전반적인 내
용을 담아서 이 책을 추천 도서 목록에 올렸습니다.

사회 계약론과 교육 문제를 이 영역에 포함시켰습니다.

**《현대사회학》 / 앤서니 기든스, 필립 서튼(김용학 외) /**
**1992(개정판 2018) / 을유문화사 / 4**

 – 교육 과정의 〈사회 · 문화〉를 넓게 펼친 확장판입니다. 원작 초판은 1989년(한국어판 초판은 1992년)에 출간되었고 2018년까지 7번의 개정을 거쳐 제8판이 출간된 상태입니다. 이 책은 지속적으로 내용이 추가되며 보완되고 있는 현재 진행형의 책입니다. 6판이 960페이지, 7판이 1100페이지, 8판이 1120페이지입니다. 대학교 전공 교재로 많이 쓰입니다.

 책은 빌려서 읽기엔 적합하지 않고 구매하여 공부하듯 읽어 나가야 합니다. 구매해도 전혀 아깝지 않습니다. 사회학의 특성상 학문의 범위가 넓어서 다른 분과의 도서를 읽을 때도 도움이 됩니다. 본문이 2단 편집되어 기본적으로 활자 량이 많으며 그림, 사진, 도표 등 시각 자료가 풍부합니다. 각 장 마무리에 더 읽을거리를 소개하고, 참고 사이트도 알려 주며, 요약도 충실히 해 주고 있습니다. 또, 각 장에 '비판적으로 사고하기'라는 부분을 따로 두어 생각할 만한 질문까지 독자에게 제공합니다.

 이 책은 수시로 읽을 필요가 있으며 역사, 철학, 과학 등의 분과와 가족, 계층, 젠더 등 다양한 사회 이슈들을 접할 때마다 참고할 여지가 많습니다. 이 책에서 언급하고 있는 다양한 책을 하나하나 섭렵해 나가는 것도 좋은 독서 진행입니다. 특히 돌배게에서 출간한 《사회학적 상상력》(C. 라이트 밀즈(강희경), 1978(개정판 2004)은 《현대사회학》이 첫머리에서 소개하고 있는 책입니다. 대상을 어떻게 사회학적 관점에서 바라볼 수 있는지, 또 사회학적으로 바라본다는 것이 어떤 의미인지를 알려 줍니다. 《현대사회학》에서 기본을 충실하게 다졌다면 이 책에서는 이것을 우리의 구체적인 삶 속에서 어떤 식으로 사유할 것인가에 대해 말해 줍니다. 분량이 많은 편이 아니니 비교적 어렵지 않게 읽을 수 있습니다.

**《사회 계약론》 / 장 자크 루소(김영욱) / 후마니타스 / 2018 / 3**

　- 지금 우리에게는 먼 이야기이지만 이 책이 출간되던 당대에는 사회와 국가의 성격을 규정하는 문제는 현실적이며 뜨거운 주제였습니다. 고전 도서에는 그 시대의 맥락으로 이해되어야 할 문장이 다수 등장하는데 특히 이렇게 시의적인 도서일수록 시대 상황에 관한 사전 지식이 필요합니다. 판형이 작고 가벼우며 본문은 약 170페이지 정도로 짧습니다. 하지만 주석을 꼼꼼히 읽어 둘 필요가 있습니다. 각주는 없고 미주로 모아 편집했습니다.

**《프로테스탄티즘의 윤리와 자본주의 정신》 / 막스 베버(김덕영) / 길 / 2010 / 5**

　- 길 출판사의 번역서들은 원문 외에도 밀도 높은 해제를 포함하는데 이 책 역시 한 권 분량에 이를 만큼의 충실한 해제를

덧붙여 놓았습니다. 이 책은《종교사회학논총》서문, 〈프로테스탄티즘의 윤리와 자본주의 정신〉 논문 본편, 이어서 이 본편에 따른 보론 〈프로테스탄티즘의 분파들과 자본주의 정신〉 등 총 3가지 원문을 번역한 것입니다. 여기에 해제와 옮긴이의 글을 추가하였습니다.

옮긴이의 글에는 번역 과정의 고민과 난관, 번역자로서의 당부가 서술되어 있습니다. 번역자는 '이 책을 절대 읽지 말아야 할 사람'으로 고등학생을 지목합니다. 이 책을 읽는 것은 교육적이지 않다고 말합니다. 내용의 문제가 아니라 그 시기의 특성 때문입니다. 지적 사유가 필요한 대학생들이야말로 정작 읽어야 할 대상임에도 이들이 자기계발서, 재태크 책을 주로 읽고 있는 현실에 우려를 표하고 있습니다.

길 출판사 외에 현대지성에서 출간한《프로테스탄트의 윤리와 자본주의 정신》(막스 베버(박문재), 2018)에도 원문 이상의 주석이 달려 있고 비판에 대한 반박문까지 실려 있습니다.

《유사 나치즘의 눈으로 읽는 프로테스탄트 윤리와 자본주의 정신》(윤원근, 신원출판사, 2010)은 비판서입니다. 이 책은 두 개의 챕터로 구성되어 있는데 1부는《프로테스탄티즘의 윤리와 자본주의 정신》을 요약하고 있고 2부는 여러 측면에서 비판하고 있습니다. 이 책을 먼저 읽은 뒤《프로테스탄티즘의 윤리와 자본주의 정신》을 읽는 순서도 나쁘지 않습니다.

**《이상한 정상 가족》/ 김희경 / 동아시아 / 2017 / 3**

- 가족 안에서 가장 취약한 존재인 아동을 중심으로 가족주의를 서술한 책입니다. 여러 가지 사례를 제시하는데 독자들이 자신의 어린 시절이나 가족을 떠올릴 만한 내용이 더러 있습니다. 정상적인 가족과 비정상적인 가족을 가르는 기준에 대한 의문, 가족이 과연 구성원들의 울타리인가라는 비판, 특히 아이들에 대한 체벌을 다룬 부분은 공감할 만합니다. 가족에서 학교로, 회사로, 사회로 옮겨 간 대한민국의 가족주의에 관해 생각해 보게 하는 책입니다. 마지막에 더 읽을 만한 도서들을 간단한 소개와 함께 제시하고 있습니다.

**《학교 없는 사회》/ 이반 일리치(박홍규) / 생각의 나무 / 2009 / 3**

- 제목에서 언급한 학교는 학교 그 자체를 말한다기보다는 '학교화된 사회'를 의미합니다. 번역자의 역할이 두드러지게 나타나는 책입니다. 본문 앞에 옮긴이의 말을 추가하여 제목의 의미부터 설명합니다. 단순히 학교를 폐쇄해야 한다거나 학교를 탈출하자는 내용이 아님을 분명히 밝히고 있습니다. 뒤이은 본문은 약 200페이지 정도입니다. 편집이 빡빡한 편도 아니고 어려운 내용도 아니라서 쉽게 읽을 수 있습니다. 본문 다음에 다시 옮긴이가 등장하여 해설을 합니다. 옮긴이 해설이 약 130페이지입니다. 오히려 이 해설이 더 밀도가 있습니다. 이반 일리치의 생애와 주요 저작과 사상, 일리치 교육 사상의 배경인 아나키즘 교육 사상 · 사상가들, 마지막으로 이 시대에서 일리치가 어떤

의미를 지니는지를 차례차례 설명합니다.

우리 사회에서 진정한 의미의 스승은 사라졌습니다. 아이들을 가르치는 스승 대신에 교육 서비스를 제공하는 교사가 있을 뿐입니다. 모든 공공 사회적 관계망이 서비스라는 시장적 개념으로 환원됩니다. 이 책 외에도 일리치의 저술은 되도록 읽어 보세요.


## 법과 정치

사전 지식이 많이 필요한 고전 도서와 지엽적인 주제를 파고든 도서는 제외하였습니다.

### 《노스페이스의 지퍼는 왜 길어졌을까?》 / 필립 K. 하워드(김영지) / 인물과사상사 / 2014 / 3

- 우리는 준법을 윤리와 함께 붙여서 생각하곤 합니다. 법을 지키지 않는 일은 윤리적으로도 옳지 못하다고 여깁니다. 오늘날의 법은 국가의 정체(政體)를 결정하고 국민의 권리를 보장하며 사람의 삶과 죽음마저 통제하고 입에 들어가는 음식까지 규정합니다. 이 책을 읽다 보면 날렵하고 민첩하게 사건을 해결하던 법이 어느새 매우 비대해지고 둔해진 몸뚱이로 우리를 얼마나 위협하고 있는지를 알게 됩니다. 이 책의 논조는 마치 '법'에 대한 도전과도 같습니다. 가끔 고개가 갸우뚱해지는 부분도 있

습니다. 여러분이 고민에 빠지게 될 지점입니다.

**《진보와 보수의 12가지 이념》 / 폴 슈메이커(조효제) / 후마니타스 / 2010 / 4**

  - 좌파와 우파, 진보와 보수라는 단어를 언론에서 자주 접하지만 이것이 무엇을 뜻하는지 제대로 설명할 수 있는 사람은 거의 없습니다. 예를 들어, 친자본주의적이며 신자유주의적인 진영을 보수라고 말하는데 이런 정치적 태도는 작은 국가를 지향합니다. 또, 민족주의적이며 국가주의적 진영 역시 보수라고 말합니다. 이 두 가지 보수는 국가의 영향력이라는 기준에서 볼 때 극단적으로 대비됩니다. 보수라는 용어는 이렇게 혼용됩니다. 진보 역시 마찬가지입니다. 이 책에서는 보수와 진보가 지닌 전제들을 살펴보고 이것이 실제 정책이나 정치적 지향에서 어떤 형태로 나타나는지를 꼼꼼하게 보여 줍니다. 만약 누군가가 자신의 정치적 입장을 정리하고 싶다며 정치에 관한 책 한 권을 추천해 달라고 한다면 이 책을 알려 줄 것입니다. 분량은 거의 900페이지에 가깝지만 문장이나 내용이 어려운 편은 아닙니다.

**《민주주의의 모델들》 / 데이비드 헬드(박찬표) / 후마니타스 / 2010 / 4**

  - 민주주의의 다양한 모델을 시대 순으로 소개하며 민주주의의 역사를 살펴보는 책입니다. 역사의 진행에 따라 민주주의의 형태가 조금씩 변화했는데 이 책에서는 총 13개의 모델을 보여 줍니다. 1부는 20세기 이전까지 존재했던 민주주의의 모습을, 2부는 민주주의가 현재까지 변화한 과정을 서술합니다.

1부의 목차를 보면 고대 그리스에서 공화주의 사이에 긴 수면기가 있다는 것도 확인할 수 있습니다. 3부에서는 저자 고유의 생각이 담긴 민주주의의 의미와 기획이 제시되어 있습니다. 민주주의는 지금, 바로, 우리의 이야기입니다. 본문이 약 600페이지 정도 되는 분량이지만 재미가 있어서 지루하지 않게 읽을 수 있습니다.

**《철인왕은 없다》 / 이한 / 미지북스 / 2018 / 4**

　－ 제목만 보고 플라톤의 철인 정치론을 비판한다고 짐작할 수 있지만 민주주의의 청사진을 서술한 책입니다. 엘리트주의와 대중 민주주의의 대조로 시작하다가 대의 민주주의를 비판하는 흐름으로 나가고, 결론 부분에 저자가 그려 낸 새로운 민주주의가 나타납니다. 꼭 읽어 볼 만한 책입니다. 분량은 약 250페이지 정도로 읽기에 큰 부담이 없지만 내용에 어려움을 느낄 만한 대목이 있습니다.

### 잡지

　〈녹색평론〉(녹색평론사, 1991년 창간, 격월간지)은 시사를 다룬 글 다수와 문학 약간을 포함한 시사 잡지입니다. 생태주의를 지향하고 있고 자연, 동물, 생태 등 녹색의 글이 포함되어 있지만 현실 사회 문제나 이슈화된 역사 · 정치적 문제를 도외시하지 않습니다. 그래서 생태주의에 반드시 동의하지 않더라도 읽을 만한 글이 많습니다. 책 뒷부분에 '〈녹색평론〉 함께 읽기' 참여자를 모집하는 지역 단위 소모임들이 소개되어 있습니다.

〈르 몽드 디플로마티크〉(르 몽드, 2008년 창간, 월간지)는 프랑스의 대표 언론사 '르 몽드'에서 창간한 시사 월간지입니다. 판형은 타블로이드판에 가깝지만 내용의 함량이나 밀도가 여느 잡지보다 무거운 편입니다. 그래서 신문이 아닌 잡지로 분류합니다. 〈내셔널 지오그래픽〉처럼 국제적인 이슈를 다루지만 국내 집필진이 포함되어 있어 국내 이슈도 다룹니다. 〈르 몽드 디플로마티크〉는 〈녹색평론〉만큼은 아니지만 구독자들의 함께 읽기 모임이 자발적으로 이루어지고 있습니다.


## 경제

《국부론》, 《자본론》 등과 같은 1차 도서는 최대한 줄였고 부동산, 주식 등과 같은 실용 및 재테크 도서는 제외하였습니다. 교양 도서 위주로 구성하였습니다.

**《경제학은 어떻게 내 삶을 움직이는가》 / 모셰 애들러(이주만) /**
**카시오페아 / 2015 / 3**

- 이 책은 경제학이 경제 정책을 만들고, 이 경제 정책이 구체적인 내 삶에 어떤 영향을 미치고 있는지를 알려 줍니다. 이 과정에서 경제 정책의 기반이 되는 주류 경제학의 전제들이 나

타나는데, 저자는 주류 경제학의 모순을 비판하는 논조로 일관합니다. 출판사에서 책 표지에 '이 책이 있는데 왜《괴짜 경제학》을 읽는가?'라고 말하는데 솔직히 아주 다릅니다. 이 책은 주류 경제학의 경제 효율성이라는 가정과 임금 결정 방식, 이 두 가지 주제를 다루고 있습니다.

### 《죽은 경제학자들의 살아 있는 아이디어》 / 토드 부크홀츠(이승환) / 김영사 / 1994(개정판 2009) / 3

– 책 제목을 패러디하여 간단하게 평가하자면 '주류 경제학자들의 살아 있는 자기소개서'라고 말할 수 있습니다. 이 책의 장점은 경제학을 쉽고 간결하게 설명한다는 점입니다. 예시도 적절하고 나름의 유머도 있습니다. 다만 주류 경제학자들을 중심에 놓아 경제학의 한 단면만 보여 주고 있다는 단점이 있습니다. 저자는 경제학의 정체성을 '모형'에서 찾습니다(여기 '모형'이라는 용어에 주목하세요. 뒤에 소개할《경제학은 과학적일 것이라는 환상》과 이어집니다). 그리고 주류 경제학자들의 조언이 여전히 호소력을 잃지 않고 있다면서 그들의 사상을 칭송하며 집필 동기를 밝힙니다. 경제학 입문서로서 좋은 책입니다.

### 《한국의 경제학자들》 / 이정환 / 생각정원 / 2014 / 3

– 대체로 우리가 아는 유명한 경제학자는 하나같이 외국 국적의 학자입니다. 그렇다면 우리나라의 경제학자는 어떤 생각과 입장을 지니고 있는지 궁금하지 않을 수 없습니다. 이 책에서

는 기본적으로 '삼성 문제'를 둘러싸고 벌이는 한국의 경제학자 8인의 주장과 근거를 살펴봅니다. 이 책을 읽어 보면 8인의 생각과 대체적인 입장이 무엇인지를 확인할 수 있습니다. 책의 저자는 경제학 전공자가 아니라 언론인입니다. 학계가 아닌 언론인의 시각에서 경제학자를 대조한 점, 일반 독자의 눈높이에 맞춰진 서술이 장점입니다. 다만, 경제학 그 자체보다는 삼성 문제를 다룬 책이라는 점, 정치적 입장이 드러나는 부분도 적지 않으니 독서에 주의가 필요합니다. 그럼에도 우리 경제학자의 생각을 제3의 눈으로 서술한 몇 안 되는 책입니다. 이들이 한국의 경제 정책을 실제로 움직이고 있다는 점에서도 읽어 볼 만한 책입니다.

**《세계 문제와 자본주의 문화》 / 리처드 로빈스(김병순) / 돌베개 / 2014 / 4**

– 만약 누군가 저에게 '자본주의'에 관련된 책을 단 한 권만 추천하라고 한다면 저는 이 책을 추천할 것입니다. 자본주의는 전 지구적 체제이고 세계 문제를 다룰 때 결코 빼놓을 수 없습니다. 이 책은 세계 곳곳에서 일어나고 있는 다양한 문제와 그 사례를 제시하고 여기에 자본주의 문화와의 연관성을 짚어 냅니다. 제각기 떨어져 있는 듯 보이던 문제들이 하나로 이어지고 또 분화됩니다.

**《경제학은 과학적일 것이라는 환상》 / 질베르 리스트(최세진) / 봄날의책 / 2015 / 3**

– 경제학은 과학적 방법론을 가지고 인문 영역에 있던 경제의 과학화를 시도하며 탄생한 학문입니다. 이 책은 과학이 자신이 가진 공리와 모형을 끊임없이 변주하며 발전한 반면 경제학은 초기 공리와 모형을 고수하는 태도를 지니고 있다고 비판합니다. 더 나아가 스스로 과학을 빙자하여 그 후광으로 적절치 못한 처방전까지 남발하고 있다고 말합니다. 저자는 이 책에서 경제학이 가진 기본 공리들이 타당한지를 분석하고 있습니다.

## 수학

비교적 저변이 좁은 영역입니다. 그만큼 출판물 자체가 적으며 너무 쉽거나 너무 어렵거나 하는 등 책의 밀도가 양극단으로 나뉩니다. 수학 자체에 거부감이 강하거나 읽기에 버겁다면 난이도가 낮은 도서부터 접근하는 것이 좋습니다.

### 《수학의 위대한 순간들》 / 하워드 이브스(허민) / 경문사 / 1997 / 4
– 경문사는 승산출판사와 함께 수학 도서를 전문으로 내는 출판사입니다. 수학이 그다지 대중적인 분야가 아니라서 오래된 책이 많고 편집이나 서체도 예전 스타일이 많은 편입니다.
이 책은 수학의 역사를 다룬 대표적인 입문 도서입니다. 원본은 1650년 이전과 1650년 이후를 다룬 두 권짜리 책이었으나 한국어판은 합본으로 출간되었습니다. 각 권 20강씩 총 40강으로

1970년대까지의 수학의 역사를 다루고 있습니다. 아무리 역사라고는 하지만 주제가 수학이다 보니 공식과 도형이 여러 번 나옵니다. 수학 도서를 읽을 때 (수학을 평소 즐겨 읽는 독자라면 문제가 없겠지만) 수학 공식이 이해가 되지 않는 경우가 종종 있습니다. 계산 문제도 가끔 있습니다. 처음 읽을 때는 그냥 넘어가세요. 다음에는 그 부분만을 다시 읽어 보고 그래도 이해가 안 될 때는 다른 이에게 도움을 구하거나 이것도 여의치 않다면 넘어가세요. 중요한 것은 수학 문제를 잘 풀고 계산을 정확하게 하느냐가 아닙니다. 우리는 지금 수학 문제집을 푸는 것이 아니라 수학책을 읽는 것이니까요.

이 책도 앞서 소개한 《한국 철학사》와 같이 K-MOOC에서 강의를 볼 수 있습니다. 〈수학사〉를 검색하면 광운대학교 2018년 2학기와 2019년 1학기를 무료로 청강할 수 있습니다. 조금 더 세부적인 내용을 읽으려면 동일한 저자가 쓴 《수학사》(2005)를 참고하세요.

**《수학이 일상에서 이렇게 쓸모 있을 줄이야》 / 클라라 그리마(배유선) / 하이픈 / 2018 / 3**

– 수학을 이미 좋아하는 독자보다는 수학이 삶에 그다지 필요하지 않다고 생각하는 독자에게 추천하는 책입니다. 수학을 모른다고 해서 삶이 더 피폐해지지 않으며 잘 안다고 해서 급변하지도 않습니다. 다만 수학에 대한 선입견을 버리고 세상을 바라보면 눈에 새로운 기능이 추가된 것처럼 만물이 달리 보이기

시작합니다. 이 책은 우리 일상 속에 들어와 있는 수학을 하나씩 들추어냅니다. 깊이 있는 내용이라기보다는 수학의 대중화라는 목표로 집필된 책입니다.

### 《틀리지 않는 법》/ 조던 엘런버그(김명남) / 열린책들 / 2016 / 4

- 집필 목표는 비슷한데 바로 위에서 다룬 《수학이 일상에서 이렇게 쓸모 있을 줄이야》보다 조금 더 깊이 들어간 책입니다. 제목에서 말하는 '틀리지 않는'이라는 의미는 계산의 정확성을 말하는 것이 아닙니다. 이 책은 수학 이론이나 공식, 계산보다는 수학적 사고 방식 그 자체를 강조하고 있습니다. 저자는 수학적 사고의 주요 개념을 설명합니다. 수학 교양 도서에서 가장 많이 등장하는 것이 복권이나 로또일 것입니다. 이 책 역시이 부분을 다루고 있는데 이것이 바로 '기대값'이라는 개념입니다. 이외에 선형성, 추론, 회귀, 존재 등 총 챕터 5개로 구성되어 있습니다. 이 책은 서문에서 수학이 왜 필요한지를 묻고 나름의 대답을 합니다. 저자의 대답에 설득이 되었다면 천천히 끝까지 읽어 보세요.

### 《신은 주사위 놀이를 하지 않는다》/ 데이비드 핸드(전대호) / 더퀘스트 / 2016 / 3

- 저자가 확률을 장난감처럼 가지고 노는 것이 느껴지는 책입니다. 우리의 일상생활에 사칙연산보다도 더 가까이 있는 것이 확률입니다. '로또 100% 당첨되는 방법'이라든가 '주식으로

돈 벌기' 같은 뻔한 낚시성 소제목들이 조금 거슬리지만 수학을 소재로 이렇게 쉽고 재미있게 읽을 수 있는 책은 드물 것입니다.

**《대량 살상 수학 무기》 / 캐시 오닐(김정혜) / 흐름출판 / 2017 / 3**

　- 이 책은 수학 그 자체가 아니라 수학으로 만들어진 현대 무기, 즉 빅데이터와 알고리즘을 비판하고 있습니다. 현대 사회에서 수학의 가면을 쓰고 여기에 컴퓨터의 활용이 더해지면 그 값은 무한한 신뢰를 받게 됩니다. 회사 입사 성적, 인사 고과 평가, 신용 점수, 각종 지원 정책 등 현대인의 일상생활과 직접 맞닿는 지점에는 이러한 수학적 장치들이 작동하고 있습니다. 데이터 분석에서 정작 중요한 것은 로우 데이터나 결과가 아니라 변인과 가설입니다. 변인을 무엇으로 선정하느냐에 따라 결과가 달라집니다. 똑같은 로우 데이터라 할지라도 이것을 남녀라는 성별 변인으로 분석하느냐, 아니면 지역으로 분석하느냐, 소득 수준으로 분석하느냐에 따라 결과가 천차만별인데, 이 결과가 많은 성패를 좌우합니다. 왜 그 변인이 다른 변인보다 합당한지, 이에 대한 고민 없이 결과만 무분별하게 신뢰받으면 수학의 역설에 빠지게 됩니다. 사실, 결과는 변인을 선정하는 과정에서 이미 만든 것이나 다름없습니다. 이 수학적 장치는 상업과 만나면 더욱 위력을 발휘합니다. 저자는 이 책에서 '디지털골상학'이라는 표현을 쓰고 있는데 적절한 표현입니다. 이 책에는 21세기형 우생학이라 할 만큼 섬뜩한 사례가 등장합니다. 수학이 어떻게 잘못 쓰일 수 있는지, 우리가 무작정 수학적 장치를 믿어야만 하는지에 관해 생각해 볼 수 있는 좋은 책입니다.

지금도, 여전히, 책을 읽으려 하는 분에게

## 책 읽는 소수자

문화체육관광부에서는 홀수 해 격년마다 〈국민독서실태조사〉를, 한국출판문화산업진흥회에서는 매년 〈출판산업동향〉을 발표합니다. 각각 수요자와 공급자의 측면에서 출판 분야를 조사하고 있습니다. 여기에 나온 몇 가지 통계 자료를 소개할까 합니다.

위 조사에 따르면 매일 책을 읽는 성인이 약 5%이며 일주일에 한두 번이라도 책을 읽는 사람이 약 19%입니다. 성인 전체중 4분의 1 정도만이 '책을 즐겨 읽는 사람'이라고 말할 수 있겠죠. 독서를 일상생활에서 누군가와 나누는 대화의 소재로 사용하는 사람은 10%도 되지 않습니다. 저자 강연회나 서평회 등 독서 관련 프로그램에 참여해 본 사람이 5%, 독서 모임에 참여하는 사람이 3%입니다. 이렇게 우리 사회에서 책을 말하는 사람,

책을 읽는 사람은 비교적 드문 편입니다. 고등학교 때 갓 만들어진 도서실을 함께 운영했던 친구들, 대학 때 본인이 좋게 읽었던 책을 사 주던 선배, 내가 모르는 역사적 사실이나 철학자에 대해 토론하던 사람들, 제 주변에서 책 읽던 사람들은 이제 더는 책을 읽지 않습니다.

우리 사회에서는 책을 읽지 않는 것이 보편적인 모습입니다. 지하철에서 책을 꺼내 놓은 사람은 종종 볼 수 있습니다. 하지만 이들 중 절반쯤은 책을 그저 무릎 위에 펴놓을 뿐 그 위에서 스마트폰을 보고 있습니다. 지금 이 글을 읽고 있는 여러분은 우리 사회에서 특별한 취미를 지닌 별종에 가깝습니다. 그리고 독서 모임에 나갈 계획이라면 앞으로 더더욱 소수자의 길에 들어서게 될 것입니다. 적어도 그곳에서만큼은 책을 읽는 동지를 만날 수 있겠지요.

## 책의 잘못

2015년과 2017년의 자료를 보면, 1년에 1권이라도 책을 읽는 성인 비율은 5.4%p 하락(65.3%→59.9%)[2019년 52.1%(−7.8%p)]한 반면 신간 도서 종수는 오히려 14.3% 증가(7만 91종→8만 130종)했습니다. 수요가 줄어드는 비율의 3배가량 공급이 늘어난 것입니다. 이것을 어떻게 바라보아야 할까요? 이렇게나 책이 많은데도 읽지 않는 사람이 문제일까요, 아니면 갈수록 읽는 사람이 적어지는데도 출간되는 책이 문제일까요?

제가 어렸을 적엔 전집을 파는 외판원이 마을에 종종 들렀습니다. 백과사전 세트, 세계 문학 전집, 과학 전집, 동화 전집 등을 리어카에 잔뜩 싣고 어머니들의 교육열을 자극하곤 했죠. 그래서 아이를 키우는 가정마다 전집 한 질쯤은 대체로 갖고 있었습니다. 이때는 비단 전집만이 아니었습니다. 책이 전반적으로 지금보다 많이 팔리고 읽혔습니다. 책은 지금의 인터넷을 대신하고 있었습니다. 최첨단의 정보와 지식이 가득했습니다. 책은 사람의 정신을 살찌우고 세상을 바꾸는 힘을 유감없이 발휘했습니다.

인터넷이 발달하면서 책은 지식과 정보의 최대 생산자에서 밀려났습니다. 초기 인터넷은 책에 담긴 정제되고 통찰이 담긴 지식을 흡수하여 사람들에게 공유했습니다. 지금은 도리어 책이 인터넷을 닮아 가고 있는 듯 보입니다. 검증되지 않은 글들, 깊이 없는 메시지들이 인터넷을 떠돌다가 종종 책으로 만들어집니다.

책은 과거에 가볍게 혼자서도 즐길 수 있는 유일한 엔터테인먼트 수단이었습니다. 지금은 굳이 책을 읽지 않더라도 텔레비전, 영화, 유튜브 등 다양한 엔터테인먼트 매체들이 있으며 스마트폰의 대중화로 인해 영상 매체에 대한 접근성이 더욱 높아졌습니다. 기술의 발전에 힘입어 보다 나은 형태로 진화하는 매체에 비해 책은 그다지 변하지 않았습니다. 별로 가독성에 도움이 되지 않는 똑같은 판형을 십수 년째 고집하고 있는 시리즈도 있습니다.

책은 지식의 습득, 재미 이외에도 자기 수양과 정신적 향상이라는 기능도 갖고 있습니다. 이런 책의 기능을 자기 계발서가 독점하다시피 하고 있습니다. 자기 계발서에서 자기를 계발한다고 말할 때의 '계발'은 자연을 개발한다고 말할 때의 '개발'과 거의 유사한 의미입니다. 자연 개발은 자연을 인간에게 유용하도록 바꾸고 파괴합니다. 자기 계발은 물질적 성공을 위해 자기 자신을 착취하도록 합니다. 책은 이제 지식의 총아라는 타이틀을 잃었고 재미의 경쟁에서 밀려났으며 자기 계발의 기만에 한쪽 발을 빠뜨린 채 쇠락하고 있습니다.

책은 스승처럼 우리에게 세상에 도전하고 새로운 것을 창조하라고 가르쳤지만, 정작 스스로는 무기력하게 세상에 길들여지고 과거를 답습하고 있으며, 자식에게는 똑바로 걸으라 말하고 자신은 옆으로 걷는 어미 게의 모습과 닮아 있습니다. 상황이 이러한 데도 지식인과 언론은 십 몇 년째 책을 읽지 않는 사람들만 탓합니다. 그리고 출판계에는 수요자 중심으로, 사람들이 원하는 글을, 사람들이 듣고 싶어 하는 말을 쓰라고 충고합니다. 시대에 순응하며 유행에 동조하라는 투항 권유와 같은 말입니다. 이렇게 또다시 책을 읽는 사람은 줄어들고 읽히지 않는 책은 더 많이 출판될 것입니다.

## 감각의 변화

외국 여행을 할 때 거의 매번 직면하는 문제가 '입맛'입니다. 우리 입맛에는 너무 짜거나 느끼하거나 구역질이 날만큼 이상한 냄새가 나거나 하는 경우가 있습니다. 여행의 최고 난이도가 그 나라의 상징적인 음식을 먹는 것이라는 말이 있을 정도입니다. 입맛을 단기간에 바꾸는 일은 쉽지 않습니다. 입맛을 바꾼다는 것은 혀의 감각을 바꾸는 것 이상입니다. 음식이 지나가는 내장 기관의 적응과 그 음식이 피가 되고 살이 되어 온몸으로 퍼져 나가는 것, 몸 자체의 변화를 의미합니다. 어느 하나의 감각을 변화시킨다는 것은 이렇게 몸 전체의 체제를 흔들어 버리는 일일 수도 있습니다.

모니터에 길들여지고 스마트폰 액정에 길들여지면서 우리의 읽기 감각도 변화했습니다. 책 읽는 습관이 만들어지지 않아서 책을 읽지 못하겠다는 말은 곧 책의 물성에 대한 감각이 무뎌졌다는 것을 의미합니다. 한 번 바뀐 감각은 한 번 바뀐 입맛처럼 되돌리기 어렵습니다. 책을 읽겠다고 다짐하고는 무릎 위에 펼쳐 놓고 그 위에 스마트폰을 올려놓는 것과 같이 익숙한 감각에 대한 관성을 이기는 것은 쉽지 않은 일입니다. 주변에 이와 같은 친구들이 있을 것입니다. 어쩌면 여러분 자신도 이런 경험을 하고 있을지 모릅니다.

하지만 감각을 되찾는 것이 불가능하지는 않습니다. 재활을 하듯이 조금씩 꾸준히 해 보는 것입니다. 기억해 보세요. 누구에게나 책을 읽던 기억은 있습니다. 한 권의 책을 읽으며 무엇인가를 깨달았던 기억, 이해되지 않았던 것이 어느 순간 이해되던 때 느끼던 쾌감, 마지막 페이지를 덮으며 느꼈던 성취감, 이러한 자기가 갖고 있는 독서의 서사를 떠올려 보세요. 이 기억들이 잊고 살았던 감각을 되살리는 데 도움을 줄 것입니다.


## 책의 시대

저는 만화책도 좋아하는 편인데 장편 코믹스 중에 〈창천항로〉라는 삼국지 만화가 있습니다. 이 책에는 이런 대사가 있습니다. 부하 장수가 어떤 사람에 대해 보고를 하자 상관이 이렇게 말합니다. "자네는 자신의 판단을 남에게 맡기는 편이로군." 이 만화 대사가 저에게는 '나의 판단을 남에게 맡기지 말라.'는 말로 들렸습니다.

앞에서도 이야기했듯이 좋은 책은 자신의 입장과 진영을 갖고 있으며 독자에게 그것을 설득하려 합니다. 좋은 독자는 책을 잘 이해하면서도 책의 논조에 그대로 끌려다니지 않습니다. 비판할 점을 찾고 평가하고 재해석합니다. 우리는 시간 위에서 살아가고 있지만 책은 과거에 멈춰 있습니다. 책이 살아 움직이려면 늘 당대의 좋은 독자가 현대적으로 재해석해 줘야 합니다. 과거의 것을 현재의 잣대로 평가하라는 의미가 아닙니다. 과거의 맥락에서 이해하되 그것을 우리가 어떻게 받아들여야 할 지를 고민하라는 것입니다. 우리는 좋은 독자가 되어야 합니다.

책을 읽지 않는 가장 큰 이유 중 하나는 생업으로 인한 바쁨입니다. 경제적 효과가 어떻게 변할지에 대한 것은 차치하고, 노동 시간은 분명히 꾸준하게 줄어들고 있습니다. 노동 시간이 줄어든다는 것은 여가 시간이 그만큼 증가한다는 것을 의미합니다.

위 조사에 따르면 대한민국 성인의 평일 여가 시간은 약 3시간 20분이며 주말 여가 시간은 약 5시간 20분입니다. 여가 시간에서 독서 시간이 차지하는 비율은 평일에 12%, 주말에 8%입니다. 여가 시간이 많다고 해서 독서를 더 하지는 않는 모습입니다. 하지만 노동 시간이 점차 줄어든다면 고된 노동으로 인한 보상 심리로 즐겼던 즉각적인 쾌감보다는 진지하고 근본적인 것에 대해 생각하기 시작할 것입니다. '소확행' 따위의 그럼직한 소비의 삶이 홍보되고 있지만 사람들은 곧 이 얄팍한 상술에서 깨어날 것입니다. 인공 지능의 발전과 인간다움에 대한 고민, 좋은 삶, 자아 성찰, 인문학에 대한 관심이 지속되고 있습니다. 이런 고민과 관심들이 공통적으로 지목할 수밖에 없는 것은 결국 독서입니다. 그래서 책의 시대는 다시금 도래합니다.

머지않아 책을 읽지 않던 사람이 독서에 관심을 보이기 시작할 것입니다. 새 시대의 관건은 결국 이들이 실제로 독서를 할 것이냐 입니다. 나무에게 미안하지 않을 좋은 책이 출간되고, 다양한 독서 모임이 활성화되고, 재미있는 독후 활동이 개발되고, 일상생활에서 독서가 자연스러운 대화의 소재로 쓰이는 등 여러 가지 기반이 갖춰져 있어야 합니다. 좋은 독자만이 할 수 있는 일입니다. 책의 시대를 열어 낼 원동력은 바로 여러분입니다.

지금도, 여전히, 책을 읽으려는 이 시대 소수의 독자분에게 이 책을 바칩니다.

## 참고 도서

1. 위 '추천 도서' 목록 일체
2. 《글 읽는 뇌》(스타니슬라스 드앤(이광오), 학지사, 2017)
3. 《독서의 즐거움》(수전 와이즈 바우어(이옥진), 민음사, 2010)
4. 기타 참고 자료(책토민, 고모공 등 독서 모임 질문지 등)

Memo

부록
·

# 온라인 독서 모임,
# 어떻게 할까?

·
·
·

## 오프라인에서 온라인으로

신종 코로나바이러스 감염증(코로나19)이 전국으로 퍼지면서, 직접 만나서 해왔던 많은 활동이 대폭 온라인 공간으로 이전되었습니다. 온라인 화상회의 프로그램 '줌(Zoom)'은 어느새 온라인 모임의 상징이 되었고, 온라인으로 수업을 듣거나 인간관계를 맺고 소통하는 것이 일상이 된 사람을 가리켜 '주머(Zoomer)'라는 신조어까지 등장했습니다. 이렇듯 시대 흐름에 따른 독서 모임의 변화도 몇 가지 활용법과 주의사항을 미리 인지하고 있다면 불필요한 시행착오를 겪지 않고 훨씬 효과적으로 독서 모임을 운영할 수 있습니다.

## 온라인 화상 모임 준비하기

### 1. 하드웨어

온라인 화상회의에 참여하려면 기본적으로 단말기(데스크톱 · 노트북 · 태블릿 · 휴대폰 등), 카메라, 마이크가 필요합니다. ❶ 데스크톱의 경우 카메라, 마이크가 있어야 하는데 이 두 가지 기능을 지원하는 웹캠을 구매하면 해결됩니다. 웹캠은 약 3~5만 원 정도면 구매가 가능하고 설치도 간단합니다. ❷ 휴대폰은 별도의 카메라와 마이크가 필요하지 않지만, 화면이 작아서 문서를 함께 보기에 어려움이 있습니다. 웹캠이 없다면 굳이 사지 말고, 데스크톱과 휴대폰으로 동시에 접속하여 데스크톱은 문서를 보는 용도로, 휴대폰은 카메라와 마이크 용도로 사용해도 큰 문제가 없습니다. ❸ 노트북과 태블릿은 단독으로 활용이 가능하며, 특히 ❹ 태블릿의 경우 전자펜을 이용해 판서를 할 수도 있습니다.

## 2. 소프트웨어

온라인 화상 모임을 지원하는 대표적인 소프트웨어 5가지를 간단하게 살펴보겠습니다.

| 구 분 | 무료 인원 (명) | 무료 시간 (분) | 유료 요금 (월) | 장 점 | 단 점 | 주요 활용처 |
|---|---|---|---|---|---|---|
| 줌(Zoom) | 100 | 40 | 14.99달러 | • 화절·음성 수준급<br>• 직관적 화면구성 | 동영상 공유 오류 빈번 | 대중적 |
| 구글 미트 (Google Meet) | 100 | 60 | 9.6달러 | • 구글 연동<br>• 협업 지원 | 공유 화면 기능이 적은 편 | 교육·기업 |
| 팀즈 (Teams) | 100 | 60 | 5,600원 | • ms 오피스 연동<br>• 협업 지원 | 자원 소모량 많은 편 | 교육·기업 |
| 웹엑스 (Webex) | 100 | 50 | 18,225원 | 보안에 강함 | 낮은 화질 | 대학 |
| 구루미 비즈 (Gooroomee Biz) | 16 | 40 | 4,900원 | • 빠른 응대 (국내기업)<br>• 출석부 기능 | • 유료 인원 혜택이 적음<br>• 크롬 의존도 높음 | 공공기관·중소기업 |

무료시간이 끝나면 방이 사라지는데, 조금 귀찮더라도 다시 방을 만들면 이어서 모임을 할 수 있습니다. 기본적인 기능들은 거의 비슷하지만 줌이 압도적으로 많이 이용됩니다. ❶ 줌은 프로그램 자체가 가볍고, 모임 초대 링크를 클릭하면 거의 곧바로 모임에 참여가 가능합니다. 화면 구성이 직관적이어서 '배우지 않아도 쓸 수 있다'는 큰 장점이 있습니다. 평소 컴퓨터에 익숙하지 않은 참여자가 많은 독서 모임에서도 부담 없이 할 수 있습니다. ❷ 구글 미트는 구글 소프트웨어 생태계에 익숙하신 분들이라면 더욱 효과적으로 활용할 수 있습니다. ❸ 팀즈는 가장 많은 기능을 지원하며 지속적인 협업을 하는 데는 좋지만, 여러 기능을 지원하는 만큼 컴퓨터나 휴대폰이 많은 자원을 소모하여 발열이나 소음이 발생할 수 있습니다. ❹ 웹엑스는 자체 보안이 가장 우수하다고 평가받고 있습니다. ❺ 구루미 비즈는 위 5개 중 유일한 국산 프로그램이며 2019년 말에 출시되었습니다. 출석부 기능이 있어서 참여자들의 입장 시간과 퇴장 시간이 자동으로 기록되고 엑셀 파일로 다운받을 수 있으며, 크롬(Chrome)에 최적화되어 있습니다. 온라인 모임이 일상화되어 설사 코로나19가 종식된다고 하더라도 온라인 모임이 사라지지 않을 가능성이 큽니다. 지금은 비록 특정 프로그램(줌)만 사용하고 있다 하더라도 앞으로 다른 프로그램을 접할 기회가 많아질 수 있으니 미리 알아두면 도움이 되겠죠!

# 온라인 독서 모임의 장점 6가지

오프라인 모임에 대한 아쉬움이 남아 있는 것은 사실이지만, 온라인 모임이 필수가 된 시대이니 그것의 장점은 최대한 활용할 필요가 있습니다.

**1. 공간 제약에서 해방:** 독서 모임을 참여하는 것에는 많은 시간과 노력이 필요합니다. 참여자들은 자신이 들이는 비용과 모임을 통해 얻을 수 있는 것들을 비교하게 됩니다. 참여하는 데 드는 비용(이동 시간·교통비 등)이 줄어들면 비용 대비 효과가 증가하므로 ❶ 참여 부담이 감소하게 됩니다. 또, 공간 제약을 벗어난 덕택에, ❷ 더욱 다양한 참여자를 만날 수 있게 되었습니다. 보통 생활권이나 지역 단위로 모임이 이루어져서 지리적 폐쇄성을 피하기 어려웠는데, 온라인 링크만으로 참여가 가능하다보니 평소 만날 수 없었던 사람들과도 모임을 할 수 있습니다. 더구나 프로그램의 편리성으로 소프트웨어를 이용하는 것에 막연한 불안감을 느끼고 있던 사람들도 쉽게 참여할 수 있습니다.

**2. 화면 공유:** 모두 함께 준비된 발제문과 질문지, 또는 영상을 보면서 대화를 이어갈 수 있고, 때에 따라 참여자들이 직접 그 위에 줄을 긋거나 글을 쓸 수 있어서 전달력을 향상시킵니다.

**3. 화면 녹화:** 참여자들이 동의하면 화면 녹화도 가능한데, 내용

정리에 대한 부담감을 줄일 수 있고 개인적인 사정으로 불참한 회원들도 차후에 모임 내용을 확인할 수 있습니다.

4. **실시간 자료 공유:** 모임 중간에 갑자기 필요하게 된 사진이나 문서들도 실시간 공유가 가능하고 파일을 올리거나 내려받을 수도 있습니다.

5. **발언자 집중도:** 온라인 모임은 말하는 사람에게 주의가 집중되는 경향이 있어서 발언권을 확보하기에 쉬운 편입니다.

6. **소모임(소회의실) 기능:** 이 기능을 활용하면 디베이트 모임도 가능합니다. 대화방 안에 별도로 작은 대화방들을 만드는 기능인데, 진행자가 방을 나누고 그 방에 참여자들을 분배할 수 있습니다. 참여자들은 방을 옮겨 다닐 수 있으며, 정해진 시간만큼 소모임을 유지할 수도 있습니다.

## 온라인 독서 모임의 문제점과 해결책

### 1. 보안

'줌 바밍(Zoom-bombing)'이라는 신조어를 들어 보셨나요? '줌 (Zoom) 안에서 폭격(bombing)을 한다'는 의미입니다. 참여자 중 한 명이 공개적으로 욕설을 한다거나 불필요한 영상을 게재한 다거나, 특정인의 개인 정보를 떠벌리는 등 온라인 범죄를 저지르는 행위를 말합니다. 학교 온라인 수업에 들어가 난동을 부리는 사례가 많은데, 얼마 전 미국에서는 줌 바밍의 피해자들이 줌 회사를 상대로 소송하여 승소하기도 했습니다. 독서 모임에 새로운 참여자가 들어온다면 일차적으로 환영할만한 일이지만 무작정 반겨야만 하는 일은 아니며, 모임장은 그 사람에 대한 최소한의 확인 절차를 마련해야 합니다. 이것은 새로운 사람을 의심하라거나 면접 절차가 있어야 한다거나 혹은 누군가를 차별하라는 이야기가 아닙니다. ❶ 참여자의 지인이거나 본인이 어느 정도 신원을 확인한 사람을 순차적으로 한 명씩 들이는 것이 안전하다는 것입니다. 또, 10명 이내 인원으로 온라인 독서 모임을 진행한다고 하더라도 ❷ 비밀번호를 설정하고 대기실 기능을 사용하는 편이 좋습니다. 대기실은 모임방에 들어오기 전에 비밀번호까지 입력한 사람이 잠시 머무는 공간인데, 모임장이 별도로 승인 버튼을 눌러야 입장할 수 있습니다. 또, 모임장이 영상이나 문서를 공유할 수 있는 권한을 비롯한 ❸ 고유 권한들을 참여자 모두에게 주지 않아야 합니다. 권한 정도에 따라서는 방 자체를 없앨 수도 있습니다. 프로그램 자체의 보안도 완전히 믿을 수는 없습니다. 따라서 모임방에서 민감한 개인정보들에 대해서는 서로 이야기하지 않는 편이 좋습니다.

## 2. 몰입도

온라인에서 몰입도 감소 문제는 참여 의지를 약화하고 대화의 질을 떨어뜨립니다. 지난 3학기 동안 온라인 수업을 해야 했던 대학생 중 44.4%가 다음 학기에 휴학을 계획하고 있는데 그 이유 중 약 37.4%가 비대면 수업 때문이라고 응답했습니다(출처: 잡코리아, 2021.08.19.). 초등학생의 경우 비대면 수업 이후 학력 격차가 눈에 띄게 증가하고 있습니다. 참여자들은 비대면의 편리함과 비효율을 모두 체감하고 있습니다. 독서 모임이 대학교 수업처럼 전문적이고 정교한 지식을 배우는 공간은 아니지만, 몰입도 문제는 분명 해결해야 할 필요가 있습니다. 해결법은 세 가지입니다.

❶ **질문은 콤팩트하게:** 오프라인에서는 질문 소재와 관련하여 다양한 지식 혹은 풍부한 개인 경험을 이야기하는 것이 도움이 될 때도 있습니다. 그러나 온라인에서는 쉽게 지루해지는 경향이 있고 조금만 마우스를 움직이면 멀티태스킹(딴짓!)이 가능한 환경이므로 최대한 질문 소재에 접근한 답변들이 나오도록 유도하는 것이 필요합니다. 예를 들어, 설탕에 대한 역사적 접근을 한 저술,《설탕과 권력》(시드니 민츠)을 읽고 설탕과 제국주의의 관계에 관한 질문을 만들었다고 생각해봅시다. 참여자 중 누군가 설탕 산업의 문제를 지적하며 현대인의 비만과 환경 문제에 관해 이야기합니다. 이런 이야기가 우리에게 중요하지 않다거나 불필요한 것은 아닙니다. 또 우리가 충분히 공감할 수도 있고

우리에게 많은 도움을 주기도 합니다. 그러나 이런 이야기는 굳이 《설탕과 권력》이라는 책을 가지고 모임을 하지 않더라도, 다른 책을 통해 얼마든지 대화할 수 있는 내용입니다. 지금 우리가 《설탕과 권력》을 읽고 만나 대화를 하고 있다면, 그 책을 쓴 저자의 접근법과 관점에 최대한 밀착하여 그 책을 통해 말할 수 있는, 고유한 것들 위주로 이야기하는 것이 중요합니다. 이렇게 모임 도서에 집중하면, 책을 한 번 다시 펼쳐보게 되고 저자의 문제의식에 한층 더 다가갈 수 있습니다. 온라인 모임에서는 특히 더 이런 태도가 요구됩니다. 진행자는 더 촘촘하게 질문을 구성하고 답변도 그렇게 이루어질 수 있도록 유도해야 합니다.

❷ 자료는 미리미리: 온라인 모임은 개인 사정에 따라 휴대전화로만 참여하는 경우도 더러 있습니다. 휴대전화 특성상 공유된 문서나 자료들의 글자가 작아 제대로 보기가 어렵습니다. 귀에만 의지해 참여하는 것은 더 많은 집중을 요구하며 쉽게 피로해져 몰입도를 떨어뜨립니다. 부득이하게 작은 화면으로 참여해야 하는 참여자도 미리 그것을 읽거나 출력하여 준비해야 합니다.

❸ 화면은 언제나 ON: 자기 화면을 끄거나 정해진 시간이 아닌데도 불구하고 자리를 비우는 것도 몰입도를 해칩니다. 온라인 모임 초기에는 이런 경우가 상당히 많았는데, 가스불에 냄비를 올려놓은 것을 깜빡했다거나 택배가 왔다거나 하는 등, 다양한 이유가 있었습니다. 새까만 Off 화면이 마치 구멍처럼 에너지

를 빨아들여서 모임 분위기가 일시적으로 침체됩니다. 발언하는 사람 입장에서는, 화면에 보이지 않는 사람이 화면에는 벗어나 있지만, 소리는 듣고 있는지, 아니면 아예 소리마저 들리지 않는 곳에 있는 것인지, 또 금방 돌아오는지 신경을 쓰게 됩니다. 그것에 따라 중요한 내용은 최대한 뒤로 미루고 다른 이야기를 순간적으로 배치할 수도 있기 때문입니다. 한 사람이 끄면 어느 순간 화면을 꺼야 할 이유가 없는 다른 사람들에게도 전염이 됩니다. 본인에게는 딴짓을 할 여건이 확보되는 것이고, 다른 참여자들은 모임에 관한 흥미를 떨어뜨립니다.

❹ **우리, 조금은 뜨거워질 필요가 있어요**: 온라인 모임에서는 말하는 사람이 훨씬 더 주목받기 때문에 사소한 질문을 할 때도 주저하게 됩니다. 그래서 사전 예전이 필요합니다. 서로 얼굴을 보고 안부를 물으며 소소한 대화를 나누는 동안, 온라인에서의 반응 속도와 사람들의 리액션에 적응할 시간을 갖는 것입니다. 이렇게 하면 '제 목소리 잘 들리나요?'와 같은 불필요한 질문도 없앨 수 있습니다.

### 3. 정신적 피로 1 : 사람들이 자꾸 날 쳐다보는 것 같아!

자기 화면을 끄고 싶은 마음이 생기는 것은 본인이 정신적 피로를 느끼고 있다는 것을 의미하기도 합니다. 자기 모습이 지속해서 공개된다는 부담감 때문에 발생합니다. 자꾸 신경이 쓰이는 것이 당연합니다. 그래서 화면에 나타나는 영역만큼은 깨끗하게 치운다거나 혹은 꾸미거나, 간혹 자기 뒤에 커튼이나 크로마키를 거는 경우도 보았습니다(최근에는 프로그램 내에서 배경을 사진으로 지정할 수 있으니 이런 수고는 안 하셔도 됩니다). 거울을 보거나 셀카 찍듯이 머리 스타일을 다듬고 안경을 고쳐 쓰기도 하고, 고개를 살짝 옆으로 돌려 얼짱 각도를 만들곤 하죠. 하지만, 이렇게 생각해 보세요. 오프라인에서도 내 모습은 언제든 누군가한테든 보입니다. 따라서 이것은 온라인이라서 특히 문제가 되는 것이 아닙니다. 아시다시피, 사람들은 내 모습에 대해, 내가 착각하는 것처럼 그렇게 지대한 관심을 두고 있지 않습니다. 내 모습에 대해 신경을 쓰는 것은 나 자신뿐입니다. 오프라인과 온라인의 차이는 사실, 내 얼굴이 '남에게 보이느냐, 아니냐'가 아니라, '나에게 보이느냐, 아니냐'입니다. 내가 느끼는 부담은 남의 시선이 아니라 '나의 시선'입니다. 다시 말해, 남이 나를 보는 것이 아니라, 내가 나를 보는 것이 스트레스의 원인이라는 것입니다. 처방은 간단합니다.

❷ 자기 눈에 보이지 않도록 자기 얼굴을 화면에서 치우세요! 프로그램의 기본 설정이 자기 화면이 화면 상단에 고정으로 나타나게 되어 있는데, 마우스 한두 번이면 자기 얼굴이 나오지 않도록 넘길 수 있습니다. 다시 한번 말씀드리는데, 자기 화면을 아예 끄는 게 아니라, 옆으로 넘기는 것(치우는 것!)입니다.

## 4. 정신적 피로 2 : 사람들의 무표정……, 내가 말실수라도 했나?

타인에 대한 인식이 원활하게 이루어지지 않아서 발생하는 피로감이 있습니다. 내가 어떤 발언을 할 때, 화면에 보이는 참여자들의 반응이 즉각적으로 전달되지 않습니다. 물론 1초 이상 시간 지연이 발행한다거나 정지 화면이 된다거나 하는 기술적인 문제를 말하는 것이 아닙니다. 인터넷에 문제가 있지 않은 이상 이런 경우는 거의 없습니다. 그러나 우리가 직접 대면할 때, 부지불식간에 느낄 수 있었던 상대방의 표정 변화나 호흡, 태도 등이 온라인 화면에서는 제대로 드러나지 않습니다. 약간이지만 0.5초 내외로 반응이 지연되는 것도 사실입니다. 이것은 우리에게 매우 색다른 상황인데, 늘 타인의 반응을 알게 모르게 의식해야 하는 인간의 특성상 상당한 피로감을 유발합니다. 이것도 해결책이 있습니다.

❶ 듣는 사람들의 오버-리액션(over-reaction)입니다. 온라인 모임에서 내 모습이 나오는 영역은 작은 사각형이고, 대체로 가슴 윗부분 상체만 나오게 됩니다. 오프라인에서는 내 전체 몸짓이 상대방에게 전달되지만, 온라인에서는 이것이 국소적인 형태로 축소되고 작은 화면으로밖에 표현되지 않습니다. 따라서 내가 보일 수 있는 부분에서 최대한 반응해야 합니다. 가벼운 끄덕임 정도로는 부족합니다. 고개를 끄덕일 때는 상대방이 확실하게 볼 수 있게 하고, 웃을 때도 미소 정도가 아닌 손뼉을 치거나 고개를 젖혀줄 필요가 있습니다. 이는 실제로 효과가 있습니다. 온라인 모임에서 발언자는, 듣는 사람에 대한 인식에 어려움

을 느끼며 은근히 눈치를 보게 되는 수동적인 태도를 취하게 됩니다. 우리는 그에게 당신 이야기를 잘 듣고 있다고, 충분히 이야기해도 좋다고, 우리가 할 수 있는 한 최대한의 호응을 해주어야 합니다.

## 4. 소음

당사자에게는 들리지 않는 소음이 참여자들에게는 들리는 경우가 있습니다. 노트북 참여자에게서 자주 발생합니다. 컴퓨터 내부에는 열을 내리는 '냉각팬'이 설치되어 있는데 과열로 인한 기기의 손상을 막아 줍니다. 냉각팬은 지속해서 돌아가는 편인데, 노트북의 경우 작은 본체 안에 이것까지 들어있다 보니 음향 장비와 물리적으로 가까이 있게 됩니다. 따라서 본인에게는 작게 들리거나 거의 들리지 않는 소음이 다른 사람들에게는 있는 그대로 들리곤 합니다. 또, 음 소거를 하지 않은 상태로 누군가와 전화 통화를 한다거나 화장실 물을 내린다거나, 주변의 소음이 그대로 마이크를 타고 다른 사람들에게 전해지는 경우입니다. 특히 휴대폰으로 참여를 하는 경우 음 소거를 해놨는데 터치 실수로 본의 아니게 음 소거가 해제되는 경우도 발생합니다.

❶ 시원한 노트북: 우선 노트북 하단의 전체 면적을 모두 책상에 붙이지 않고, 사이에 공간을 두어 자연스러운 냉각을 유도하세요. 또한 온라인 모임 중에는 자판을 덮고 있는 키스킨을 걷어

내어 열을 방출하도록 하는 것도 도움이 됩니다. 마지막으로, 온라인 화상회의 프로그램 외 다른 프로그램을 모두 종료하여 컴퓨터가 일을 덜 하도록 만드는 것입니다. 이 세 가지 조처를 하면 대체로 해결됩니다.

❷ 음 소거는 에티켓: 프로그램 설정에서 '입장 시 음 소거' 설정을 해두세요. 발언할 때만 마이크를 켜면 울림 현상도 방지할 수 있습니다. 진행자는 발언하지 않은 참여자의 마이크를 권한으로 끌 수 있습니다.

---

**온라인 독서 모임 진행하기 정리**

**1. 장점:** 어디서든 참여 가능, 화면 공유, 화면 녹화, 실시간 자료 공유, 발언권 확보 용이함, 소모임 기능 활용

**2. 문제점과 해결책**

❶ 보안 문제: 신규 참여자 확인 절차, 비밀번호 설정, 대기실 기능, 권한 제어

❷ 몰입도 문제: 집약된 질문 준비, 자료는 미리미리, 자리 비우지 않기, 화면 끄지 않기

❸ 정신적 피로: 자기 얼굴이 자신에게 보이지 않도록 조정, 확실한 리액션, 사전 예열하기

❹ 소음 문제: 컴퓨터 발열 줄이기, 음 소거 확인